GRATIS

Chris Anderson

Gratis

El futuro de un precio radical

TENDENCIAS EDITORES

Argentina - Chile - Colombia - España
Estados Unidos - México - Uruguay - Venezuela

Título original: *Free – The Future of a Radical Price*
Editor original: Hyperion, New York
Traducción: Javier Fernández de Castro y María Belmonte Barrenechea

ISBN: 978-84-936961-0-8
Depósito legal: B - 36.877 - 2009

Fotocomposición: APG Estudi Gràfic, S.L. – Torrent de l'Olla, 16-18, 1º 3ª
08012 Barcelona
Impreso por Romanyà Valls, S.A. – Verdaguer, 1 – 08786 Capellades (Barcelona)

Impreso en España – *Printed in Spain*

Para Anne

Índice

¿QUÉ SIGNIFICA GRATIS?

LO GRATIS DIGITAL

LA ECONOMÍA DE LO GRATIS
Y EL MUNDO LIBRE

Índice de recuadros

Gratis

Prólogo

En noviembre de 2008, los miembros supervivientes del equipo original Monty Python, pasmados por el alcance de la piratería digital de sus vídeos, emitieron un anuncio muy serio en YouTube[1]:

> Durante 3 años, vosotros, los YouTubers, nos habéis estado pirateando, os habéis estado apropiando de decenas de miles de nuestros vídeos y poniéndolos en YouTube. Ahora la situación ha cambiado. Ha llegado el momento de que nos hagamos cargo de nuestros asuntos. Sabemos quiénes sois, sabemos dónde vivís y podríamos perseguiros con resultados demasiado horribles para ser contados. Pero como somos unos tipos extraordinariamente buenos, hemos encontrado una manera mejor de resarcirnos: hemos lanzado nuestro propio canal Monty Python en YouTube.
>
> Se acabaron esos vídeos de pésima calidad que habéis estado colgando. Os vamos a dar material de primera mano: vídeos de alta calidad suministrados directamente desde nuestras instalaciones. Y encima, estamos seleccionando nuestros clips más vistos y poniéndoos versiones totalmente nuevas de la más alta calidad. Y lo que es más, os vamos a dejar ver absolutamente todo de manera gratuita. ¡Tal cual!
>
> Pero queremos algo a cambio.
>
> Guardaos vuestras estupideces y comentarios tontos. Lo que queremos es que hagáis clic en los enlaces, compréis nues-

tras películas y programas de televisión, y aliviéis nuestro dolor e indignación por todo lo que nos habéis robado durante todos estos años.

Tres meses más tarde, ya se podían apreciar los resultados de este temerario experimento con lo Gratis. Los DVD de Monty Python se habían colocado en el puesto nº. 2 de la lista Amazon de los más vendidos de cine y televisión, con un incremento de las ventas del 23.000 por ciento.

¡Tal cual!

Lo Gratis funcionó y lo hizo con brillantez. Más de 2 millones de personas vieron los «clips» en YouTube a medida que se difundía el boca a boca y los padres presentaban a sus hijos al Caballero Negro o les mostraban el Sketch del Loro Muerto. Miles de espectadores recordaron cuánto les gustaban los Monty Python y desearon más, así que compraron los DVD. Comenzaron a abundar los vídeos de respuesta, las aplicaciones *Web* híbridas y las remezclas, y una nueva generación se enteró de lo que significaba realmente «Conejo Asesino». Y todo ello le costó a Monty Python esencialmente nada, ya que YouTube pagaba todos los gastos de almacenamiento y de ancho de banda.

Lo que sorprende de este ejemplo es lo poco sorprendente que es. Existen incontables casos como este en Internet, donde casi todo se da gratis en alguna versión con la esperanza de vender otra cosa, o, incluso con más frecuencia, sin esperar nada a cambio.

Estoy escribiendo estas palabras en un miniordenador portátil de 250 dólares, que es el tipo de ordenador que está creciendo más rápidamente. El sistema operativo es una versión del *software* gratuito Linux, aunque eso no tiene importancia porque no hago funcionar programas salvo el navegador gratuito Firefox. No estoy utilizando el programa Word de Microsoft, sino los Google Docs gratuitos, que tienen la ventaja de permitirme disponer de mis borradores en cualquier lugar, sin tener que preocuparme de hacer una copia de seguridad ya que Google se ocupa de hacerlo por mí. El resto de lo que hago en este ordenador es gratuito, desde mi correo electrónico hasta mis *feeds* de Twitter [servicio gratuito de microblogs]. Incluso es gratuito el acceso inalámbrico, gracias a la cafetería en la que estoy sentado.

Y con todo, Google es una de las empresas más rentables de Estados Unidos, el «ecosistema Linux» es una industria de 30.000 millones de dólares, y la cafetería parece estar vendiendo capuchinos a 3 dólares sin parar.

En ello radica la paradoja de lo Gratis: la gente está ganando montones de dinero sin cobrar nada. No es que todo sea gratuito, sino lo suficiente como para haber creado una economía tan grande como la de un país de tamaño considerable en torno al precio de cero dólares. ¿Cómo ha sucedido y hacia dónde se encamina?

Esta es la cuestión central del presente libro.

Todo comenzó para mí como un cabo suelto de *La economía Long Tail**. Mi primer libro trataba de la nueva forma adquirida por la demanda de los consumidores cuando disponemos de todo y podemos elegir entre infinitos productos en el supermercado y no sólo de la marca estrella. El abundante mercado del Long Tail fue posible por la ilimitada «cantidad de estanterías» que hay en Internet, que es el primer sistema de distribución de la historia que está bien adaptado tanto para nichos como para lo masivo, para lo desconocido como para las grandes corrientes. El resultado fue el nacimiento de una cultura enormemente diversa y una amenaza para las instituciones de la cultura actual, desde los medios de comunicación dominantes a los sellos musicales.

Sólo hay una manera de disponer de un espacio ilimitado: que dicho espacio no cueste nada. Los «costes marginales» cercanos a cero de la distribución digital (es decir, los costes adicionales de emitir otra copia aparte de los «gastos fijos» del soporte físico con

---

* Urano, Barcelona, 2007 y 2009.

la que hacerla) nos permiten no efectuar discriminaciones en cuanto al uso que le demos (no se necesitan filtros para decidir si algo merece tener alcance global o no). Y de ese «gratis para todos» surgió el milagro que constituye hoy Internet, la mayor acumulación de saber, experiencia y expresión humanos de la historia. Eso es lo que pueden conseguir las estanterías gratuitas. A medida que me iba maravillando con las consecuencias, comencé a pensar más en lo Gratis y me di cuenta del alcance que había logrado. No explicaba únicamente la variedad de lo que existe en Internet, sino que definía también el precio que allí tiene. Y además, lo «gratis» no era simplemente un truco de marketing como los premios y muestras gratuitas a los que estamos acostumbrados en el comercio minorista tradicional. Esta gratuidad parecía no encubrir compromisos: no se trataba de un señuelo para una venta futura, sino de algo genuinamente gratis. La mayoría de nosotros dependemos de uno o más servicios de Google cada día, pero nunca quedan reflejados en nuestra tarjeta de crédito. Nadie te mide el tiempo cuando utilizas Facebook. La Wikipedia no te cuesta nada.

Lo Gratis del siglo XXI es diferente de lo Gratis del siglo XX. Algo se transformó en algún lugar durante la transición de los átomos a bits, un fenómeno que creíamos entender. «Lo Gratis» pasó a ser gratis.

Pensaba que sin duda la economía tendría algo que decir al respecto. Pero no pude encontrar nada. No hay teorías de lo gratis, ni modelos de precios que equivalgan a cero. (Para ser sincero, existen algunas, como lo revelaría más tarde la investigación. Pero se trata más bien de debates académicos de difícil comprensión de los «mercados bilaterales», y, como veremos en el capítulo de economía, se trata de teorías casi olvidadas del siglo XIX). De algún modo, ha surgido una economía en torno a lo Gratis antes del modelo económico que pueda describirla.

De ahí este libro, que pretende ser un análisis de un concepto que se encuentra en mitad de una evolución radical. Como he llegado a descubrir, el concepto de Gratis es al mismo tiempo algo familiar y algo profundamente misterioso. Es tan poderoso como mal interpretado. Lo Gratis que surgió en la última década es diferente de lo Gratis que existía antes, pero el cómo y el por qué apenas han sido analizados. Y además, lo Gratis de hoy aparece lleno de contradicciones evidentes: *se puede* hacer dinero dando cosas gratis. Es verdad que regalan cosas. A veces obtienes *más* de lo que pagas.

Ha sido un libro divertido de escribir. Me ha llevado desde los médicos charlatanes de finales del siglo XIX en Estados Unidos a los mercados piratas de China. He buceado en la psicología de los regalos y en la moral del derroche. Inicié un proyecto para probar nuevos modelos de negocio en torno a la electrónica donde la propiedad intelectual es gratuita (un modelo conocido como «*hardware* de fuente abierta»). Tuve que devanarme los sesos con mis editores para que este libro pudiera ser gratuito en la mayoría de sus formas, creando al mismo tiempo la manera de que todo el mundo que había colaborado en su producción pudiera cobrar.

En cierta forma, se trataba de un proyecto de investigación pública, como lo había sido *La economía Long Tail*. Lancé con antelación la tesis en un artículo en *Wired,* y mantuve un blog sobre el tema al igual que había hecho con *La economía Long Tail*. Pero emprendió un camino diferente, más en mi propia cabeza que en una conversación colectiva con participantes en Internet. En realidad, este libro tiene más en cuenta la historia y funciona más bien como una narración, y trata tanto del pasado de lo Gratis como de su futuro. Mis investigaciones me llevaron tanto a los archivos y textos de psicología del siglo XVIII como a los fenómenos más recientes de Internet. Así que me vi a mí mismo en la tesitura tradicional del escritor, sumido en la soledad del estudio y tecleando con auriculares en un Starbucks, según el caso.

Cuando no escribía, viajaba para hablar con la gente sobre lo Gratis. Descubrí que la idea de que se podía crear una enorme economía global en torno a un precio base cero estaba invariablemente polarizándose, pero el único factor común era que casi todo el mundo tenía sus dudas. A riesgo de generalizar en razón de la edad, en líneas generales existían dos campos de escépticos: los de más de 30 y los de menos de 30 años. Los críticos de más edad, que habían crecido con el concepto de lo Gratis del siglo XX, tenían razones fundadas para sospechar: «Seguro que de gratis no tiene nada, tarde o temprano terminaremos pagando». «No sólo no se trata de nada nuevo, sino que es el truco de libro más viejo del marketing.» «Cuando escuches la palabra «gratis», llévate la mano a la cartera.»

Los críticos más jóvenes tenían una respuesta diferente: ellos son la Generación Google y han crecido asumiendo sin más que todo lo digital es gratis. Han interiorizado la sutil dinámica del mercado de la economía del coste marginal cercano a cero de la misma manera que interiorizamos la mecánica newtoniana cuando aprendemos a atrapar una pelota. El hecho de que estemos creando una economía global en torno al precio cero parecía demasiado evidente como para ni siquiera percibirlo.

Por todo ello me di cuenta de que era un tema perfecto para un libro. Cualquier tema que puede dividir a sus críticos en dos campos opuestos —«totalmente falso» y «demasiado evidente»— tiene que ser bueno. Espero que quienes lean este libro, aunque pertenezcan a alguno de estos bandos, lo terminen perteneciendo a ninguno. Lo Gratis no es nada nuevo, pero *está* cambiando. Y lo está haciendo de maneras que nos está haciendo repensar algunas de nuestras nociones básicas sobre la conducta humana y los incentivos económicos.

Aquellos que comprendan el nuevo concepto de lo Gratis dirigirán los mercados de mañana y modificarán los de hoy; en realidad, ya lo están haciendo. Este libro trata sobre ellos y lo que nos están enseñando. Es sobre el pasado y el futuro de un precio radical.

1

El nacimiento de lo Gratis

No hay que darle más vueltas: la gelatina (*gelatin*) proviene de la carne y los huesos. Es la sustancia glutinosa y translúcida que sube a la superficie cuando se cuece prolongadamente la carne. Pero si se recoge en cantidad suficiente y se purifica, añadiéndole color y sabor, se convierte en otra cosa: la gelatina comercial de colores *Jell-O*[1]. Un polvo limpio en un paquete, alejado de sus orígenes de matadero a base de tuétano y tejido conjuntivo.

Hoy no pensamos mucho sobre el origen de la gelatina comercial, pero a finales del siglo XIX, si querías presentar algo especial y bamboleante en tu mesa, lo tenías que hacer de una manera muy difícil: poniendo restos cárnicos en un puchero y esperando medio día hasta que el colágeno hidrolizado emergiera del cartílago.

En 1895, Pearle Wait estaba sentado a la mesa de la cocina hurgando en un cuenco de gelatina. El carpintero, que tenía además un negocio de patentes de envases para medicinas, deseaba introducirse en el entonces nuevo negocio de los alimentos envasados, y pensaba que este producto podría ser bueno si lograba descubrir cómo hacerlo más atractivo para el público. Aunque los fabricantes de colas llevaban produciéndolo durante décadas como un derivado del despiece de los animales, todavía tenía que convertirse en popular entre los consumidores estadounidenses. Y la razón era que exigía mucho trabajo para tan poca recompensa.

Wait se preguntaba si habría alguna forma de popularizar la gelatina. Los primeros intentos que se hicieron de vender gelatina en polvo, incluyendo los del inventor del proceso, Peter Cooper (de la famosa Cooper Union), presentaban la gelatina de un solo color y sin sabores bajo el argumento de que era la forma más flexible; los cocineros podían añadir sus propios sabores. Pero Wait pensó que las gelatinas con sabores se venderían mejor, así que las mezcló con zumos de fruta, azúcar y tintes alimentarios. La gelatina adoptó el color y el sabor de las frutas —naranja, limón, fresa y frambuesa—, creando algo con un aspecto, olor y sabor atractivos. Colorista, ligera y divertida por su gracioso bamboleo y su transparencia, se convirtió en una golosina capaz de aportar diversión a casi cualquier comida. Para alejarla aún más de sus orígenes en el matadero, su esposa May la rebautizó como "Jell-O" (Gel-O). Y la envasaron para su venta.

Pero no se vendía. La "Jell-O" era un alimento demasiado extraño y una marca demasiado desconocida para los consumidores de finales de siglo. Las tradiciones culinarias se basaban todavía en recetas victorianas, en las que cada tipo de alimento estaba bien delimitado. Esta nueva gelatina, ¿era un ingrediente para la ensalada o un postre?

Durante dos años, Wait siguió tratando de despertar el interés en la Jell-O, con escaso éxito. Pero en 1899 abandonó el empeño y vendió la marca —nombre y guión incluido— a un comerciante local el orador Frank Woodward. El precio de venta fue de 450 dólares.

Woodward era un vendedor nato, y se encontraba en el lugar adecuado. LeRoy se había convertido en una especie de semillero de vendedores ambulantes en el siglo XIX, muy conocida por sus vendedores de pócimas. Woodward vendía multitud de curas milagrosas, y estaba introduciendo nuevas creaciones con el Yeso de París. Comercializaba bolas de yeso como blanco para tiradores, y había inventado un nido para que las gallinas pusieran huevos impregnado de polvo antipiojos.

Pero hasta la empresa de Woodward, la *Genesee Pure Food Company*, tuvo que luchar para encontrar un mercado para la gelatina en polvo. Se trataba de una nueva categoría de producto con un nombre de marca desconocido en una época en la que los almacenes vendían casi todos los productos detrás de un mostrador y los clientes tenían que pedirlos por su nombre. La Jell-O² se producía en una fábrica cercana dirigida por Andrew Samuel Nico. Las ventas eran tan bajas y descorazonadoras que un sombrío día, mientras contemplaba una enorme pila de cajas de Jell-O sin vender, Woodward ofreció a Nico todo el negocio por 35 dólares. Nico lo rechazó.

El problema más grande era que los consumidores no entendían el producto ni lo que podían hacer con él. Y sin demanda de los consumidores, los comerciantes no lo querían almacenar. Los fabricantes de otros productos del nuevo negocio de ingredientes envasados, como el bicarbonato de soda de Arm & Hammer y la levadura de Fleischmann, solían incluir libros de recetas en los envases. Woodward pensó que un manual de instrucciones podría ayudar a crear demanda para Jell-O, pero, ¿cómo darlos a conocer, si nadie compraba las cajas del producto?

Así que en 1902, Woodward y su jefe de marketing, William E. Humelbaugh, probaron algo nuevo. Primero diseñaron un anuncio de tres pulgadas (7,5 cm) de longitud que introdujeron en el *Ladies Home Journal,* con un coste de 336 dólares. Con un tono más bien optimista que proclamaba que Jell-O era «el postre más famoso de América (Estados Unidos)», el anuncio explicaba el atractivo del producto: este nuevo postre «podía servirse añadiendo simplemente nata batida o una crema ligera. Pero si desea algo realmente elegante, existen cientos de deliciosas combinaciones que se pueden preparar rápidamente».

Luego, para ilustrar todas esas variadas combinaciones, Genesee imprimió decenas de miles de folletos con recetas de Jell-O y se las dieron a sus vendedores para que las distribuyeran gratuitamente a todas las amas de casa.

Esto resolvió astutamente el problema más grande de los vendedores. Mientras viajaban por todo el país en sus coches, tenían prohibido vender de puerta en puerta en la mayoría de ciudades sin una costosa licencia de vendedor ambulante. Pero los libros de cocina eran diferentes: regalar cosas no era vender. Podían llamar a las puertas y entregar simplemente a la señora de la casa un libro de recetas gratuito, sin más compromiso. El papel de imprimir era barato en comparación con la fabricación de Jell-O. No se podían permitir entregar muestras gratuitas del propio producto, así que hicieron la segunda cosa mejor: información gratis que sólo podía ser utilizada si el consumidor compraba el producto.

Después de cubrir una ciudad de folletos, los vendedores acudían a los comerciantes locales y les avisaban de que iban a tener una oleada de consumidores pidiéndoles un nuevo producto llamado Jell-O, del que harían bien en tenerlo en stock. Las cajas de Jell-O en los maleteros de los coches comenzaron por fin a moverse.

En 1904, la campaña se había convertido en un éxito abrumador. Dos años más tarde, Jell-O alcanzó el millón de dólares en ventas anuales. La empresa introdujo la «Chica Jell-O» en sus anuncios, y los folletos se convirtieron en los libros de recetas Jell-O «más distribuidos». En unos años, Genesee imprimió hasta 15 millones de libros gratuitos, y durante los primeros veinticinco años de la empresa, imprimió y distribuyó puerta a puerta 250 millones de libros de recetas gratuitos por todo el país. Artistas famosos como Norman Rockwell, Linn Ball y Angus MacDonald aportaron sus ilustraciones en color a los libros de recetas. Jell-O se había convertido en un elemento de la cocina estadounidense y en un nombre familiar.

Había nacido una de las herramientas de marketing más poderosas del siglo XX: regalar una cosa para crear demanda de otra. Lo que Woodward entendió fue que «gratis» es una palabra con una capacidad extraordinaria para transformar la psicología del consumidor, crear nuevos mercados, destruir otros antiguos y hacer que casi cualquier producto resulte más atractivo. También descubrió que «gratis» no significa sin beneficio. Sólo quería decir que la ruta que conducía desde el producto a las ganancias era indirecta, algo que llegaría a estar consagrado en el manual de los vendedores como el concepto de «líder con pérdidas».

King Gillette

Al mismo tiempo, el ejemplo más famoso de este nuevo método de marketing se encontraba en unos talleres unos pocos cientos de kilómetros al norte, en Boston. A los 40 años, King Gillette[3] era un inventor frustrado, un amargado anticapitalista, y un vendedor de tapones para botellas (chapas corona). A pesar de sus ideas, de su energía y de unos padres acaudalados, tenía pocas obras que mostrar. Culpaba de todos sus males a la competencia del mercado. De hecho, en 1894 había publicado un libro, *The Human Drift,* en el que argumentaba que toda la industria debería pasar a manos de una única corporación de propiedad pública, y que millones de norteamericanos deberían vivir en una ciudad gigante llamada Metrópolis, cuya energía procedería de las cataratas del Niágara. Su jefe en la empresa de tapones para botellas, mientras tanto, le había dado un único consejo: inventa algo que la gente use y tire después.

Un día, mientras se estaba afeitando con una navaja tan desgastada que ya no podía afilarse más, tuvo la idea. ¿Qué pasaría si la cuchilla pudiera fabricarse a partir de una delgada lámina de metal? En lugar de perder tiempo afilando las cuchillas, los hombres podrían desecharlas sin más cuando se quedaran sin filo. Tras unos pocos años de experimentación metalúrgica, había nacido la maquinilla de seguridad con cuchilla desechable.

Pero no tuvo un éxito inmediato. En su primer año, 1903, Gillette vendió un total de 51 maquinillas de afeitar y 168 cuchillas (hojas). En las dos décadas siguientes, intentó todos los trucos de marketing imaginables. Puso su propia cara en el envase, convirtiéndole tanto en una figura legendaria como, según algunos, en personaje de ficción. Vendió millones de maquinillas al ejército con un gran descuento, confiando en que los hábitos que los soldados desarrollaran durante la guerra se mantendrían en tiempo de paz. Vendió maquinillas a granel a los bancos para que pudieran regalarlas cuando la gente abría nuevos depósitos (campañas *shave and save*, «afeitarse y ahorrar»). Las maquinillas se entregaban con todo lo imaginable, desde goma de mascar Wrigley a paquetes de café, té, especias y chucherías.

Los productos gratuitos ayudaban a vender esos productos, pero la táctica ayudó a Gillette todavía más. Al vender barato a colaboradores que regalaban las maquinillas, que por sí solas eran inútiles, estaba creando la demanda de las cuchillas desechables. Era el mismo caso que el de Jell-O (cuyos libros de recetas eran a las «maquinillas» lo que la gelatina a las «cuchillas»), sólo que el consumidor quedaba más atrapado. Una vez enganchados a las maquinillas de cuchillas desechables, te convertías en un cliente de por vida.

Curiosamente, la idea de que Gillette regalaba las maquinillas es en su mayor parte un mito urbano. Los únicos ejemplos registrados se dieron con la introducción de Trak II en la década de 1970, cuando la empresa regaló una versión barata de la maquinilla con una cuchilla no reemplazable. Su modelo más habitual era vender maquinillas con un bajo margen a los colaboradores, como los bancos, que normalmente las regalaban como parte de sus promociones. Gillette obtenía su auténtico beneficio del elevado margen sobre las cuchillas.

Unos cuantos miles de millones de cuchillas más tarde, este modelo de negocio es ahora la base de muchas industrias: regalar el teléfono y vender el plan mensual; fabricar las consolas de videojuegos baratas y vender los juegos caros; instalar elegantes cafeteras en las oficinas de manera gratuita para poder vender a sus directivos costosas monodosis de café.

A partir de estos experimentos de comienzos del siglo XX, lo Gratis propició una revolución en el consumo que definiría los próximos cien años. El ascenso de Madison Avenue y la llegada del supermercado convirtieron en ciencia la psicología del consumidor, y lo Gratis en la herramienta por excelencia. La radio y televisión de libre difusión (*Free-to-air*, término utilizado para las señales enviadas al espacio electromagnético que todo el mundo puede recibir sin recargo) unieron a la nación y crearon el mercado de masas. "Gratis" era el reclamo del moderno comerciante, y el consumidor no dejaba nunca de acudir.

Lo Gratis en el siglo XXI

Ahora, en los comienzos del siglo XXI, estamos inventando una nueva forma de lo Gratis que definirá la siguiente era tan profundamente como lo hizo en el siglo anterior. La nueva forma de lo Gratis no es un truco ni una treta para desviar dinero de un bolsillo a otro. Se trata en cambio de una extraordinaria nueva capacidad de reducir los costes de bienes y servicios casi a cero. Mientras lo Gratis en el siglo pasado era un poderoso método de marketing, lo Gratis en este siglo es un modelo económico totalmente nuevo.

Esta nueva forma de lo Gratis se basa en la economía de *bits*, no de átomos. Es una cualidad única de la era digital en la que una vez que algo se convierte en *software*, inevitablemente se vuelve gratuito. De coste, sin duda, y a menudo de precio. (Imaginemos que el precio del acero hubiera caído tan cerca del cero que King Gillette pudiera haber regalado maquinilla y cuchillas y ganar dinero con algo completamente diferente, ¿la crema de afeitar tal vez?) Creó una economía de miles de millones de dólares —la primera de la historia—, donde el precio primario es cero.

En la economía basada en los átomos, que equivale a decir la mayor parte de lo que nos rodea, las cosas tienden a volverse más caras con el tiempo. Pero en la economía basada en los *bits*, que es el mundo *online*, las cosas se abaratan. La economía de átomos es inflacionaria, mientras que la economía de *bits* es deflacionaria.

El siglo XX fue fundamentalmente una economía de átomos. El siglo XXI será una economía de *bits*. Cualquier cosa gratis en la economía de átomos tiene que ser compensada con otra, lo cual es la razón de que muchas cosas gratis tradicionales tengan aspecto de anzuelo y de trueque: de un modo u otro, acabas pagando. Pero lo gratis en la economía de *bits* puede ser *realmente* gratis y el dinero puede desaparecer totalmente de la ecuación. La gente hace bien en sospechar de lo Gratis en la economía de átomos y en confiar en lo Gratis en la economía de *bits*. Intuitivamente, comprenden la diferencia entre las dos economías y por qué lo Gratis funciona tan bien *online*.

Después de 15 años del gran experimento *online,* lo gratuito nos llega por defecto, y los muros del pago son la ruta hacia la oscuridad. En 2007, el *New York Times* pasó a ser gratuito en Internet, al igual que gran parte del *Wall Street Journal,* utilizando un inteligente modelo híbrido que ponía a disposición gratis los artículos a quienes deseaban compartirlos *online*, en blogs o en otros medios sociales. Músicos desde Radiohead a Nine Inch Nails ofrecen ahora de manera rutinaria su música en Internet, al darse cuenta de que lo Gratis les permite llegar a más gente y crear más fans, algunos de los cuales asisten a sus conciertos e incluso —esperemos— pagan por versiones "premium" de la música. Los sectores de la industria de los juegos que más están creciendo son los de juegos *online* apoyados por publicidad, y juegos *online* gratuitos para múltiples jugadores.

El auge de la «economía de lo gratis» está siendo promovido por las tecnologías subyacentes de la era digital. Al igual que la ley de Moore dicta que la potencia de procesado de un ordenador reduce su precio a la mitad cada 2 años, el precio del ancho de banda y del almacenamiento están cayendo más rápido aún. Lo que hace Internet es combinar los tres, por lo que las bajadas de precios se componen de tres factores tecnológicos: procesadores, ancho de banda y almacenamiento. Como resultado, el índice de deflación neto del mundo *online* es de casi el 50 por ciento, lo que equivale a decir que lo que le cuesta a YouTube emitir un vídeo hoy le costará la mitad dentro de un año. Las tendencias que determinan el coste de hacer negocios en Internet apuntan todas en la misma dirección: hacia el cero. No es de extrañar que los precios *online* vayan todos también en la misma dirección.

George Gilder[4], cuyo libro de 1990, *Microcosmos,* fue el primero en explorar la economía de *bits*, lo pone en su contexto histórico:

En cada revolución industrial, algún factor de producción clave suele ver su coste reducido de forma drástica. El nuevo factor es prácticamente gratuito con relación al coste anterior para lograr esa función. Gracias al vapor, la fuerza física en la Revolución Industrial se volvió prácticamente gratuita en comparación con la época en que había que conseguirla de la potencia muscular animal o de la potencia muscular humana. De repente se podían hacer cosas que antes no te podías permitir hacer. Podías hacer que una fábrica funcionara 24 horas al día produciendo en masa productos de una manera absolutamente incomprensible hasta entonces.

Hoy en día, los modelos de negocio más interesantes consisten en encontrar maneras de hacer dinero en torno a lo Gratis. Antes o después, todas las empresas tendrán que descubrir formas de utilizar lo Gratis o competir con lo Gratis, de un modo u otro. Este libro trata de cómo hacerlo.

En primer lugar, examinaremos la historia de lo Gratis y por qué tiene tanto poder sobre nuestras opciones. Luego veremos cómo la economía digital ha revolucionado lo Gratis, convirtiéndolo de un truco de marketing en una fuerza económica, incluyendo los nuevos modelos de negocio que hace posibles. Por último, nos sumergiremos en los principios subyacentes de la "economía de lo gratis": cómo funciona, dónde funciona, y por qué es tan a menudo malinterpretada y temida. Pero para empezar, ¿qué significa realmente «gratis»?

¿Qué significa gratis?

2

Gratis 101

Curso abreviado sobre una palabra muy mal interpretada

«Gratis» puede significar muchas cosas, y ese significado ha ido cambiando a lo largo del tiempo. Aunque despierta sospechas, tiene el poder de llamar la atención casi como ninguna otra cosa. Nunca resulta tan sencilla como parece, y sin embargo es la transacción más natural de todas. Si ahora estamos creando una economía en torno a lo Gratis, deberíamos comenzar por entender lo que es y cómo funciona.

Comencemos por la definición. En las lenguas latinas, como el francés, el castellano y el italiano, el significado de gratis resulta menos enrevesado porque tienen dos palabras para ello. Una se deriva del latín *liber* («libre») y la otra del latín *gratis* (contracción de *gratiis,* «por nada» y de ahí, «sin recompensa» o precio cero). En castellano, por ejemplo, *libre* es una cosa buena (libertad de expresión, por ejemplo), mientras que *gratis* suele ser tomado a menudo por un truco de marketing.

En inglés, sin embargo, las dos palabras están entrelazadas en una única palabra: "Free". Esto tiene ventajas de marketing:

la connotación positiva de «libertad» hace que bajen nuestras defensas ante los trucos de los vendedores. Pero también introduce ambigüedad. (Razón por la que los anglohablantes utilicen a veces la palabra «gratis» para dar más énfasis, para resaltar que algo es *realmente* libre.)

En el mundo del *software* de fuente abierta que es libre (se anima a su utilización y reutilización) y *también* gratis (sin recargo), la gente distingue los dos sentidos de esta manera: «*Free* (gratis) como en cerveza frente a *free* (libre) como en libertad de expresión». (Es inevitable que algunos tipos que se pasen de listos consideren que sería divertido aumentar la ambigüedad de estas dos palabras lanzando una receta de cerveza bajo una licencia de distribución ilimitada y cobrando luego por el producto acabado en las conferencias de *software. Geeks!*)*

De modo que, ¿cómo terminamos con una única palabra, y por qué esa palabra es «*free*»? Sorprendentemente, proviene de la misma antigua raíz inglesa que «*friend*» (amigo). Según el etimologista Douglas Harper[1]:

> Ambas provienen de la antigua palabra inglesa *freon, freogan* «liberar, amar». El sentido primario parece haber sido «querido, amigo, amar»; que en algunas lenguas (en particular en germánico y en celta) desarrolló también un sentido de «libre», tal vez a partir de los términos «querido» o «amigo» aplicados a los miembros libres del propio clan (en oposición a los esclavos).
>
> El sentido de «dado sin coste» es de 1585, y procede de la noción de «libre de coste».

---

* *Geek:* es un término que se utiliza para referirse a la persona fascinada por la tecnología y la informática. *(N. del T.)*

De manera que «gratis» procede de la noción social de libertad, tanto de la esclavitud como de coste.

Este libro trata del significado del coste: gratis, como en cerveza. O en realidad, como en un almuerzo.*

Millones de tipos de gratis

Incluso dentro del significado comercial de «gratis» existe una amplia gama de significados y modelos de negocio. A veces «gratis» no es realmente gratis. «Compre uno y llévese otro gratis» es simplemente otra manera de decir descuento del 50 por ciento cuando usted compra dos. «Regalo gratis en el interior» significa realmente que el coste del regalo ha sido incluido en el precio del producto. «Portes gratis» suele significar que el precio del transporte ha sido incorporado en el margen del producto.

Evidentemente, a veces lo gratis *es* realmente gratis, aunque pocas veces constituye un nuevo modelo económico: una «muestra gratuita» es marketing puro y duro, previsto tanto para introducir un producto e instilar un ligero sentimiento de deuda moral que le puede animar a usted a comprar el artículo a su precio normal. Una «prueba gratis» puede ser realmente gratuita, pero sólo durante un tiempo limitado, y luego puede ser difícil retractarse hasta que el producto no esté totalmente pagado. Y el «aire gratis» en una gasolinera es lo que los economistas denominan un «bien complementario»: un producto gratuito («compruebe la presión de los neumáticos usted mismo»), cuya intención es reforzar el interés del consumidor en un producto de pago (todo lo demás en la gasolinera, desde un paquete de chicle hasta la gasolina).

---

*Juego de palabras intraducible. El autor está ironizando, ya que en inglés, la expresión *«there is no such thing as a free lunch»* se traduce por «No te regalan nada». *(N. del T.).*

¿CÓMO PUEDE SER GRATIS UN VIAJE EN AVIÓN?

Cada año, 1.300.000 pasajeros aproximadamente vuelan de Londres a Barcelona. Un billete con la línea aérea de bajo coste Ryanair vale sólo 20 dólares (12£ o 14,36 €). Otras rutas son igual de baratas, y el consejero delegado de Ryanair ha dicho que espera ofrecer un día todos los billetes gratis (compensado tal vez por el juego durante el vuelo al convertir sus aviones en casinos volantes). ¿Cómo puede costar menos un vuelo a través del canal de la Mancha que la carrera del taxi hasta el hotel?

A Ryanair le cuesta $70 llevar a alguien de Londres a Barcelona. Así es como recupera ese dinero:

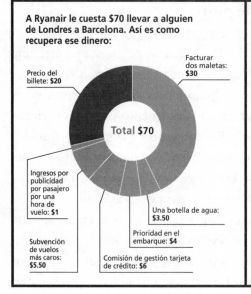

Precio del billete: $20

Facturar dos maletas: $30

Total $70

Ingresos por publicidad por pasajero por una hora de vuelo: $1

Una botella de agua: $3.50

Subvención de vuelos más caros: $5.50

Prioridad en el embarque: $4

Comisión de gestión tarjeta de crédito: $6

▶ **Recorte de costes:** Ryanair embarca y desembarca a los pasajeros desde la pista para recortar gastos de embarque. La línea aérea también negocia la reducción de las cuotas de acceso en aeropuertos menos populares deseosos de aumentar su tráfico.

▶ **Aumenta los gastos accesorios:** Ryanair cobra la comida y bebida durante el vuelo; cobra por prioridad de embarque; cobra un extra por facturar equipaje y volar con niños; cobra una cuota por los alquileres de coches y reservas de hotel realizados a través de su página Web; cobra por la publicidad dentro del avión, y cobra una comisión por la gestión de la tarjeta de crédito en todas las compras de billetes.

▶ **Compensa pérdidas con tarifas más altas:** durante la temporada alta, ese mismo vuelo puede costar más de $100.

Luego está todo el mundo de los medios apoyados por la publicidad, desde la radio y TV de libre difusión hasta la mayor parte de los contenidos de Internet. El contenido gratuito apoyado por publicidad es un modelo de negocio que data de hace más de un siglo: un tercero (los anunciantes) paga para que una segunda parte (el consumidor) consiga el contenido gratis.

Por último, a veces lo gratis es realmente gratis y sí representa un nuevo modelo. La mayoría se encuentra en Internet, donde la economía digital, con costes marginales cercanos a cero, mantiene su dominio. Flickr, el servicio para intercambiar o compartir fotos, es realmente gratuito para la mayoría de sus usuarios (ni siquiera utilizan publicidad). De manera similar, casi todo lo que Google ofrece es gratis o carente de publicidad, y aplica el modelo de publicidad en los medios de una nueva manera para el *software* y servicios (como Gmail), no para el contenido. Y luego está la asombrosa «economía del regalo» de Wikipedia y la blogosfera, impulsados por incentivos no monetarios como reputación, atención, expresión, y otros de tipo similar.

Todos ellos pueden ser clasificados en cuatro clases amplias de lo Gratis, dos que son antiguas pero en evolución, y dos que están surgiendo con la economía digital. Antes de centrarnos en ellas, volvamos atrás y observemos que todas las formas de lo Gratis corresponden a variaciones del mismo tema: cambiar de sitio el dinero de un producto a otro, de una persona a otra, entre ahora y más tarde, o en los mercados no monetarios y vuelta a empezar otra vez. Los economistas lo llaman «subvenciones cruzadas» o traslado de costes.

Todo el mundo es un subsidio cruzado

Los subvenciones cruzadas son la esencia de la frase «nadie te da de comer gratis». Significa que, de un modo u otro, no te regalan nada, que la comida hay que pagarla, si no por ti mismo directamente, por aquel que esté interesado en que haya comida gratuita.

A veces la gente paga por los productos de manera indirecta. El periódico gratuito que está leyendo está sufragado por la publicidad, que es parte del presupuesto de marketing de un minorista y que está incorporada en su margen de beneficio, que usted (o alguien a su alrededor) terminará pagando en forma de artículos más caros. También está pagando con un poco de su tiempo y, al ser visto leyendo ese periódico, de su reputación. El aparcamiento gratuito en el supermercado se paga en el margen de beneficio

¿CÓMO PUEDE SER GRATIS UNA GRABADORA DIGITAL DE VÍDEO?

Las compañías telefónicas venden llamadas; las empresas de electrónica venden aparatos. Pero el gigante del cable Comcast está en ambos negocios y en otros muchos. Ello le da la flexibilidad para hacer subvención cruzada de productos, regalando una cosa para vender otra. Para ello, Comcast ha regalado a 9 millones de abonados grabadoras digitales de vídeo. ¿Cómo puede recuperar el dinero?

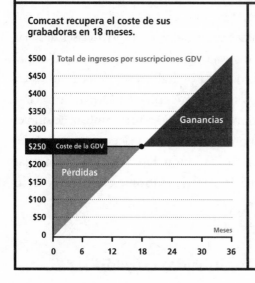

Comcast recupera el coste de sus grabadoras en 18 meses.

▶ **Añade gastos ocultos:** Comcast cobra una cuota de instalación de $20 a cada nuevo cliente GDV.

▶ **Cobra un abono mensual:** Los clientes de Comcast pagan $14 al mes por utilizar la caja GDV. Aunque Comcast pagó 250$ por sus GDV –una estimación muy elevada-, las cajas le devolverán el dinero en 18 meses.

▶ **Vende otros servicios más caros:** Comcast espera ganar clientes con las GDV e interesarlos a continuación en servicios como Internet de alta velocidad ($43 al mes por 8 MBps) y telefonía digital ($40 al mes). No están incluidas aquí las películas de pago, que pueden costar $5 cada una.

FUENTES: COMCAST, FORRESTER RESEARCH

del producto, y las muestras gratuitas están subvencionadas por aquellos que pagan por las versiones de pago.

En la economía del regalo (véase pág. 47), las subvenciones cruzadas son más sutiles. Los blogs son gratuitos y por lo general no tienen anuncios, pero eso no significa que no se esté intercambiando valor cada vez que usted los visita. A cambio del contenido gratuito, la atención que usted presta a un *blogger*, ya sea en una visita o en un enlace, aumenta la reputación de él, que puede utilizarla para conseguir un trabajo mejor, mejorar su red social o encontrar más clientes. A veces esos créditos en reputación se convierten en pagos en efectivo, pero raramente podemos predecir el recorrido exacto: es diferente cada vez.

Las subvenciones cruzadas pueden funcionar de varias maneras diferentes:

- **Productos de pago que subvencionan productos gratuitos.** Los líderes con pérdidas son un elemento esencial del negocio, desde las palomitas de maíz que subvenciona la película que no funciona en taquilla hasta el vino caro que subvenciona la comida barata en un restaurante. Lo Gratis lleva esto aún más lejos haciendo que un artículo no se venda a una fracción de su coste, sino que sea regalado por completo. Esto puede ser tan efectista como un «regalo gratis en el interior», o tan común como las muestras gratuitas. Esta forma de lo Gratis es antigua, familiar y relativamente sencilla como modelo económico, de manera que no nos centraremos mucho en ella aquí.
- **Pagar más tarde y dar algo gratis ahora.** El teléfono móvil gratuito con un contrato de suscripción a dos años es un ejemplo clásico de subvención a lo largo del tiempo. Consiste simplemente en desplazar el servicio telefónico desde una corriente de ingresos de punto de venta hacia una anualidad continuada. En este caso, tu yo futuro está subvencionando a tu yo actual. La esperanza del operador es que no pienses en lo que vas a pagar cada año por el servicio telefónico sino que te quedes deslumbrado por el teléfono gratuito que consigues hoy.
- **Gente que paga subvenciona a gente que no paga.** Desde los hombres que pagan por entrar en clubs nocturnos en los que las mujeres entran gratis, a los «niños gratis», o hasta la contribución fiscal progresiva en la que los ricos pagan más para que los menos ricos paguen menos (y a veces nada), la táctica de segmentar un mercado en grupos basados en su disposición o capacidad de pagar es una parte convencional de la teoría de los precios. Lo Gratis lo lleva

al extremo, ampliando el concepto a una clase de consumidores que obtendrán el producto o servicio por nada. La esperanza es que los consumidores que no pagan atraerán (en el caso de las mujeres), o traerán con ellos (en el caso de los niños), a consumidores de pago, o que cierta fracción de los consumidores que no pagan se conviertan en consumidores de pago. Cuando uno pasea por las llamativas atracciones de Las Vegas, todo se puede ver gratuitamente; a cambio, los propietarios esperan que algunos se paren y jueguen o compren (o ambos, de manera ideal).

Dentro del amplio mundo de las subvenciones cruzadas, los modelos de lo Gratis tienden a entrar en cuatro categorías principales:

GRATIS 1: Subsidios cruzados directos

Qué es gratis: Cualquier producto que te engatusa para que pagues por otra cosa.

Gratis para quién: Para todo el mundo que esté dispuesto a pagar andando el tiempo, de un modo u otro.

Cuando Wal-Mart ofrece «compra un DVD y llévate otro gratis», es un líder con pérdidas. La empresa está ofreciendo el DVD a un precio por debajo de su coste para que entres en la tienda, donde espera poder venderte una lavadora o una cesta de la compra llena de otros productos a su precio. En cualquier paquete de productos y servicios, desde la banca a planes de llamada con móviles, el precio de cada componente individual suele estar determinado por la psicología, no por el coste. Tu compañía de móviles puede no ganar dinero con tus facturas mensuales —mantiene esa cuota

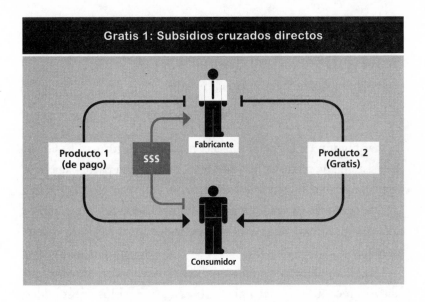

Gratis 1: Subsidios cruzados directos

Producto 1 (de pago) — $$$ — Fabricante — Producto 2 (Gratis) — Consumidor

tan baja porque sabe que es lo primero que miras cuando eliges un operador—, pero su cuota de correo de voz mensual es puro beneficio. Las empresas examinan una cartera de productos y algunos los venden a precio cero (o casi) para hacer que los otros productos, sobre los que obtienen jugosos beneficios, resulten más atractivos.

Así se propaga cada vez a más industrias la subvención cruzada de King Gillette. La tecnología está dando a las empresas una mayor flexibilidad a la hora de definir sus mercados, permitiéndoles más libertad de regalar algunos de sus productos o servicios para promocionar otros. Ryanair, por ejemplo, ha trastocado su industria al definirse más como una agencia de viajes de servicios completos que como un vendedor de asientos aéreos (véase recuadro en pág. 38). Su tarjeta de crédito es gratuita porque el banco gana dinero con la cuota por servicio que cobra a los minoristas a los que usted compra. Ellos, a su vez, le pasan a usted el recargo. (Evidentemente, si usted no paga a final de mes, el banco ganará aún más dinero con los intereses que le aplique.)

Gratis 2: El mercado trilateral

Qué es gratis: Contenido, Servicios, *Software*, y otros.
Gratis para quién: Para todo el mundo.

La más común de las economías construidas en torno a lo Gratis es el sistema de terceros. En este caso, una tercera parte paga para participar en un mercado creado por un intercambio libre entre las dos primeras partes. ¿Le parece complicado? Se lo encuentra cada día. Es la base de prácticamente todos los medios de comunicación.

En el modelo de medios de comunicación tradicional, un editor ofrece un producto gratis (o casi gratis) a los consumidores y los anunciantes se apuntan con gusto. La radio es de libre difusión, y también lo es gran parte de la televisión. Igualmente, los editores de periódicos y revistas no cobran a los lectores ni por aproximación el coste de crear, imprimir y distribuir sus produc-

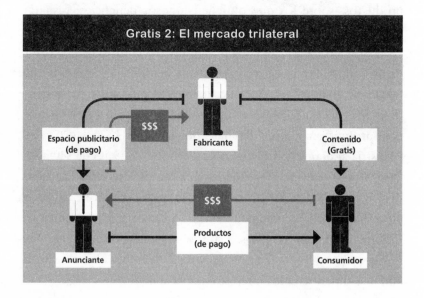

tos. No están vendiendo periódicos y revistas a los lectores, están vendiendo lectores a los anunciantes. Es un mercado entre tres partes.

En cierto sentido, Internet representa la extensión del modelo del negocio de los medios de comunicación a industrias de todo tipo. No se trata simplemente de la noción de que la publicidad lo pagará todo. Las empresas de medios de comunicación hacen dinero con contenido gratuito de cientos de maneras, desde vendiendo información sobre los consumidores hasta la licencia de la marca, suscripciones de «valor añadido» y comercio electrónico directo (véase capítulo 9 para una lista más completa). Ahora, todo un nuevo ecosistema de empresas en Internet está creciendo en torno a la misma serie de modelos.

Los economistas llaman a esos modelos «mercados bilaterales» porque hay dos grupos de usuarios distintos que se apoyan entre sí sinérgicamente: los anunciantes pagan para que los medios lleguen a los consumidores, quienes a su vez financian a los anunciantes. En última instancia, los consumidores pagan, pero sólo de manera indirecta a través de los precios más altos de los productos debido a sus costes de marketing. Esto también se aplica a los mercados que no son de medios de comunicación, como el de las tarjetas de crédito (tarjetas gratis a los consumidores significa más gasto en los comercios y más cuotas para los bancos emisores), a las herramientas de sistemas operativos que se dan de manera gratuita a los desarrolladores de *software* de aplicaciones para atraer más consumidores a la plataforma, y así sucesivamente. En cada caso, los costes están distribuidos y/o lo suficientemente ocultos para que los artículos primarios parezcan gratuitos a los consumidores.

Gratis 3: "Freemium"

Qué es gratis: Cualquier cosa que se corresponde con una versión de pago de buena calidad
Gratis para quién: Usuarios básicos.

Este término (de *free*, gratis, y *premium*, prima], acuñado por el inversor de riesgo Fred Wilson, es uno de los modelos de negocio más comunes en Internet. El *Freemium* puede adoptar diferentes formas: niveles diversos de contenido desde gratuito a caros, o una versión «profesional» de calidad de algún sitio de Internet, o *software* con más funciones que la versión gratuita (pensemos en Flickr y en la versión Flickr Pro de 25 dólares al año).

Una vez más, esto nos suena familiar. ¿No se trata simplemente del modelo de muestra gratuita que encontramos en todas partes desde los mostradores de perfumes a las esquinas de las calles? Sí, pero con un matiz importante. La muestra gratuita

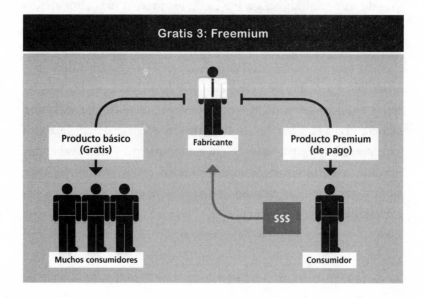

Gratis 3: Freemium

Producto básico (Gratis) → Muchos consumidores

Fabricante

Producto Premium (de pago) → Consumidor

$$$

tradicional es la distribución de chocolatinas de promoción o los pañales que se envían a una nueva madre. Dado que estas muestras tienen costes reales, el fabricante sólo regala una pequeña cantidad, esperando enganchar a los consumidores y estimular la demanda de muchos más.

Pero en los productos digitales, esta relación de gratis y de pago se invierte. Una página Web típica sigue la "Regla del 5 por ciento"(el 5 por ciento de los usuarios financia todo el resto). En el modelo *freemium*, eso significa que por cada usuario que paga por la versión premium de la página Web, otros 19 consiguen la versión básica gratuita. La razón por la que esto funciona es que el coste de atender a los 19 es próximo al cero, por no decir nulo.

Gratis 4: Mercados no monetarios

Qué es gratis: Todo lo que la gente decide dar sin esperar un pago a cambio.
Gratis para quién: Para todos.

Esto puede adoptar varias formas:

La economía del regalo

Desde los 12 millones de artículos de Wikipedia a los millones de artículos gratuitos de segunda mano ofrecidos en Freecycle (véase recuadro en la pág. 245), estamos descubriendo que el dinero no es el único motivador. El altruismo siempre ha existido, pero Internet le da una plataforma en la que las acciones de los individuos pueden tener un impacto mundial. En un sentido, la distribución de coste cero ha convertido el compartir en una industria. Desde el punto de vista de la economía monetaria, todo parece gratis —de hecho, lo que parece es competencia desleal—, pero dice más sobre nuestras miopes formas de medir el valor que sobre el valor de lo que se crea.

Los incentivos para compartir pueden ir desde la reputación y la atención a factores menos mensurables, como la expresión, la diversión, el buen karma, la satisfacción, o sencillamente el propio interés (dar cosas a través de Freecycle o Craigslist para ahorrarse uno la molestia de tirarlas a la basura). A veces, el hecho de dar es involuntario o pasivo. Das información a Google cuando tienes una página Web pública, lo quieras o no, y das latas de aluminio al tipo sin hogar que las recoge del contenedor de reciclado, aunque no sea lo que pretendías hacer.

Intercambio de trabajo

Puedes tener acceso a porno gratis si resuelves unos cuantos "Captchas" (casillas de texto codificadas que se utilizan para bloquear los "bots" de *spam* [correo basura]). Resulta irónico que lo que estés realmente haciendo sea utilizar tus capacidades para ajustarte a lo que hacen los demás a fin de descifrar un texto que se originó en otra página Web, una página que interesa a los difusores de *spam* y que utiliza esos Captchas para mantenerlos alejados. Una vez que los resuelves, los *spammers* pueden tener acceso a esas páginas Web, lo cual les resulta más valioso a ellos que la banda ancha que consumirás viendo imágenes excitantes. En lo que a ellos respecta, es una caja negra: ellos meten Captchas codificados y sacan textos descifrados. Pero dentro de la caja se encuentra el trabajo involuntario gratuito de miles de personas. Lo mismo pasa cuando calificas historias en Digg, votas en Yahoo Answers, o utilizas el servicio 411 de Google (véase recuadro en la página 163). Cada vez que haces una búsqueda en Google, estás ayudando a la empresa a mejorar sus algoritmos de publicidad orientada. En cada caso, el acto de utilizar el servicio crea algo de valor, ya sea mejorando el propio servicio, o creando información

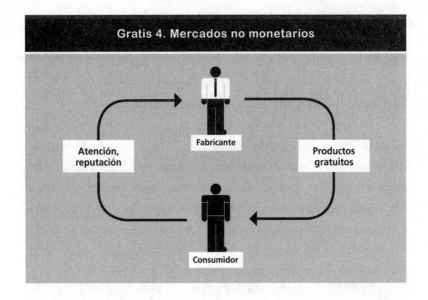

que puede ser útil en otro sitio. Lo sepas o no, estás trabajando gratis.

Piratería

Nada lo puede describir mejor que la música *online*. Entre la reproducción digital y la distribución entre iguales (P2P, *peer-to-peer*), el coste real de distribuir música ha tocado realmente fondo. Este es un caso en el que el producto se ha convertido en gratuito debido a la pura fuerza de gravedad económica, con o sin un modelo de negocio. Esta fuerza es tan poderosa que han fallado las leyes, la protección contra copias, los sentimientos de culpabilidad, y cualquier otra barrera contra la piratería que hayan podido concebir los sellos discográficos (y sigan haciéndolo). Algunos artistas ponen su música en Internet como una forma de comercializar conciertos, mercancías, licencias y otros artículos de pago. Pero otros han aceptado simplemente que, para ellos, la música no es un negocio para hacer dinero. Es algo que hacen por otras razones, por divertirse o por expresión creativa. Lo cual, de todas formas, ha sido siempre verdad para la mayoría de los músicos.

Un test de lo gratis en la vida cotidiana

Veamos cómo encaja esta clasificación con el tipo de cosas gratuitas que encontramos cada día. Curioseando hace poco en un quiosco, encontré este titular en la revista *Real Simple*: «36 cosas sorprendentes que puedes conseguir gratis». Es el tipo de noticia que verías en cualquier quiosco en cualquier momento, por

TEST DE LO GRATIS EN LA VIDA COTIDIANA	
Ejemplo de productos gratis	Modelo de gratis
	Gratis 1: Subvención cruzada simple
Clases en tiendas Apple	Apuestan a que comprarás algo
Pruebas en gimnasios	Ídem
Clases de música para niños	Ídem
Día del helado gratis Ben and Jerry	Ídem
Impresión de fotos *online* (muestras gratis)	Ídem
Clases para pequeñas empresas (con subvención pública)	Pagas impuestos
Clases de idiomas BBC (podcasts)	Subvención cruzada si eres británico y pagas impuestos; gratuito en caso contrario.
Popularity dialer (llamadas gratis) 800-Free 411 e-mails de recordatorio gratuitos	**Gratis 2: financiado por publicidad**
	Gratis 3: Freemium (versión gratis y de pago)
Skype (llamadas gratis)	(las versiones de pago pueden conectarse a teléfonos móviles)
Noche infantil en Broadway	(los padres financian a los hijos)
MIT OpenCourseWare (clases gratuitas online) Mascotas gratis en Craiglist Trueque Freecycle Museo (financiado por donaciones/subvenciones) PaperbackSwap.com	**Gratis 4: mercados no monetarios**

lo que parecía una muestra bastante representativa para poner a prueba la estructura. En la página anterior se encuentra cómo está distribuida la primera mitad de los ejemplos de *Real Simple*.

Observará que algunos de los ejemplos tienen elementos de varios modelos, y otros tienen competidores que utilizan modelos que encajan en diferentes categorías. (Google 411, competidor del servicio gratuito 1-800-FREE411, no está subvencionado con anuncios.) Igualmente, los servicios del Gobierno son una clase especial de subvención cruzada, ya que el vínculo entre sus impuestos y los servicios que recibe es indirecto y difuso.

Pero el asunto se sostiene: este tipo de clasificación funciona bastante bien. Ningún sistema de categorías es perfecto, y no es difícil encontrar excepciones e híbridos, pero esta estructura nos vendrá bien en los capítulos que siguen.

Los tres precios

Este libro trata fundamentalmente sobre dos precios —*algo* y *nada*—, pero a veces hay un tercer precio que no podemos pasar por alto: *menos que nada*. De acuerdo, es un precio negativo: te pagan por utilizar un producto o servicio, en lugar de que seas tú quien paga.

Esto es más común de lo que podría pensarse. En Internet se puede ver esta tendencia en cosas como cuando Microsoft te paga por utilizar su buscador, pero esto tiene en realidad una larga tradición en el marketing convencional. Se puede encontrar en los descuentos instantáneos y el marketing de devolución de dinero en efectivo, y en los premios en metálico, los descuentos por pasajero frecuente de avión y otros pagos que se reciben por utilizar tarjetas de crédito o de cliente.

Evidentemente, pocas veces se trata de algo que merece la pena; en la mayoría de los casos antes o después tendrás que abrir la cartera. Pero lo que es interesante de estas estrategias es que, aunque realmente no se trata de que te regalen dinero, los consumidores suelen considerarlo así.

Por ejemplo, un descuento en efectivo apela a una psicología muy diferente a la de ahorrar simplemente el dinero. Estudios sobre cómo se gasta la gente el cheque de 1.000 dólares (o la cantidad que sea) que reciben cuando compran un camión nuevo (o más bien, cuando lo financian), muestran que tienden a gastarlo como si lo hubieran ganado en la lotería: un premio imprevisto, aunque en realidad se trate de un préstamo a cuenta de futuros pagos. Los maridos se compran palos de golf que sus esposas no les dejarían nunca comprarse, y éstas no les dicen nada, a pesar de que *saben* que tendrán que devolver el dinero en los próximos años, como si fuese una deuda de la tarjeta de crédito.

En el libro de Dan Ariely *Predictably Irrational²* [*Las trampas del deseo: cómo controlar los impulsos irracionales que nos llevan al error*, Ariel, Barcelona, 2008] hay un gran ejemplo de precio negativo. Una vez dijo a sus alumnos de la Sloan School of Business del MIT que iba a hacer una lectura de poesía (*Hojas de hierba*, de Walt Whitman), pero que no sabía cuánto iba a costar. Entregó un cuestionario a todos los alumnos y preguntó a la mitad de ellos si estaban dispuestos a pagar 10 dólares por escucharle leer, y a la otra mitad le preguntó si estaba dispuesta a escucharle leer si les pagaba 10 dólares a cada uno. Luego les hizo a todos la misma pregunta: ¿Qué pagarían por escucharle leer la versión corta, media o larga del poema?

La nota inicial es lo que los economistas conductuales denominan un «ancla», que calibra lo que piensa el consumidor que es un precio justo. Ello puede tener un efecto decisivo sobre lo que pagarán en última instancia. En este caso, los alumnos a los que les preguntaron si pagarían 10 dólares, estaban dispuestos a pagar, como media, 1 dólar por el poema corto, 2 dólares por la versión media, y 3 dólares por la versión larga.

Entre tanto, los alumnos a los que se les había hecho creer que Ariely les pagaría, dijeron que querían 1,30 dólares por escuchar la versión corta, 2,70 dólares por la mediana, y 4,80 por soportar la lectura larga.

Ariely observa que Mark Twain ya ilustró esto con Tom Sawyer, quien logró que los otros chicos sintieran tanta envidia por pintar la verja que no sólo se ofrecieron a pintarla, sino que le pagaron por el privilegio. Sin embargo, en esto existe una moraleja para aquellos que pagarían a la gente por hacer algo por lo que deberían cobrar . Twain observó: «En Inglaterra existen caballeros acomodados que conducen coches de pasajeros de cuatro caballos durante 20 o 30 millas en un recorrido diario en verano porque el privilegio les cuesta un dinero considerable; pero si les ofrecieran un salario por el servicio, eso lo convertiría en trabajo y se negarían a hacerlo».

Todos estos son ejemplos de lo que Derek Sivers[3], fundador de CD Baby, denomina «modelos de negocio reversibles». Un ejemplo del mundo real de esto son los clubs de música de Los Ángeles que están cobrando a los grupos por tocar en el club en lugar de pagarles como es lo habitual. Los grupos valoran la actuación en público más que el dinero, y si son buenos, pueden llegar a dar el tipo normal de conciertos.

En China, señala Sivers, «algunos doctores reciben pagos cada mes cuando sus pacientes están sanos. Si estás enfermo, el problema es de ellos, así que no tienes que pagarles ese mes. Su objetivo es curarte y mantenerte sano y así poder cobrarte».

En Dinamarca, un gimnasio ofrece una cuota de socio en la que no pagas nada mientras aparezcas al menos una vez a la semana. Pero si fallas una semana, tienes que pagar la cuota completa del mes. La psicología es genial. Cuando vas cada semana, te sientes bien contigo mismo y con el gimnasio. Pero de vez en cuando estás muy ocupado y fallas una semana. Tienes que pagar, pero te culparás a ti solo. A diferencia de la situación habitual en que pagas un gimnasio al que no vas, tu instinto es no darte de baja del gimnasio sino dedicarle más tiempo.

FreeConferenceCall.com obtiene ingresos de las compañías telefónicas en lugar de obtenerlos de los clientes, porque sabe qué compañía telefónica está utilizando cada persona para llamarles. Negociaron un pago de afiliación por generar más llamadas de larga distancia para cada compañía telefónica. En lugar de pagar el coste de las llamadas de larga distancia ellos mismos, FreeConferenceCall cobra a las compañías telefónicas por animar a los usuarios para que hagan más llamadas de larga distancia.

En cada caso, una empresa inteligente ha invertido el flujo normal del dinero, ya sea haciendo algo gratis o pagando por lo que otras compañías cobran. No hay nada especialmente novedoso en ninguna de estas ideas. Simplemente supuso que un empresario se pusiera a pensar de manera creativa sobre el precio.

3

Historia de lo Gratis

Cero, almuerzo, y los enemigos
del capitalismo

El problema de nada

Una de las razones por las que lo Gratis es tan difícil de comprender es que no es una cosa, sino más bien la ausencia de una cosa. Es el vacío en el que debería estar el precio, el vacío en la caja registradora. Tendemos a pensar en términos de lo concreto y lo tangible, pero lo Gratis es un concepto, no algo que puedes contar con los dedos. La civilización tardó incluso miles de años en encontrar un número para describirlo.

La cuantificación de la nada comenzó, como tantas otras cosas, con los babilonios. En torno al 3000 a.C., en el Creciente Fértil (el actual Irak), una floreciente sociedad agrícola tenía un problema para contar. No se trataba de la evidente pega que usted o yo podríamos haber detectado, que es que su sistema era *sexagesimal*, basado en potencias de 60 en lugar de en potencias de 10. Por muy poco práctico que fuera, mientras no esperes contar con los dedos de las manos y de los pies, es lo suficientemente sencillo de entender (después de todo, es la raíz de nuestro propio sistema de medición del tiempo).

No, el problema era otra cosa: cómo anotar números.

A diferencia de la mayoría de culturas de esa época, los babilonios no tenían un símbolo diferente para cada número en su serie básica. En cambio, utilizaban solamente dos marcas: una cuña que representaba el 1, y una doble cuña que representaba el 10. De modo que, dependiendo de dónde estaba colocada, una única cuña podía representar 1; 60; 3.600; o incluso un múltiplo mayor de 60. Fue, escribe Charles Seife[1] en *Zero: The Biography of a Dangerous Idea* [*Cero: la biografía de una idea peligrosa*, RBA, Barcelona, 2007], «el equivalente a la Edad de Bronce en el mundo del código informático.»

Esto tenía pleno sentido en una cultura que contaba mediante un ábaco. Añadir números con este ingenioso aparato es una simple cuestión de mover piedras hacia arriba y hacia abajo, en el que las piedras de diferentes columnas representan diferentes valores. Si tienes un ábaco con 60 piedras en cada columna, un sistema de numeración basado en potencias de 60 no es más difícil que uno basado en potencias de 10.

Pero cuando quieres señalar un número en un ábaco, ¿qué haces si no hay piedras en una columna? El número 60 es una cuña en la columna de los 60 y ninguna en la columna de los 1. ¿Cómo se escribe "ninguna cuña"? Los babilonios necesitaban una marca que representara la nada. Así que tuvieron que inventar el cero. De modo que crearon un nuevo carácter, sin valor, para significar una columna vacía. Lo indicaron con dos cuñas inclinadas.

Dada la evidente necesidad de tal indicador cuando se están anotando números basados en potencias de cualquier base, se podría pensar que el cero ha estado con nosotros desde el alba de la historia escrita. Pero muchas civilizaciones avanzadas se las apañaron para aparecer y desaparecer sin él. Los romanos no lo utilizaron en su numeración. (No hay columnas fijas en esa notación. En cambio, el valor de cualquier dígito está determinado por los otros dígitos que lo rodean).

Por su parte, los griegos rechazaron explícitamente el cero. Dado que su sistema matemático estaba basado en la geometría, los números tenían que representar espacio de un tipo o de otro: longitud, ángulos, superficie, etc. El espacio cero no tenía sentido. El paradigma de la matemática griega fue Pitágoras y su escuela pitagórica, que realizaron descubrimientos tan importantes como la escala musical y la proporción áurea (aunque paradójicamente no el Teorema de Pitágoras: la fórmula para calcular la hipotenusa de un triángulo rectángulo se conocía muchos años antes de Pitágoras). Aunque comprendieron que la aritmética produce a veces números negativos, números irracionales e incluso el cero, los griegos los rechazaron todos porque no podían ser representados en forma física. (Curiosamente, la proporción áurea es en sí misma un número irracional, que fue mantenido secreto todo lo que fue posible.)

Dicha miopía es comprensible. Cuando los números sólo representan cosas reales, no se necesita un número para expresar la ausencia de algo. Es un concepto abstracto, y sólo aparece cuando la matemática se vuelve igualmente abstracta. «La cuestión con el cero es que no necesitamos utilizarlo en las operaciones de la vida cotidiana (escribió el matemático británico Alfred North Whitehead, en 1911). Nadie sale a comprar cero pescados. En cierto sentido es el más civilizado de todos los números cardinales, y su uso sólo nos es impuesto por las necesidades de modos cultivados de pensamiento.»

Algo que recayó en los matemáticos de la India. A diferencia de los griegos, señala Seife, los indios no veían formas en todos los números. Pero veían los números como conceptos. El misticismo oriental abarcaba tanto lo tangible como lo intangible a través del yin y el yang de la dualidad. El dios Shiva era al mismo tiempo el creador y el destructor de mundos; de hecho, un aspecto de la deidad Nishkala Shiva era el Shiva «sin partes», el vacío. Gracias a su capacidad de separar los números de la realidad física, los indios inventaron el álgebra. Ello, a su vez, les permitió llevar las matemáticas hasta sus extremos ilógicos, incluyendo los números negativos y, en el siglo IX, hasta el cero. De hecho, la misma palabra «cero» es de origen indio: la palabra india para cero era *sunya,* que significa «vacío,» que los árabes convirtieron en *sifr.* Los estudiosos occidentales la latinizaron como *zephirus,* raíz de nuestro cero.

El problema de lo Gratis

En el año 900 había un símbolo y una estructura algebraica para la nada. ¿Pero, había un sistema económico? Bueno, en cierto sentido había existido siempre. La palabra «economía» viene del griego *oikos* («casa») y *nomos* («costumbre» o «ley»), de ahí, «reglas de la casa». Y en el hogar, lo Gratis siempre ha sido la norma. Incluso después de que la mayoría de culturas establecieran economías monetarias, las transacciones cotidianas entre grupos sociales emparentados, desde familias a tribus, se seguían realizando fundamentalmente sin precio. Las monedas de la generosidad, la confianza, la buena voluntad, la reputación y el intercambio equitativo siguen dominando los bienes y servicios de la familia, el vecindario, e incluso el lugar de trabajo. En general, entre amigos no se necesita dinero en efectivo.

Pero para las transacciones entre extraños, en las que los lazos sociales no son el sistema que prima, el dinero suministraba una medida de valor acordada, y el trueque se convirtió en pago. Pero incluso entonces había un lugar para lo Gratis, en cualquier cosa, desde el mecenazgo a los servicios civiles.

Cuando surgieron las naciones-estado en el siglo XVII, también lo hizo la noción del impuesto progresivo, mediante el cual los ricos aportaban más, de manera que los pobres pudieran pagar menos y recibir servicios gratuitos. La creación de organismos públicos para atender a los pobres hizo surgir un tipo especial de lo Gratis: puede que no tengas que pagar por los servicios que presta el Gobierno, pero sí lo hace la sociedad en su conjunto, y es posible que nunca puedas saber con exactitud que parte de tus propios dólares pagados en impuestos revierten directamente a ti.

La beneficencia, como es evidente, es también una forma de lo Gratis, como los actos benéficos comunitarios y «potlaches» (ceremonias de repartos de bienes entre los indios americanos). La aparición de la semana laboral de 5 días, las leyes laborales que establecen límites máximos y mínimos de la edad laboral, y el paso del trabajo agrícola al trabajo industrial y luego al trabajo administrativo, propició la aparición del tiempo libre. Ello, a su vez, creó el auge del voluntariado (trabajo gratuito), que sigue existiendo hoy.

Incluso cuando las economías monetarias se convirtieron en la norma, la importancia de no cobrar algunas cosas siguió estando profundamente arraigada. Tal vez el mejor ejemplo es el interés sobre un préstamo, que ha estado considerado históricamente como una especie de explotación, en especial cuando se trata de personas pobres. La palabra «usura»[2] significa hoy interés excesivo, pero originalmente significaba cualquier tipo de interés. (Un préstamo sin interés es considerado hoy una forma de regalo.) La Iglesia Católica primitiva adoptó una actitud firme contra el cobro por los préstamos, y el Papa Clemente V convirtió en 1311 en herejía la creencia en el derecho a la usura.

No todas las sociedades han considerado malignos los intereses. El historiador Paul Johnson observa:

> La mayoría de sistemas religiosos primitivos del antiguo Oriente Próximo, y los códigos seculares que surgieron de ellos, no prohibían la usura. Estas sociedades consideraban

la materia inanimada como algo vivo, al igual que las plantas, los animales y las personas, y capaz de reproducirse. Por eso, si prestabas «dinero alimentario» o prendas monetarias de cualquier tipo, era legítimo cobrar interés. El dinero alimentario en forma de aceitunas, semillas o animales se prestaba ya en el año 5.000 a.C, si no antes.

Pero cuando se trata de obtener un beneficio con el dinero contante y sonante, muchas sociedades han adoptado una actitud muy firme. Las leyes islámicas prohíben los intereses por completo, y el Corán no se anda con chiquitas a la hora de referirse a ello:

Aquellos que ejercen la usura están en la misma situación que quienes están bajo la influencia del diablo. Lo hacen porque afirman que la usura es lo mismo que el comercio. Sin embargo, Dios permite el comercio y prohíbe la usura. Por lo tanto, aquel que tenga en cuenta este mandamiento de su Señor y se abstenga de la usura, podrá conservar sus pasadas ganancias y estará acatando la ley de Dios. Pero quienes persistan en la usura, irán al infierno, donde morarán para siempre.

Finalmente, el pragmatismo económico hizo que el interés se volviera aceptable (y la Iglesia se dejó convencer, en parte para apaciguar a las clases comerciantes y obtener su apoyo político). En el siglo XVI, señala el artículo de la Wikipedia sobre la usura, los tipos de interés a corto plazo cayeron espectacularmente (del 20-30 por ciento anual al 9-10 por ciento), gracias a sistemas bancarios y técnicas comerciales más eficientes, unido a la mayor cantidad de dinero en circulación. La bajada de los tipos de interés suavizó mucho la oposición religiosa a la usura.

El capitalismo y sus enemigos

Después del siglo XVII, el papel del mercado y la clase mercantil fueron aceptados en casi todas partes. Se reguló el suministro de dinero, se protegieron las monedas, y florecieron las economías tal como ahora las conocemos. Cada vez se realizaba más comercio entre extraños gracias a los principios de la ventaja comparativa y la especialización. (La gente hacía lo que sabía hacer mejor y comerciaba para obtener otros objetos con gente que a su vez los sabía hacer mejor.) Las monedas se volvieron más importantes como unidades de valor porque éste procedía de la confianza en la autoridad emisora (generalmente el Estado), más que de las partes de la transacción. La noción de que «todo tiene un precio» sólo tiene unos pocos siglos de antigüedad.

Gracias a Adam Smith, el comercio pasó de ser un lugar donde comprar a una forma de pensar acerca de todas las actividades humanas. La ciencia social de la economía nació como una forma de estudiar por qué la gente hace las elecciones que hace. Al igual que en la descripción de la naturaleza de Darwin, la competencia era el núcleo de esta emergente ciencia del comercio. El dinero era la forma de llevar la cuenta. Cobrar por las cosas era sencillamente la manera más eficiente de asegurar de que seguirían siendo producidas (el motivo del beneficio es tan fuerte en economía como el «gen egoísta» en la naturaleza).

Pero en medio de tanto triunfalismo del mercado, seguía habiendo grupos de personas que se oponían al dinero como mediador de todo intercambio. Carlos Marx defendía la propiedad colectiva y la asignación de acuerdo con las necesidades, no con la capacidad de pagar. Y los pensadores anarquistas del siglo XIX, como el radical príncipe Pedro Kropotkin[3], imaginaron utopías colectivistas en las que sus miembros «realizarían espontáneamente todo el trabajo necesario porque reconocerían los beneficios de la empresa comunitaria y de la ayuda mutua», tal y como lo expone el artículo de la Wikipedia sobre Anarquismo comunista.

Kropotkin, que lo explica con detalle en su libro de 1902, *El apoyo mutuo: Un factor de la evolución*, anticipaba algunas de las fuerzas sociales que dominan la «economía de vínculos» del Internet actual (la gente se relaciona entre sí en sus mensajes, aportando tráfico y reputación al destinatario). Al regalar algo, argumentaba, lo que se obtiene no es dinero sino satisfacción. Esta satisfacción tenía sus raíces en la comunidad, la ayuda mutua y el apoyo. Las cualidades inherentes a esa ayuda harían que los otros te dieran a ti a su vez de la misma manera. Las «sociedades primitivas» funcionaban de ese modo, sostenía, de manera que esas economías del regalo estaban más cerca del estado natural de la humanidad que el capitalismo de mercado.

Pero todos los esfuerzos para llevarlo a la práctica a cualquier escala han fallado, en gran medida porque los vínculos sociales que controlan esa ayuda mutua tienden a debilitarse cuando el tamaño del grupo excede de 150 (llamado el «número de Dunbar»: el límite empíricamente observado para que los miembros de una comunidad humana puedan mantener fuertes vínculos entre sí). Evidentemente, esto condenaba sin remedio al fracaso al colectivismo en un grupo tan grande como un país. Había que esperar la llegada de las palabras virtuales, para que viéramos por fin funcionar grandes economías construidas en torno al beneficio mutuo. Las sociedades o los juegos con múltiples jugadores que se crean en Internet nos pueden permitir mantener redes sociales que son mucho más amplias que las que mantenemos en el mundo físico. El *software* amplía nuestro campo de acción y lleva la cuenta.

El primer almuerzo gratis

A finales del siglo XIX, parecía que las batallas ideológicas habían terminado. Las economías de mercado estaban firmemente establecidas en todo Occidente. Lejos de ser la raíz de todo mal, el dinero estaba demostrando ser un catalizador del crecimiento y la llave de la prosperidad. El valor de las cosas quedaba mejor establecido por el precio que la gente pagaría por ellas, así de sencillo. Los sueños utópicos de sistemas alternativos basados en regalos, trueques u obligaciones sociales quedaban reservados a los experimentos marginales, desde las comunas a los *kibbutzim* de Israel. En el mundo del comercio, lo «gratis» adquirió su significado primario moderno: una herramienta de marketing. Y como tal, rápidamente fue considerado con desconfianza.

En la época en que King Gillette y Pearle Wait hicieron sus fortunas con lo Gratis, los consumidores estaban habituados a escuchar eso de «nadie te da de comer gratis»[4]. La frase se refiere a una tradición que llegó a ser común en los bares norteamericanos, que comenzaron ofreciendo comida «gratis» a los clientes que compraban al menos una bebida. Desde un bocadillo a una comida de varios platos, estos almuerzos gratuitos valían bastante más que el precio de una bebida. Sin embargo, los dueños de los bares apostaban a que la mayoría de clientes compraría más de una bebida, y que el gancho de la comida gratis atraería clientes durante las horas más flojas del día.

El artículo de la Wikipedia sobre el Almuerzo gratuito es un fascinante vislumbre de la historia de esta tradición. En él se nos señala que en 1872 el *New York Times* informaba que los almuerzos gratis se han convertido en un rasgo «singular» ampliamente extendido en New orleans.

Según el informe, la costumbre del almuerzo gratuito estaba alimentando a miles de hombres que subsistían «totalmente con comidas de este tipo». El artículo del *Times*, citado en la entrada de la Wikipedia, continuaba así:

> Una barra en la que se sirven almuerzos gratuitos es un gran nivelador de clases, y cuando un hombre se sienta ante una

de ellas, debe abandonar toda esperanza de presentar un aspecto digno. Toda clase de personas pueden ser vistas compartiendo estas comidas, y se empujan y pelean para que les sirvan una segunda vez.

La costumbre llegó a San Francisco con la fiebre del oro y perduró durante años. Pero fuera de allí, el almuerzo gratuito chocó con el movimiento por la abstinencia de bebidas alcohólicas. Una historia de 1874 sobre la batalla para prohibir el alcohol, asimismo citada en la entrada de la Wikipedia, sugiere que el almuerzo gratis —unido a mujeres y canciones— no era más que una manera de disfrazar un bar bien abastecido. El alcohol era el «centro sobre el que giraba el resto de cosas».

Tal y como señala la Wikipedia, otros sostenían que el almuerzo gratuito realizaba de hecho una función de auxilio social. El reformador William T. Stead comentó que en 1894, los bares donde se servía comida gratuita «alimentaron a más gente hambrienta en Chicago que el resto de instituciones religiosas, de beneficencia y municipales juntas». Citaba el cálculo de un periódico según el cual los 3.000 dueños de bares alimentaban a 60.000 personas al día.

Muestras, regalos y desgustación

A principios del siglo XX, lo Gratis volvió a surgir con la nueva industria de artículos envasados. Con el auge de las marcas, la publicidad y la distribución nacional, lo Gratis se convirtió en un truco de venta. No hay nada nuevo en las muestras gratuitas, pero su comercialización masiva se atribuye a un genio del marketing del siglo XIX llamado Benjamin Babbitt[5].

Entre las muchas invenciones de Babbitt se encontraban varios métodos para fabricar jabón. Pero en lo que realmente destacó fue en su innovadora forma de venta, que rivalizó incluso con la de su amigo P. T. Barnum. El Jabón de Babbitt se hizo famoso a nivel nacional debido a su publicidad y campañas de promoción, que incluyeron la primera distribución masiva de muestras gratuitas. «Todo lo que pido es una prueba justa», proclamaban sus anuncios, que mostraban vendedores entregando muestras.

Otro ejemplo pionero es Wall Drug en Dakota del Sur. En 1931, Ted Hustead, farmacéutico y nativo de Nebraska, estaba buscando para establecer su negocio una pequeña ciudad con una iglesia católica. Encontró exactamente lo que buscaba en Wall Drug. Era un almacén situado en un pueblo de 231 personas «en mitad de ninguna parte» según sus palabras. Lógicamente, el negocio tuvo problemas. Pero en 1933 se inauguró el Memorial Nacional Monte Rushmore con las esculturas monumentales de Washington, Jefferson, Theodor Roosevelt y Lincoln, a unos 100 kilómetros al oeste, y la esposa de Hustead, Dorothy, tuvo la idea de anunciar agua fría gratuita para los sedientos viajeros que se dirigían a ver el monumento. La táctica situó a Wall Drug en el mapa y el negocio floreció.

Hoy, Wall Drug es un enorme centro comercial temático. Ahora regala pegatinas de parachoques alusivas al monumento y ofrece además café a 5 céntimos. El agua fría, por supuesto, sigue siendo gratis.

Lo gratis como un arma

Uno de los primeros indicios del poder que tendría lo Gratis en el siglo XX apareció con ese medio transformador que fue la radio. Hoy sabemos que la manera más perjudicial de entrar en el mercado es volatilizar la economía de modelos de negocio existentes. No cobrar nada por un producto del que sus operadores tradicionales dependen para sus beneficios. El mundo le asediará y podrá venderle entonces cualquier otra cosa. Consideremos simplemente las llamadas interurbanas gratuitas con los teléfonos móviles que diezmaron el negocio de ese tipo de llamadas de las líneas fijas, o pensemos en lo que los anuncios por palabras gratuitos hacen a los periódicos.

Hace 70 años, se llevó a cabo una batalla similar con la música grabada. A finales de la década de 1930, la radio estaba surgiendo como un formato de entretenimiento popular, pero también revolucionó la manera en que se pagaba a los músicos. American Decades, de Enciclopedia.com, describe el dilema de la época:»La mayoría de las retransmisiones de música radiofónica de la época eran en directo, y los músicos y compositores cobraban por cada actuación, pero para los músicos y compositores el pago por una única actuación no era justo cuando esa actuación estaba siendo escuchada por millones de oyentes. En caso de que esos millones de oyentes se encontraran dentro de una sala de conciertos, la parte a cobrar por los músicos probablemente habría sido mayor. Los propietarios de las emisoras de radio sostenían que era imposible pagar un canon de licencia basándose en cuántos oyentes sintonizaban la radio, porque nadie sabía cuál era su número». Pero la ASCAP [*American Association of Composers, Authors and Publishers*], con su cuasi-monopolio sobre los artistas más populares, impuso las reglas: insistía en royalties del 3 al 5 por ciento de los ingresos brutos en publicidad de una emisora a cambio del derecho a reproducir música. Peor aún, amenazó con aumentar ese porcentaje cuando el contrato expirara en 1940.

Mientras las emisoras y la ASCAP estaban negociando, éstas comenzaron a ocuparse ellas mismas del asunto y cortaron por lo sano las actuaciones en directo. La tecnología de grabación estaba mejorando, y cada vez eran más las emisoras que comenzaban a poner discos que eran presentados por un anunciante del estudio conocido como *disk jockey*. Los sellos musicales respondieron vendiendo discos con la etiqueta «NO AUTORIZADO PARA

RADIODIFUSIÓN», pero en 1940 el Tribunal Supremo decidió que las emisoras de radio podían emitir cualquier disco que hubieran comprado. De manera que la ASCAP convenció a sus miembros más prominentes, como Bing Crosby, de dejar simplemente de hacer nuevos discos.

Enfrentados a una reserva de música que iba menguando y a un posible y ruinoso pleito por royalties, los propietarios de emisoras respondieron organizando su propia agencia de royalties, llamada Broadcast Music Incorporated (BMI). La naciente BMI[6], de acuerdo con el relato de American Decades, «se convirtió rápidamente en un imán para músicos regionales, como artistas de *rhythm-and-blues* y de música country y del oeste, tradicionalmente olvidados por la ASCAP con su base en Nueva York». Como estos músicos menos populares querían difusión más que dinero, aceptaron que las emisoras de radio emitieran su música de manera gratuita. El modelo de negocio de cobrar a las emisoras de radio una fortuna por el derecho a reproducir música se vino abajo. En cambio, la radio fue reconocida como un canal de marketing esencial para artistas, que ganarían dinero vendiendo discos y dando conciertos.

Aunque la ASCAP intentó oponerse en varios pleitos en la década de 1950, nunca recuperó el poder de cobrar elevados royalties a las emisoras de radio. La radio de libre difusión más los royalties nominales para los artistas dieron lugar a la era del *disk jockey* y, esto a su vez, al fenómeno de los 40 Principales. Hoy en día estos royalties se calculan mediante una fórmula en la que intervienen el tiempo, el alcance y el tipo de emisora, pero son lo suficientemente bajos como para que las emisoras prosperen.

La ironía fue completa. En lugar de socavar el negocio de la música, como había temido la ASCAP, lo gratuito ayudó a la industria de la música a crecer hasta hacerse enorme y rentable. Una versión inferior gratuita de la música (menor calidad, disponibilidad imprevisible) resultó ser un gran marketing para la versión superior de pago, y los ingresos de los artistas pasaron de provenir de las actuaciones a los royalties de los discos. Ahora, lo gratuito ofrece la oportunidad de volver a cambiar de nuevo, ya que la música gratis sirve de marketing al creciente negocio de los conciertos. Como era de esperar, lo único constante es que los sellos están en contra de ello.

La edad de la abundancia

Si durante el siglo XX la gente comenzó a aceptar nuevamente lo Gratis como un concepto, también fue testigo de un fenómeno crucial que ayudó a hacer que lo Gratis fuera una realidad: la llegada de la abundancia. Para la mayoría de las generaciones anteriores, la escasez (de comida, de ropa o de un refugio) era una preocupación constante. Sin embargo, para quienes nacieron en el mundo desarrollado de la segunda mitad del pasado siglo, la abundancia ha sido la tónica. Y en parte alguna ha sido más aparente la abundancia como en ese bien fundamental para la vida: los alimentos.

Cuando yo era niño, el hambre era uno de los principales problemas de la pobreza en Estados Unidos. Hoy en día es la obesidad. En las últimas cuatro décadas se ha producido un cambio espectacular en el mundo de la agricultura: aprendimos a cultivar alimentos mucho mejor. Una revolución impulsada por la tecnología convirtió un producto escaso en otro abundante. Y en esa historia se encuentran las claves de lo que puede pasar cuando cualquier recurso importante pasa de la escasez a la abundancia.

Una cosecha necesita sólo cinco cosas importantes: sol, aire, agua, tierra (nutrientes) y mano de obra. El sol y el aire son gratuitos, y si la cosecha crece en una zona donde llueve de manera abundante, el agua también puede ser gratuita. Los otros factores —fundamentalmente mano de obra, tierra, y fertilizantes— no son ni mucho menos gratuitos, y representan la mayor parte del precio de las cosechas.

En el siglo XIX, la Revolución Industrial mecanizó la agricultura, reduciendo radicalmente el coste de la mano de obra e incrementando el rendimiento de los cultivos. Pero fue la «Revolución Verde» de los años sesenta la que transformó realmente la economía de los alimentos haciendo que la agricultura fuera tan eficiente que cada vez tenían que dedicarse a ella menos personas. El secreto de esta segunda revolución fue la química.

Durante la mayor parte de la historia de la humanidad, el abono ha determinado la cantidad de comida de la que disponíamos. La producción agrícola estaba limitada por la disponibilidad de fertilizantes que en gran parte procedía de los residuos animales (y a veces humanos). Si una granja quería mantener animales y cosechas en un ciclo de nutrientes sinérgico, tenía que dividir sus tierras entre ellos. Pero a finales del siglo XIX los naturalistas comenzaron a comprender qué tenía el abono que necesitaban las plantas: nitrógeno, fósforo y potasio.

Al principio del siglo XX, unos cuantos químicos comenzaron a trabajar para obtener estos elementos sintéticamente. El mayor avance se produjo cuando Fritz Haber, que trabajaba para la BASF, descubrió cómo extraer nitrógeno del aire en forma de amoniaco[7] combinando aire con gas natural a presión y calor elevados. Comercializado por Carl Bosch en 1910, el barato abono nitrogenado incrementó ampliamente la productividad agrícola y ayudó a evitar la hacía tiempo anunciada «catástrofe malthusiana» o crisis de población. Actualmente, la producción de amoniaco constituye el 5 por ciento del consumo de gas natural global, representando aproximadamente el 2 por ciento de la producción de energía mundial.

El Proceso Haber-Bosch[7] eliminó la dependencia que los agricultores tenían del abono. Junto a los pesticidas y herbicidas químicos, creó la Revolución Verde, que incrementó casi en 100 veces la capacidad agrícola del planeta en todo el mundo, permitiendo a la Tierra alimentar a una población en aumento, especialmente a una nueva clase media que, deseosa de nutrirse mejor, optó por la carne en lugar de limitarse a los cereales.

Los efectos han sido espectaculares. Lo que nos cuesta alimentarnos ha caído de ser un tercio de los ingresos medios de una familia norteamericana en 1955 a menos del 15 por ciento hoy.

Montones de maíz

Un aspecto de la abundancia agrícola que nos afecta a cada uno de nosotros cada día es la Economía del Maíz[9]. Esta extraordinaria planta, cultivada por el hombre durante milenios para obtener granos cada vez más grandes, produce más alimentos por hectárea que cualquier otra planta de la Tierra.

Las economías del maíz son economías naturalmente abundantes, al menos en lo que respecta a los alimentos. Los historiadores analizan a menudo las grandes civilizaciones del mundo antiguo a través de la lente de tres granos: arroz, trigo y maíz. El arroz es rico en proteínas pero extremadamente difícil de cultivar. El trigo es fácil de cultivar pero pobre en proteínas. Sólo el maíz es a la vez fácil de cultivar y abundante en proteínas.

Lo que los historiadores han observado es que la relación trabajo/proteína de estos granos influyó en el curso de las civilizaciones que se basaban en ellos. Cuanto más alta era esa relación, mayor «excedente social» tenía la gente que comía ese grano, ya que podían alimentarse con menos trabajo. El efecto de esto no siempre fue positivo. Las sociedades del arroz y del trigo tendían a ser culturas agrarias, centradas en sí mismas, tal vez porque el proceso de cultivar las cosechas les robaba demasiada energía. Pero las culturas del maíz —los mayas, los aztecas— tenían tiempo libre y energía de sobra, que empleaban a menudo en atacar a sus vecinos. Si nos guiamos por este análisis, la abundancia de maíz convirtió en guerreros a los aztecas.

Hoy utilizamos el maíz para algo más que como alimento. Entre el abono sintético y las técnicas de cultivo que hacen del maíz el convertidor mundial más eficiente de luz del sol y agua en almidón, estamos nadando actualmente en una dorada cosecha de abundancia, mucho más de lo que podemos comer. De modo que el maíz se ha convertido en una materia prima industrial para productos de todo tipo, desde pintura a envases. El maíz barato ha suprimido muchos otros alimentos de nuestra dieta y convertido a animales comedores de hierba, como las vacas, en máquinas para procesar maíz.

Como indica Michael Pollan en *The Omnivore's Dilemma,* las alas de pollo «son un montón de maíz: lo que puedan tener de pollo es maíz con el que se ha alimentado el pollo, pero lo mismo sucede con los otros ingredientes, como el almidón de maíz modificado que lo aglutina todo, la harina de maíz en la mezcla para rebozar, y el aceite de maíz con que se fríen. Menos evidentes son las levaduras y la lecitina, los mono-, di- y triglicéridos, el atractivo color dorado, e incluso el ácido cítrico que mantiene frescas las alas de pollo, aunque todos ellos pueden derivarse del maíz».

Un cuarto de todos los productos que se encuentran hoy en un supermercado medio contienen maíz, escribe Pollan. Y lo mismo sucede con los productos no alimentarios. Desde la pasta de dientes y cosméticos a los limpiadores y pañales desechables, todo contiene maíz, incluido el cartón en el que vienen envasados. El mismo supermercado, con su fibra prensada y el compuesto para juntas, linóleo y adhesivos, está construido con maíz.

El maíz es tan abundante que ahora lo utilizamos para fabricar combustible para nuestros coches en forma de etanol, poniendo por fin a prueba sus límites de abundancia. Después de muchos decenios de bajada de los precios, el maíz se ha ido encareciendo en los últimos años al mismo tiempo que el petróleo. Pero las innovaciones aborrecen los productos que suben de precio, de manera que este aumento ha acelerado la búsqueda de una manera de fabricar etanol a partir de «switchgrass» (pasto perenne que crece espontáneamente) u otras formas de celulosa, que pueden crecer donde no puede hacerlo el maíz. Una vez que se encuentre esa enzima mágica comedora de celulosa, el maíz volverá a ser barato de nuevo, y con él, todo tipo de alimentos.

La mala apuesta de Ehrlich

La idea de que los productos pueden abaratarse con el tiempo, en lugar de encarecerse, es antiintuitiva. Los alimentos al menos se pueden reponer, pero los minerales no. Después de todo, la Tierra es un recurso limitado, y cuanto más mineral extraigamos de ella, menos quedará, lo que constituye un caso clásico de escasez. En 1972, un grupo de expertos llamado el Club de Roma publicó un libro llamado *Límites al crecimiento*[10], *en el que se indicaba que las consecuencias de* una población mundial en rápido crecimiento y sometida a unos recursos limitados podrían ser catastróficas. Llegó a vender 30 millones de ejemplares y sentó las bases del movimiento ecologista, alertando sobre los peligros de la «bomba de población» que estaba sometiendo al planeta a una presión que éste no podía soportar.

Pero no todo el mundo estuvo de acuerdo con este pesimismo malthusiano. Una mirada a la historia de los siglos XIX y XX sugería que nos hacemos inteligentes con más rapidez de lo que nos reproducimos: el ingenio humano tiende a encontrar formas de extraer recursos de la Tierra con más rapidez de la que podemos utilizarlos. Ello tiene el efecto de incrementar la oferta con más rapidez que la demanda, lo que a su vez disminuye los precios. (Como es evidente, esto no puede prolongarse eternamente, ya que en última instancia los recursos están limitados, pero el asunto era que se encontraban mucho menos limitados de lo que el Club de Roma pensaba). El debate que rodea la veracidad de esta afirmación se convirtió en una de las apuestas más famosas de la historia, la que definiría esencialmente las opiniones contrapuestas de la escasez frente a la abundancia.

En septiembre de 1980, Paul Ehrlich, un biólogo poblacionista, y Julian Simon, economista, hicieron una apuesta, recogida públicamente en las páginas del *Social Science Quarterly*, sobre el precio futuro de algunos productos.

Simon apostó públicamente 10.000 dólares a que, en su opinión, «el precio de las materias primas no controladas por el Gobierno (incluyendo cereales y petróleo) no subiría a largo plazo». Erlich aceptó la apuesta[11], y puso como fecha límite el 29 de septiembre de 1990, es decir, diez años después. Si los precios de diversos metales, descontada la inflación, aumentaban durante ese periodo, Simon pagaría a Ehrlich la diferencia combinada; si los precios bajaban, Ehrlich pagaría a Simon. Ehrlich eligió cinco metales: cobre, cromo, níquel, estaño y tungsteno.

Ed Regis, de *Wired*, informó sobre los resultados:»Entre 1980 y 1990, la población mundial creció en más de 800 millones de personas, el mayor incremento en una década de toda la historia. Pero en septiembre de 1990, sin una sola excepción, el precio de cada uno de los metales elegidos por Ehrlich estaba por los suelos El cromo, que se vendía a 3,90 dólares la libra en 1980, había caído a 3,70 dólares en 1990. El estaño, que estaba a 8,72 dólares la libra en 1980, había caído a 3,88 dólares una década más tarde».

¿Por qué ganó la apuesta Simon? En parte porque era un buen economista y comprendió el efecto de sustitución: si un recurso se vuelve demasiado escaso y caro, suministra un incentivo para buscar un sustituto abundante, que desvía la demanda del recurso escaso (como la actual carrera por encontrar sustitutos del petróleo). Simon creía, y con razón, que el ingenio humano y la curva de aprendizaje de la ciencia y la tecnología tenderían a crear nuevos recursos con más rapidez de lo que los usamos.

También ganó porque Ehrlich era demasiado pesimista. Ehr-lich había previsto hambrunas de «proporciones increíbles» que se producirían en 1975, que conducirían a la muerte a cientos de millones de personas en las décadas de 1970 y 1980, lo cual sig-nificaría que el mundo estaba «entrando en una auténtica era de escasez». (A pesar de lo erróneo de sus cálculos, Ehrlich recibió en 1990 el Premio al Genio de la Fundación MacArthur por haber «contribuido al conocimiento por parte del gran público de los problemas ambientales».)

Los humanos estamos programados para comprender la es-casez mejor que la abundancia. Al igual que hemos evolucionado para reaccionar ante las amenazas y el peligro, una de nuestras tácticas de supervivencia es centrarnos en el riesgo de quedarnos sin provisiones. La abundancia, desde una perspectiva evolucio-nista, se resuelve por sí misma, mientras que hay que luchar para resolver la escasez. El resultado es que, a pesar de la victoria de Simon, el mundo pareció suponer que, en cierto sentido, Ehrlich seguía teniendo razón.

Simon se quejaba de que, por cierta razón que no era capaz de comprender, la gente era proclive a creer lo peor sobre todo y de todo; era inmune a las pruebas que lo rebatían como si hubiera sido vacunada contra la fuerza de la evidencia». Los tenebrosos pronósticos de Ehrlich siguieron (y lo hacen aún) teniendo in-fluencia. Entre tanto, las observaciones de Simon parecen intere-sar únicamente a los comerciantes de productos primarios.

Ceguera ante el cuerno de la abundancia

Debería haber sido obvio que Simon tenía más probabilidades de ganar la apuesta. Pero nuestra tendencia a prestar más atención a la escasez que a la abundancia nos ha llevado a ignorar muchos ejemplos de abundancia que han surgido durante nuestra vida, como, para empezar, el del maíz. El problema es que una vez que algo se vuelve abundante, tendemos a ignorarlo, como ignoramos el aire que respiramos. Hay una razón por la que la economía se define como la ciencia del «reparto óptimo de recursos escasos»: en la abundancia no hay que tomar decisiones, lo cual significa que no tienes que pensar en ella en absoluto.

Lo podemos apreciar en ejemplos de todo tipo. El antiguo profesor de ingeniería de la Universidad de Colorado, Peter Beckmann, señaló que «Durante la Edad Media, en algunas partes de Europa sin acceso al mar, la sal solía ser tan escasa que se utilizaba como «moneda»[12], al igual que el oro. Veamos lo que sucede ahora: es un condimento que se da gratis con cualquier comida, ya que es demasiado barata como para medirla».

En una categoría más amplia se encuentran los efectos generalizadores como los de la globalización, que han puesto mano de obra abundante a disposición de cualquier país. Hoy en día, las necesidades básicas como la ropa se pueden fabricar de forma tan barata como para que sea casi desechable. En 1900, la camisa de hombre más sencilla (básicamente, el tejido y cosido equivalente de una camiseta) costaba en Estados Unidos 1 dólar al por mayor, lo cual era mucho, especialmente después de que el precio subiera para ser vendida al por menor. El resultado era que un consumidor estadounidense medio tenía solamente 8 unidades.

Hoy, esa camiseta sigue costando 1 dólar al por mayor. Pero 1 dólar de hoy es una veinticincoava parte de 1 dólar de hace un siglo, lo que significa que en la práctica podemos comprar 25 camisas por el precio de 1 de entonces. Nadie tiene necesidad de ir en harapos hoy; de hecho, algunas personas sin techo tienen acceso más fácil a la ropa gratuita que a una ducha o a una lavadora, de manera que tratan la ropa como un artículo desechable que se lleva durante un corto periodo y luego se tira.

Pero tal vez el ejemplo más familiar de abundancia en el siglo XX era el plástico, que convirtió a los átomos en casi tan baratos y maleables como los bits. Lo que podía hacer el plástico, el producto básico fungible en última instancia, era reducir los costes de fabricación y materiales a prácticamente nada. No tenía que ser tallado, mecanizado, pintado, fundido o estampado. Simplemente era moldeado en cualquier forma, textura o color deseado. El resultado fue el nacimiento de la cultura del usar y tirar. El concepto que introdujo King Gillette con la cuchilla de afeitar se extendió prácticamente a cualquier cosa cuando Leo Baekeland creó el primer polímero completamente sintético en 1907. Su apellido nos dio la baquelita. El logo de la empresa fue la letra B encima del símbolo matemático de infinito, en alusión a las aparentemente ilimitadas aplicaciones del polímero.

En la Segunda Guerra Mundial, el plástico se convirtió en un material estratégico clave, y el Gobierno de EE. UU. gastó 1.000 millones de dólares en instalaciones de fabricación del polímero sintético. Después de la guerra, toda esta capacidad, redirigida hacia el mercado de consumo, convirtió un material notablemente maleable en otro extraordinariamente barato. Y así nacieron, como lo cuenta Heather Rogers en *Gone Tomorrow: The Hidden Life of Garbage*[13], «los Tupperware, las mesas de formica, las sillas de fibra de vidrio, los asientos Naugahyde, los hula hoops, los bolígrafos desechables, el Blandy Blub o Silly Putty (masilla plástica), y los leotardos de nailon».

La primera generación de plástico se vendió no como una sustancia desechable sino como algo de gran calidad. Podía adoptar formas más perfectas que el metal y era más duradero que la madera. Pero la segunda generación de plásticos, los vinilos y poliestirenos, eran tan baratos que podían ser tirados sin contemplaciones. En la década de 1960, los artículos desechables de brillantes colores representaban la modernidad, el triunfo de la tecnología industrial sobre la escasez de materiales. Tirar cualquier artículo manufacturado no era despilfarrar; era el privilegio de una civilización avanzada.

Después de la década de 1970, la actitud ante esta super-abundancia comenzó a cambiar. El coste medioambiental de una cultura de consumo desechable resultó más evidente. Había parecido que el plástico era gratis, pero sólo porque no le habíamos puesto el precio correcto. Si incluimos los costes medioambientales —los «efectos externos negativos»—, tal vez ya no parezca tan correcto tirar ese juguete que te dan con una Happy Meal de McDonald's después de haber jugado una sola vez con él. Una generación comenzó a reciclar. Nuestra actitud ante la abundancia de recursos pasó de la psicología personal («para mí es gratis») a una psicología colectiva («para nosotros no es gratis»).

Gana la abundancia

La historia del siglo XX es la de un extraordinario cambio económico y social impulsado por la abundancia. El automóvil fue posible por la capacidad de explotar enormes depósitos de petróleo, que sustituyó al escaso aceite de ballenas y convirtió los combustibles líquidos en omnipresentes. El contenedor de 80 pies (2,26 m^3), que no necesitaba un montón de estibadores para su carga y descarga, hizo que el transporte por mar fuera lo suficientemente barato como para utilizar abundante mano de obra lejana. Los ordenadores hicieron posible la abundancia de información.

Al igual que el agua fluye siempre colina abajo, las economías tienden hacia la abundancia. Los productos que pueden convertirse en artículos de consumo masivo y de precio bajo tienden a hacerlo, y las empresas que buscan beneficios se mueven a contracorriente en busca de nuevas escaseces. Cuando la abundancia echa el coste de algo por los suelos, el valor se mueve hacia niveles adyacentes, algo que el autor Clayton Christensen llama la «Ley de conservación de beneficios atractivos[14].»

En 2001, el gurú de la gestión Seth Godin escribió en *Un-*

leashing the Ideavirus [*Liberando los ideavirus*, Robinbook, Barcelona, 2002]: «Hace veinte años[15], las 100 principales empresas de Fortune 500 o bien sacaban algo de la tierra, o bien convertían un recurso natural (mineral de hierro o petróleo) en algo que podías tocar». Actualmente, como observó Godin, las cosas son diferentes. Sólo 32 de las 100 principales empresas hacen cosas que se pueden tocar, desde vehículos motorizados y aeroespaciales a productos químicos y alimentos, curvado de metales e industria pesada. Las otras 68 comercian fundamentalmente con *ideas*, no con procesamiento de recursos. Algunas ofrecen servicios en lugar de bienes, como atención sanitaria y telecomunicaciones. Otras crean bienes que fundamentalmente son propiedad intelectual, como los medicamentos y los semiconductores, donde el coste de fabricar el producto físico es minúsculo en comparación con el coste de inventarlo. Otros aún crean mercados para los bienes de otras personas, como los minoristas y los mayoristas. A continuación damos la lista desglosada:

- Seguros: vida, salud (12)
- Atención sanitaria (6)
- Bancos comerciales (5)
- Mayoristas (5)
- Tiendas de comestibles, periódicos y medicamentos (5)
- Minoristas (4)
- Empresas farmacéuticas (4)
- Valores (4)
- Minoristas especializados (4)
- Telecomunicaciones (4)
- Ordenadores, equipos de oficina (3)
- Entretenimiento (3)
- Productos financieros diversificados (2)
- Correo, paquetería, transporte (2)
- Equipos de red y otras comunicaciones (2)

- *Software* informático (1)
- Instituciones de ahorro (1)
- Semiconductores y otros componentes electrónicos (1)

La cuestión era, como aprendimos de la apuesta Ehrlich/ Simon, que a medida que los productos de gran consumo se abaratan, el valor se va a otra parte. Los artículos de consumo masivo siguen dando mucho dinero (no hay más que ver los países productores de petróleo), pero los márgenes de beneficio más elevados se suelen encontrar allí donde se ha añadido materia gris a las cosas. Eso es lo que sucedió a la lista anterior. Hace unos pocos decenios, el mayor valor se encontraba en la fabricación. Luego la globalización convirtió la fabricación en un producto de gran consumo y el precio cayó. De modo que el valor se trasladó a cosas que (todavía) no eran productos de gran consumo, más lejos de la coordinación mano-ojo y más cerca de la coordinación cerebro-boca. Los trabajadores del conocimiento de hoy son los obreros de las fábricas de ayer (y los campesinos de anteayer) que se mueven a contracorriente en busca de la escasez.

En estos días en que la escasez es lo que el antiguo secretario de trabajo de Estados Unidos, Robert Reich, llamaba «análisis simbólico», la combinación de conocimientos, capacidades y pensamiento abstracto es lo que define a un trabajador del conocimiento eficaz. El desafío constante es descubrir cómo dividir mejor el trabajo entre personas y ordenadores, línea que se encuentra siempre en movimiento.

A medida que se enseña a los ordenadores a hacer un trabajo humano (como la compraventa de acciones), el precio de ese trabajo cae a cero y los humanos desplazados o bien aprenden a hacer otra cosa que les exige un reto, o no. Normalmente, al primer grupo le pagan mejor de lo que solían, y el segundo grupo cobra menos. El primero es la oportunidad que se presenta con las industrias que avanzan hacia la abundancia; el segundo es el coste. Como sociedad, nuestro trabajo es hacer que el primer grupo sea mayor que el segundo.

Pensar en la abundancia no es sólo descubrir qué es lo que se va a abaratar sino buscar también lo que aumentará de valor a consecuencia de ese cambio y avanzar en esa dirección. Es el motor del crecimiento, algo en lo que llevamos montados antes incluso de que David Ricardo definiera «la ventaja comparativa» de un país sobre otro en el siglo XVII. La abundancia de ayer consistía en productos de otro país que tenía más recursos y mano de obra más barata. La de hoy también consiste en productos de la tierra del silicio e hilos de vidrio.

4

La psicología de lo Gratis

Se siente bien. ¿Demasiado bien?

En 1996, el *Village Voice*[1] por fin se rindió. Cuarenta años después de su fundación, la legendaria publicación dejó de tener un precio de venta al público. Como la mayoría de los periódicos semanales de Nueva York, se hizo gratuito, distribuido en expendedores callejeros o apilados en comercios amigos. Este paso fue tan universalmente difundido como el día en que el *Village Voice* dejó de ser importante. Un artículo de 2005 sobre el periódico aparecido en la revista *New York* llevaba el titular de «La voz de ultratumba: el legendario periódico se ha convertido en una sombra de lo que fue desde que se hizo gratuito hace diez años».

Comparémoslo ahora con *The Onion*, otro periódico semanal. Creado en 1988 como un periódico de gran formato en la ciudad universitaria de Madison, Wisconsin, *The Onion* se convirtió en un imperio. En los dos últimos decenios, ha extendido sus ediciones impresas regionales a otras diez ciudades y lanzado una página Web que recibe millones de visitas cada mes. Publica libros, produce un programa de televisión y hace incursiones en el cine. *The Onion* nació gratis, siguió siendo gratis y continúa prosperando.

A primera vista, la historia de estas dos publicaciones es desconcertante. El ser gratis acabó aparentemente con un periódico semanal, pero fue el alma del otro. En un caso, lo Gratis devaluó el producto, mientras que en el otro le proporcionó una boyante expansión.

Pero las cosas no son tan sencillas. Para empezar, ser Gratis no causó la desaparición de *The Village Voice*. Como explicaba el artículo de *New York*:

> Cuando le dijeron que muchos escritores pensaban que el impacto de su trabajo había disminuido cuando el periódico fue gratuito, David Schneiderman se burló, añadiendo que no había alternativa. «Estábamos por debajo de los 130.000 ejemplares, después de haber estado en 160.000. Ahora la tirada es de 250.000... ¿No preferiría ser leído por el doble de personas?» ...Salir gratis no fue lo que hirió al periódico. Más bien lo *salvó*. Lo mantuvo con vida, haciendo dinero.

En otras palabras, el *Voice* había estado en declive, al menos en cuanto a sus fundamentos económicos, durante muchos años antes de ser gratis; la gente confundió la causa con el efecto.

¿Por qué piensa la gente que «gratis» significa menos calidad en un caso y no en el otro? Lo que sucede es que nuestros sentimientos acerca de lo gratis son relativos, no absolutos. Si algo solía costar dinero y ahora no lo hace, tendemos a correlacionarlo con un declive de su calidad. Pero si algo *nunca* costó dinero, no pensamos de esa manera. Una rosquilla gratis probablemente estará rancia, pero el ketchup gratuito en un restaurante nos parece bien. Nadie piensa que Google es un motor de búsqueda de menor calidad porque sea gratuito.

En el caso de *The Onion* y el *Village Voice*, nos encontramos con un malentendido crucial sobre lo gratuito, pero sólo en el contexto de dos precios: cero y no cero. En el mercado mediático actual, la psicología de lo Gratis (y por lo tanto de los precios) está un poquito más matizada. Permítanme darles un ejemplo que nos es cercano: una revista de moda mensual. Normalmente se puede obtener de varias maneras. Se puede leer gratis en Internet, en una versión un tanto desmejorada que cambia el formato de diseño y fotografía de la versión impresa (que es difícil de recrear en Internet) para tener una accesibilidad instantánea. O usted puede comprar un ejemplar de la revista en su quiosco por, digamos, 4,95 dólares. O se puede suscribir por un año y recibir 12 números por la módica cantidad de 10 dólares (83 céntimos por ejemplar) en su propio domicilio. ¿De dónde salen esos precios de 0, 4,95 y 0,83 dólares?

El precio de Internet (gratis) es el más sencillo. El coste de poner el contenido en Internet es tan bajo que los editores lo redondean a cero y utilizan lo Gratis para llegar al mayor número posible de lectores. Pueden poner una media de 2 anuncios en cada página, cada uno de los cuales se vende entre 5 y 20 dólares por cada 1.000 visionados. Ello significa que obtienen entre 1 y 4 céntimos de ingresos por cada página que mira alguien. El coste de poner esa página es solamente una fracción de céntimo. (El resto de los costes radica en primer lugar en crear el contenido, pero los editores lo amortizan con todos los lectores: cuanto mayor sea su número, menor será el coste de cada página.)

El siguiente precio más sencillo de calcular es el precio de venta en el quiosco de 4,95 dólares. El quiosquero se queda con menos de la mitad, para pagar sus gastos y obtener un beneficio. El resto va al editor, y le proporciona 1 dólar o 2 de beneficio después de los costes de impresión y distribución. Pero lo que sucede con la mayoría de revistas es que más de la mitad de los ejemplares que se imprimen no se llegan a vender, lo que significa que son devueltas y convertidas en pulpa. Ello puede reducir considerablemente el beneficio. Entonces, ¿por qué molestarse en ponerlas en el quiosco? Porque es una buena manera de adquirir nuevos suscriptores, ya que así pueden probar el producto en lugar de una carta que simplemente lo describe. Además, los editores pueden obtener un beneficio considerable con la publicidad de los ejemplares que venden.

Hasta ahora, los precios están fijados por la economía, no por la psicología. Pero, ¿qué pasa con la suscripción anual? Bueno, aquí es donde las cosas se ponen interesantes. El coste real de imprimir y enviar 12 números a su domicilio es de 15 dólares, y cuando a eso se le añade el coste de conseguir que usted se haga suscriptor, la cosa se puede encarecer en más de 30 dólares al año por suscriptor. Y sin embargo, ellos sólo cobran 10 dólares. No se trata de magia. La publicidad pone el resto, de manera que los 10 dólares de ingresos directos procedentes del suscriptor son completados por el anunciante. La publicidad hace que un modelo de suscripción que produce pérdidas sea rentable. Y si el suscriptor permanece fiel durante tres años o más, hasta los costes de adquisición son reembolsados, haciendo que sean más rentables aún.

Pero, ¿por qué 10 dólares? Si el editor es capaz de subvencionar a sus suscriptores en más del 60 por ciento, sin duda podría llegar al 100 por cien y hacer que la suscripción fuera gratuita. Ahora es cuando interviene la psicología.

La respuesta sencilla es que el acto de rellenar un cheque o introducir un número de tarjeta de crédito, *independientemente de la cantidad,* es un acto de voluntad del consumidor que cambia completamente la manera en que un anunciante ve al lector. Rellenar un cheque por la cantidad que sea (incluso 1 céntimo) significa que usted desea realmente la revista y que probablemente la leerá y la apreciará cuando la reciba. De hecho, los anunciantes pagarían hasta *cinco veces más* para formar parte de esa relación de lo que pagarían por una revista gratuita que puede ser tratada como correo basura.

Sin embargo, hay muchas revistas que regalan la suscripción. Se llama «tirada controlada», y está basada en otra moneda: información. Estas revistas tienden a ser publicaciones muy centradas en los negocios, como las destinadas a los consejeros delegados u otras personas con poder de compra corporativo o revistas temáticas dirigidas a «crear gustos».

Los lectores de estas revistas de negocios certifican —bueno, afirman— que son gente importante con enormes fajos de billetes para gastar, y la revista puede utilizar esta información para cobrar a los anunciantes precios más elevados para llegar hasta ellos. En este caso, contar con un montón de ejecutivos deseables en sus listas de suscriptores, cada uno de los cuales ha rellenado un formulario diciendo que quiere la revista, compensa a ojos de los anunciantes el hecho de que estos lectores no hayan pagado en realidad nada. Un tipo similar de tirada dirigida ha tenido también éxito con *Vice,* una irreverente revista para veinteañeros. Distribuida gratuitamente en los bares de moda, tiendas de discos y de ropa —primero en Canadá en la década de 1990, luego en Estados Unidos y luego en todo el mundo—, *Vice* permitió a los anunciantes llegar a un público influyente al que no habrían podido tener acceso de otro modo. La pequeña publicación llegó a convertirse en un sello discográfico, una cadena de tiendas de ropa, Vice Film, y VBS.tv, una empresa de televisión en Internet.

De acuerdo, esto explica por qué la mayoría de editores no regalan las suscripciones. ¿Pero cómo llegaron a los 10 dólares? Ese precio tiene que ver por entero con la percepción. Es una suma baja, pero no tanto como para devaluar el producto. Que sea baja es bueno para los suscriptores, ya que cuanto menos tengan que pagar, más dispuestos estarán a suscribirse. Pero que sea alta es mejor para los anunciantes, porque cuanto más pague un consumidor por un producto, más lo valorará. De modo que 10 dólares es lo suficientemente bajo como para animar a mucha gente a suscribirse, aunque no tanto como para desacreditar el producto a ojos de los anunciantes. (Esa misma devaluación de algo muy barato también puede afectar a cómo se sientan los suscriptores, pero no podemos medirlo tan bien como podemos hacer con la reacción del anunciante.)

La brecha del céntimo

Con las revistas está claro que resulta efectivo cobrar un precio mínimo en lugar de nada. Pero en la mayoría de los casos, un solo céntimo —un precio aparentemente insignificante— puede hacer que los consumidores se paren en seco. Un céntimo no significa realmente mucho para nosotros económicamente. Entonces, ¿por qué tiene tanto impacto?

La respuesta es que nos hace pensar en una elección. Eso solo ya nos desanima a continuar. Es como si nuestros cerebros estuvieran programados para izar una bandera cada vez que nos enfrentamos a un precio. Es la bandera del «¿vale realmente eso?». Si cobras un precio, cualquier precio, nos vemos obligados a preguntarnos a nosotros mismos si realmente queremos abrir nuestras carteras. Pero si el precio es cero, la bandera nunca se iza y la decisión resulta más fácil.

El nombre correcto de esa bandera es lo que el economista de la Universidad George Washington, Nick Szabo, ha calificado como «costes de transacción mental[2]». Se trata simplemente del peaje por pensar. Todos somos un poco vagos y preferimos no pensar sobre las cosas si no hay necesidad. Así que tendemos a elegir cosas que requieren el mínimo pensamiento.

La frase «costes de transacción» tiene su origen en la teoría de la empresa, en la explicación del economista y Premio Nobel Ronald Coase de que las empresas existen para minimizar los gastos generales en comunicación dentro y entre los equipos. Se refiere fundamentalmente a la carga cognitiva que supone tener que procesar información: resolver quién debería hacer qué, en quién confiar, etc.

Szabo lo amplió a las decisiones de compra. Examinó la idea de los «micropagos», sistemas financieros que permitirían pagar fracciones de céntimo por cada página Web que leyéramos, o milésimas de euro por cada tira cómica que nos descargáramos. Todos estos esquemas están destinados al fracaso, concluyó Szabo, porque aunque minimizan los costes económicos de las elecciones, siguen teniendo costes cognitivos.

Por ejemplo, consideremos una presentación en PowerPoint sobre «diez ideas para ahorrar tiempo». La energía mental de decidir si todo ello vale 10 céntimos, o si cada idea individual vale 1, sencillamente no merece la pena. Muchos posibles clientes se

¿CÓMO PUEDE SER TODO GRATIS EN UNA TIENDA?

En SampleLab, una tienda del barrio Harajuku de Tokio muy popular entre adolescentes, los clientes consiguen cinco artículos gratis cada vez que la visitan, desde velas, fideos y crema para la cara a, ocasionalmente, cartuchos para videojuegos de $50. La sala de muestras 'todo gratis' atrae a 700 visitantes al día. ¿Cómo puede SampleLab no cobrar por nada de lo que hay en la tienda?

La mayor parte de los ingresos mensuales procede de vender espacio en las estanterías y de la respuesta de los clientes.

- ALQUILER ESTANTERÍAS
- INFORMACIÓN PARA ESTUDIOS
- CUOTAS DE SOCIOS

$144,000

Total
$554,900

$360,000 $50,900

▶ Cobra por entrar. Sólo se admite la entrada de «socios» que abonan $13 de inscripción y de cuota anual. Con 47.000 miembros, SampleLab está tan de moda, que los adolescentes tienen que haver reservas con una semana de antelación.

▶ Cobra una cuota mensual de «alquiler» por espacio en estanterías: Debido a la popularidad de la tienda, las empresas dan productos gratis a SampleLab, e incluso pagan $2.000 por dejar existencias de un producto durante 2 semanas. SampleLab puede disponer de 90 productos a la vez.

▶ Cobra por información: Al ofrecer artículos extra gratuitos, SampleLab convierte a casi todos sus socios en grupos de interés. Los adolescentes rellenan formularios sobre productos online, en papel o a través del teléfono móvil. Las empresas pagan $4.000 por los datos. Si el 20 por ciento de clientes paga por la información, SampleLab obtiene un poco menos de la mitad de los ingresos mensuales que gana alquilando espacio de estanterías.

desanimarían por el proceso de pago y decisión. Mientras que los ingresos generados por esos micropagos son, por definición, pequeños. Es el peor de dos mundos: el impuesto mental de un precio más grande sin el pago correspondiente. (Szabo tenía razón: los micropagos no han logrado despegar.)

De manera que cobrar un precio, cualquier precio, crea una barrera mental que la mayoría de la gente no se molestaría en cruzar. Lo gratis, en cambio, acelera la toma de decisión, incrementando el número de personas que probarán algo. Lo que garantiza lo gratis, a cambio de renunciar a los ingresos directos, es el potencial de un muestreo masivo.

Después de examinar los costes de transacción mentales, Clay Shirky[3], escritor y profesor de la Universidad de Nueva York, llegó a la conclusión de que los creadores de contenido harían bien en abandonar sus sueños de cobrar por sus productos:

> Lo gratis puede ser interesante para un creador más interesado en recibir atención que dinero. En un sistema en el que la mayoría de participantes cobran, dar tu material de manera gratuita puede aportar una ventaja competitiva. Al menos, no te va a perjudicar. Cualquiera que ofrezca contenido gratis obtiene una ventaja que no puede ser superada, sólo igualada, ya que la respuesta competitiva a lo gratuito —«¡Te pagaré para que leas mi blog!»— no puede mantenerse durante mucho tiempo.
>
> El contenido gratuito es lo que los biólogos llaman una estrategia evolutivamente estable. Es una estrategia que funciona bien cuando nadie más la utiliza (es bueno ser la única persona que ofrece contenido gratis). Es también una estrategia que sigue funcionando aunque todo el mundo la utilice, porque en un entorno semejante, cualquiera que comenzara a cobrar por su trabajo se encontraría en desventaja. En un mundo de contenidos gratuitos, incluso el leve fastidio de

los micropagos afecta negativamente al comportamiento del usuario e incrementa su disposición a aceptar material gratuito como alternativa.

De modo que, psicológicamente (y toda economía tiene su origen en la psicología), si hay una manera de quitarnos de encima la pregunta «¿vale realmente eso?», no hay dudad de que lo haremos. Observemos que lo Gratis tiene otros costes de transacción, desde preocuparnos por si algo es *realmente* gratis a sopesar los costes no monetarios (como considerar el impacto medioambiental de un periódico gratuito o simplemente temer que uno quede como un roñoso). (Un amigo me cuenta que los muebles de los que desea deshacerse sólo son recogidos de noche.) Pero dejando aparte estos costes, quitar el dinero de la ecuación puede incrementar en gran medida la participación.

El inversor de riesgo Josh Kopelman[4], de First Round Capital, analizó esta barrera psicológica que existe ante el pago y se dio cuenta de que anulaba todo lo que se enseña habitualmente sobre estrategia de precios. En lugar de las curvas de oferta y demanda que convierten el precio en un cálculo económico clásico, en realidad existen dos mercados: lo gratis y todo lo demás. Y la diferencia entre ambos es profunda. En cierto sentido, lo que hace lo Gratis es inclinar la curva de demanda. Como dice el catedrático de la Escuela Wharton (Universidad de Pennsylvania), Kartik Hosanagar[5]: «La demanda que obtienes a precio *cero* es muchas veces superior a la demanda que obtienes con un precio muy bajo. De repente, la demanda se dispara hacia arriba de manera no lineal».

Kopelman lo denominó la «brecha del céntimo». A menudo los empresarios le consultan sus planes de negocio en los que se supone que ganarán dinero por las suscripciones, y que el 5 por ciento de personas que prueben sus mercancías las comprarán. Sin embargo, como explica Kopelman, ese no suele ser el caso:

La mayoría de empresarios caen en la trampa de suponer que

existe una elasticidad continua en el precio (es decir, cuanto menor sea el precio de lo que vendes, mayor será la demanda). De modo que terminas con unos gráficos semejantes a palos de hockey que suben rectos y luego giran hacia la derecha, basados todos en un plan de negocio que «sólo cuesta 2 dólares al mes». Subir de 5 dólares a 50 millones de dólares no es lo más difícil de un nuevo negocio, lo difícil es lograr que los usuarios te paguen algo. La mayor brecha en un nuevo negocio es la que existe entre un servicio gratuito y el que cuesta 1 céntimo.

De manera que, desde la perspectiva del consumidor, existe una enorme diferencia entre lo barato y lo gratis. Regale un producto, y podrá obtener un incremento exponencial. Cobre 1 solo céntimo, y el negocio será completamente diferente, ya que tendrá que ganarse hasta al último cliente. La verdad es que cero es un mercado, y cualquier otro precio es otro. En muchos casos, es la diferencia entre un gran mercado y ninguno en absoluto.

El coste del coste cero

Tradicionalmente, la economía tiene poco que decir acerca de lo Gratis, ya que técnicamente no existía en el ámbito del dinero. Pero en la década de 1970 surgió una nueva rama de la economía que analizaba la psicología que impulsa la conducta económica. La llamada «Economía conductual» abarca hoy en día desde la teoría de los juegos a la economía experimental. En última instancia, lo que trata de explicar es por qué tomamos las decisiones económicas que tomamos, incluso aunque no sean necesariamente las más racionales.

En el ya citado *Las trampas del deseo,* Dan Ariely describe varios experimentos que él y sus colegas han realizado para tratar de comprender por qué tiene tanto poder la palabra «gratis». «Resulta que el cero no es simplemente otro precio —escribe—. El cero es un desencadenante emocional, una fuente de placer irracional.» Es fácil de decir, pero difícil de medir, y por ello Ariely se puso a experimentar.

El primer experimento lo hizo con chocolate. (Nota: los economistas conductuales tienen presupuesto y tiempo limitados, de manera que en muchos de sus experimentos utilizan una mesa plegable, dulces, y estudiantes escogidos al azar. Así que tome los resultados como informativamente interesantes más que rigurosamente válidos desde un punto de vista cuantitativo.). Los investigadores vendían dos tipos de chucherías: las apreciadas trufas Lindt de Suiza, y los corrientes bombones Hershey Kisses. Pusieron las trufas Lindt a 15 céntimos (aproximadamente la mitad de su precio al por mayor), y los bombones Kisses a 1 céntimo. Los clientes se comportaron bastante racionalmente, calculando que la diferencia de calidad de los dos chocolates compensaba con mucho la diferencia de precio: el 73 por ciento eligió las trufas, y el 27 por ciento eligió un Kiss.

A continuación, Ariely introdujo lo Gratis en la ecuación, reduciendo el precio de ambos chocolates en 1 céntimo. Ahora la trufa de Lindt valía 14 céntimos y el bombón Kiss era gratis. De repente, el humilde Kiss se convirtió en un éxito. Fue elegido por el 69 por ciento, desbancando a la trufa. Nada había cambiado en el cálculo precio/calidad (la diferencia entre ambos chocolates seguía siendo de 14 céntimos). Pero la introducción del cero provocó que los clientes cambiaran sus preferencias. En este caso, el asunto psicológicamente confuso es la comparación entre dos productos, uno de los cuales es gratis. A veces elegir lo gratuito es perfectamente lógico, como en el caso de un cesto lleno de calcetines de deporte gratuitos en unos grandes almacenes. Nada te impide llevarte todos los que quieras (aparte de quedar como un avaro). Pero imaginemos que vamos a esos mismos almacenes a comprar un par de calcetines con el talón y las puntas perfectamente reforzados. Cuando se está acercando a la sección de calcetines, su atención se ve desviada por el cesto de los calcetines gratis, y termina saliendo de los almacenes con algo que usted no quería simplemente porque eran gratuitos.

¿Qué tiene lo Gratis que lo hace tan atrayente? Ariely lo explica así:

> La mayoría de transacciones tienen ventajas y desventajas, pero cuando algo es GRATIS, nos olvidamos de estas últimas. Lo GRATIS nos proporciona tal carga emocional que percibimos lo que se nos ofrece como inmensamente más valioso de lo que realmente es. ¿Por qué? Creo que es porque los humanos tenemos intrínsecamente miedo de perder. El auténtico encanto de lo GRATIS está conectado a este miedo. No existe posibilidad de pérdida cuando elegimos un artículo GRATIS. Pero supongamos que elegimos el artículo que *no* es gratis. Entonces existe la posibilidad de haber hecho una mala elección (la posibilidad de haber perdido). Así que, cuando se nos permite elegir, nos decantamos por lo que es gratis.

Existen experimentos similares a mayor escala que tienen lugar cada día a nuestro alrededor, a menudo por accidente. Uno de esos ejemplos es el envío gratis de Amazon[6]. Como saben muchos que han comprado en esa tienda *online*, a menudo se puede obtener el envío gratis si la compra supera los 25 dólares. Lo que espera Amazon es que si en un principio habías planeado comprar un solo libro por 16,95 dólares, la oferta de portes gratuitos te seducirá para que compres un nuevo libro para que el total de la compra supere los 25 dólares. Cuando Amazon lo puso en marcha, funcionó muy bien y las ventas de un segundo libro se dispararon. Bueno, en todas partes salvo en Francia.

¿Qué les pasaba a los franceses? Lo que sucedía es que la oferta que les hacían era ligeramente diferente. Cuando Amazon puso en marcha la oferta de portes gratuitos en todos sus centros nacionales, el centro francés estableció por error el precio de envío en 1 franco (aprox. 20 céntimos de dólar). Esa pequeña cantidad eliminó por completo el gancho del segundo libro. Cuando Amazon lo solucionó y Francia ofreció los portes gratuitos como el resto de países, los consumidores franceses se comportaron como todos los demás y decidieron añadir un segundo libro a su carrito de la compra.

(Curiosamente, Amazon fue demandada por ello. Una ley francesa de 1981, impulsada por el entonces ministro de cultura Jack Lang, prohíbe a los libreros ofrecer descuentos de más del 5 por ciento sobre el precio de catálogo. En 2007, el sindicato francés de libreros demandó a Amazon ante los tribunales, aduciendo que estaba superando dicho descuento cuando se aplicaba la gratuidad de portes. El sindicato ganó y Amazon fue condenada a pagar 1.500 dólares de multa al día, que hay que decir en su favor, decidió pagar en lugar de retirar la oferta. Después de todo, la gratuidad le iba a aportar más que suficiente para compensar la diferencia.)

Zappos, el vendedor de zapatos *online*, va incluso más lejos: ofrece los portes gratis en *ambos* sentidos: hacia usted y, si desea devolver los zapatos, de vuelta al almacén. La cuestión es eliminar la barrera psicológica para comprar zapatos *online*, que es la de que tal vez no te vayan bien. Lo que quiere Zappos que haga (en serio) es que usted pida varios pares de zapatos para probarlos en casa. Con suerte, le gustará un par o dos y devolverá el resto; y sólo pagará por lo que se quede. El coste de los portes está incluido en los precios de Zappos, que no son los más baratos, pero para sus muchos clientes satisfechos, la comodidad les compensa.

Desde una perspectiva psicológica, el empleo de lo Gratis en el caso de Zappos es una simple reducción de riesgos. La única razón para ir a una zapatería es comprobar que los zapatos te sientan bien y resultan cómodos. Al llevarte a casa los zapatos sin coste adicional, Zappos logra una paridad de riesgo con una tienda física y agrega la ventaja de la comodidad. El único problema, dice su consejero delegado Tony Hsieh, es que todavía mucha gente se siente culpable por pedir más zapatos de los que desean para luego devolverlos. No sería un problema si simplemente no los devolvieran (¡eso sí que sería una venta!), sino que se abstuvieran de hacer la compra desde el principio, al prever su culpabilidad por devolver la mayoría de ellos.

Una vez más, el enemigo de lo Gratis es el derroche. Pedir zapatos que realmente no necesitas y devolverlos parece antieconómico, y realmente lo es, si contamos desde el trabajo de los operarios para enviarlos hasta el carbono emitido en su transporte. Quitar el dinero de la ecuación no basta para eliminar completamente la percepción de un precio, en este caso un coste social y medioambiental prácticamente amorfo más que un ataque directo a su cartera.

Los economistas conductuales explican muchas de nuestras desconcertantes respuestas a lo Gratis distinguiendo las decisiones tomadas en el «ámbito social» de las tomadas en el «ámbito financiero». Los portes de Zappos son gratis en el ámbito financiero pero no lo son en el ámbito social, en el que nuestro cerebro trata de calcular el coste social neto de devolver cinco pares de zapatos y quedarnos con uno. Es un cálculo imposible, y ante él, algunos consumidores sencillamente se cierran: no aceptan la oferta, aunque sea gratis.

Ariely demostró la distinción entre estos dos ámbitos con otro experimento: puso seis cajas de Coca-Cola en los frigoríficos de dormitorios universitarios. Dejó también platos con dinero. La gente tomó rápidamente la Coca-Cola pero no tocó el dinero. Trataron la bebida como algo gratuito, aunque supieran que costaba dinero. Pero coger dinero les parecía que estaban robando.

Si no hay coste, no hay compromiso

Hace poco asistí a una conferencia en Google, famosa por ofrecer tentempiés gratuitos, desde saludables barritas dietéticas a chucherías decididamente menos saludables. Se trataba de una conferencia científica a la que asistían sobre todo académicos no familiarizados con Google. No dejaban de hacer incursiones a las bandejas, lógicamente impresionados por el opulento despliegue de productos gratuitos. Al final del primer día había bolsas de snacks a medio comer por todas partes.

Es interesante imaginar en qué habrían cambiado las cosas si Google hubiera cobrado esos snacks, aunque hubiera sido una miseria. Apostaría a que habrían retirado muchas menos bolsas y que la gente habría acabado lo que hubiera tomado. También estoy seguro de que habrían estado más satisfechos con su decisión de tomar algo para picar. Habrían pensado si *realmente* querían algo, y probablemente habrían esperado a tener hambre. Y, sin duda, se habrían sentido tan zafios por su apresurada decisión de comer los snacks como me sentí yo cuando distraídamente cogí un puñado de caramelos de jengibre y me los metí en la boca.

Esta es una de las implicaciones negativas de lo Gratis. La gente no se suele preocupar mucho por las cosas que no paga y, por lo tanto, no piensa en cómo las consume. Lo Gratis puede fomentar la glotonería, la acumulación, el consumo negligente, el derroche, la culpa y la avaricia. Cogemos cosas porque están ahí, no necesariamente porque las queremos. Cobrar un precio, aunque sea muy bajo, puede inducir a una conducta mucho más responsable.

Los autores del blog «Penny Closer»[7] cuentan la historia de un amigo que trabaja como voluntario en una organización benéfica que regala billetes de autobús gratuitos a las personas que tienen problemas de transporte. Lamentablemente, estos billetes, que a la organización de beneficencia le cuestan 30 dólares cada uno, se pierden con mucha frecuencia. De manera que la organización estableció una nueva regla: todos los billetes costarían 1 dólar para ayudar a compensar los costes de sustitución. De repente, la gente perdía menos billetes, ya que simplemente el acto de pagar 1 dólar cambió la percepción de la gente sobre el billete. Desde que habían invertido en ellos, los clientes tenían más cuidado de no perderlos. Aunque los billetes tenían un determinado valor antes de tener que pagar 1 dólar, *incluso* ese valor había aumentado ahora.

La otra cara de ambas historias es que la imposición de un precio, por muy bajo que sea, contribuye a disminuir la participación, a menudo de manera radical. En el caso de Google, la gente habría consumido muchos menos tentempiés si los hubieran tenido que pagar. En el caso de la auténtica beneficencia, distribuyó muchos menos billetes de autobús. Esas son las consecuencias de lo Gratis: es la mejor manera de optimizar el alcance de algún producto o servicio, pero si eso no es lo que estás buscando en última instancia (Google no trata de optimizar el consumo de aperitivos), puede tener efectos contraproducentes. Como cualquier herramienta poderosa, lo Gratis tiene que ser utilizado con cuidado, no vaya a ser que cause más daño que beneficios.

La ecuación tiempo/dinero

En algún momento de su vida, usted puede despertarse y darse cuenta de que tiene más dinero que tiempo. Entonces puede pensar que debería comenzar a hacer las cosas de diferente manera, lo cual significa no caminar cuatro manzanas para encontrar un cajero que no le cobre comisión, no conducir sin parar para encontrar gasolina más barata, o no pintar su propia casa.

El mismo cálculo constituye la base de la economía *Freemium* (véase pág. 46). Lo solemos encontrar en los juegos gratuitos *on-*

line, como Maple Story, donde se pueden comprar herramientas como «piedras de teletransporte» para ir rápidamente de un sitio a otro sin sudar tinta o tener que esperar el autobús. La mayoría de estos activos digitales de pago no hacen que sea mejor jugador, pero le permiten llegar a ser un buen jugador en menos tiempo.

Si usted es un adolescente, probablemente tiene más tiempo que dinero. Es la fuerza que impulsa al intercambio de archivos MP3, que es un poco lioso pero gratuito (aunque ilegal). Como bien señalara Steve Jobs, si descargas música de servicios entre iguales (P2P), tienes la probabilidad de habértelas con formatos de archivo problemáticos, falta de información sobre el álbum, o que te equivoques de canción o que se trate de una versión de mala calidad. El tiempo que empleas en evitar el pago significa «que estás trabajando por debajo del salario mínimo[8]», observó. Sin embargo, si eres rico en tiempo y pobre en dinero, a ti te compensa. Gratis es el precio correcto para ti.

Pero a medida que te haces mayor, la ecuación se invierte y ahorrar 0,99 aquí y allí no parece una gran suma. Te conviertes en cliente de pago, el usuario de la versión de calidad en la ecuación freemium.

Uno de mis proyectos secundarios es un proyecto de *hardware* de fuente abierta llamado DIY Drones[9] (desarrollar y vender tecnología para robots aéreos). Probablemente usted estará familiarizado con el concepto de *software* de fuente abierta, pero la nueva idea de ampliarlo al *hardware* —desde placas de circuito impreso hasta aparatos de electrónica de consumo como el teléfono Android de Google— está surgiendo en este momento.

Incluso en su forma naciente, el *hardware* de fuente abierta es un ejemplo realmente interesante de cómo ganar dinero con lo Gratis. Añade una nueva dimensión al mundo del *software* de fuente abierta, porque se trata de átomos (que tienen costes marginales auténticos), y no simplemente de bits de información que pueden ser propagados casi sin gastos.

La manera de trabajar de la mayoría de empresas de *hardware* de fuente abierta es esta: todos los planos, archivos de placas de circuito impreso, *software* e instrucciones son gratuitos y están a disposición de todos. Si usted desea construir los suyos propios (o, aún mejor, mejorar el diseño), se le anima a que lo haga. Pero si usted no quiere tener problemas o arriesgarse a hacerlo usted mismo, puede comprar una versión prefabricada cuyo funcionamiento está garantizado.

Por ejemplo, veamos el micropocesador de fuente abierta Arduino en el que están basados los pilotos automáticos de los DIY Drones. Usted puede fabricar los suyos propios, con todas las instrucciones que se pueden encontrar en arduino.cc. O puede comprar uno. Es lo que hace la mayoría de la gente. El equipo de Arduino hace dinero con una tarifa de licencia de certificación que cobran a las empresas y minoristas que fabrican y venden las placas.

Usted puede crear un buen negocio a partir de este modelo, tal como lo ha demostrado Limor Fried[10] con Adafruit Industries, su empresa de diseño/venta de kits electrónicos. Ella y su socio, Phillip Torrone, tienen un sencillo modelo de negocio construido en torno a la gratuidad que yo he copiado descaradamente para DIY Drones.

Así es como funciona:

1. Cree una comunidad en torno a la información gratuita y aconseje sobre un tema particular.
2. Con la ayuda de esa comunidad, diseñe algunos productos que quiera la gente, y devuelva el favor fabricando los productos gratis en bruto.
3. Permita que los que tienen más dinero que tiempo/habilidad/tolerancia al riesgo compren la versión más refinada de esos productos. (Puede resultar que sea casi todo el mundo.)

4. Repítalo una y otra vez, dejando un 40 por ciento de margen de beneficio en los productos para pagar las facturas.

Es tan sencillo como eso. Como dice Torrone: «No puedo imaginar hacer un libro, un vídeo o una revista a menos que tuviera una comunidad que me apoyara durante todo el proceso. Al final es como una historia (a la gente le gusta ver el principio, la mitad y el final y la trama de algo), y si luego hay un botón para comprar en algún lado, a veces hacen clic y nos recompensan por trabajar duro».

Cuando se piensa en ello, es otro ejemplo de la psicología de lo Gratis, en dos sentidos. El primero es el cálculo mental que hacemos cuando valoramos nuestro tiempo. Recordemos la afirmación de Steve Jobs de que «ni siquiera te estás pagando el salario mínimo» si decides dedicar tiempo a abrirte paso entre todos los enrevesados metadatos del intercambio de archivos. Jobs estaba diciendo que pagar 0,99 céntimos por una canción te permitía ahorrar tiempo (además del resto de argumentos sobre legalidad y justicia).

La segunda razón por la que puedes querer pagar por algo es para reducir el riesgo de que no sea lo que deseas (como esos calcetines gratis). Los precios vienen con garantías, mientras que lo Gratis normalmente no las tiene. En el caso de Adafruit, es lo que están vendiendo con su electrónica prefabricada. Puedes estar seguro de que funcionará, lo cual no es el caso si tienes que soldarlo tú mismo.

Pero lo Gratis también puede ayudar a inspirar confianza. Veamos de nuevo el ejemplo de Adafruit. El hecho de que exista una versión gratuita y una versión de fuente abierta del producto disponible significa que puedes inspeccionarla y probarla sin riesgo. Además, sabes que puedes modificarla si no se ajusta exactamente a tus necesidades. Y el hecho de que exista una versión gratuita ha atraído a una gran comunidad de usuarios. Saber que otros muchos han sido atraídos por el producto y están ahí para ayudar si tienes problemas, también tranquiliza. (En psicología se llama el «deseo mimético», que queremos hacer cosas que hace otra gente porque sus decisiones validan las nuestras, lo cual explica todo, desde la conducta gregaria a las gorras de tipo camionero.)

Es por eso que lo Gratis funciona tan bien con lo de Pago. Puede adaptarse a las diversas psicologías de un abanico de consumidores, desde aquellos que tienen más tiempo que dinero a aquellos que tienen más dinero que tiempo. Puede funcionar con quienes confían en sus habilidades y quieren hacerlo ellos mismos, y con quienes no confían y desean que otro lo haga por ellos. Lo Gratis más lo de Pago puede abarcar la psicología completa del consumismo.

El cerebro pirata

La forma final de lo Gratis de la que no hemos hablado todavía con detalle es la piratería. La piratería es una forma especial de hurto, que suele estar considerada por piratas y consumidores de los artículos pirateados como un delito relativamente sin víctimas. (No trataré aquí de discutir si yo pienso que tienen razón o no; nos limitaremos a indicar cómo lo ven ellos, desde una perspectiva psicológica.) El argumento es que el artículo pirateado raramente sustituye al original auténtico. En cambio, permite al producto llegar a poblaciones que no pueden permitirse el original o que no lo habrían comprado.

La razón por la que la piratería es una forma especial de hurto es que los costes para el propietario legal son intangibles. Si usted hace un álbum de música que luego es pirateado, los piratas no se han *apropiado* de algo que le pertenece a usted, simplemente *han reproducido* algo que le pertenece a usted. Se trata de una distinción importante, que se reduce a que en realidad usted no sufre una pérdida sino una *merma de beneficios*. Los costes son, como mucho, los costes de sustitución de ventas no realizadas porque el original estaba compitiendo con versiones pirateadas en el mercado. (Lo trataremos más a fondo en el capítulo 14, que examina los mercados piratas en China, donde verá que los resultados no siempre son totalmente negativos para el propietario legal.)

La piratería es una forma impuesta de lo Gratis. Usted no pretendía que su producto fuera gratis, pero el mercado se lo ha impuesto. Para la industria de la música y gran parte de la industria del *software*, este es el pan de cada día. Lo Gratis se ha convertido en el precio de facto por muchos esfuerzos que se hagan por detenerlo.

Un especialista en *software* decidió descubrir por qué. Cliff Harris[11] creaba videojuegos por un precio que él consideraba muy razonable: 20 dólares. Sin embargo, sus juegos eran continuamente pirateados. ¿Por qué?

Preguntó a los lectores de Slashdot, una popular página Web de debate tecnológico. Recibió cientos y cientos de respuestas, pocas de ellas de menos de 100 palabras. «Fue —decía— como si un montón de gente hubiera esperado largo tiempo para decirle a un creador de juegos la respuesta a esta pregunta.»

El propio Kevin Kelly informó acerca del experimento. En las respuestas encontró patrones que le sorprendieron. El que más destacaba era un sentimiento común de que sus juegos (y los juegos en general) estaban sobrevalorados para lo que recibían los compradores, incluso a 20 dólares. En segundo lugar, todo lo que dificultaba la compra y comenzar a jugar —protección contra la copia, gestión de derechos digitales (DRM), o complicados procesos de compra *online*—, todo lo que interfiriera entre el impulso de jugar y jugar el propio juego era considerado como una señal legítima para tomar la senda de lo gratis. Harris también observó que las razones ideológicas (diatribas contra el capitalismo, la propiedad intelectual y el «hombre,» o el simple gusto de ser un proscrito) constituían una clara minoría.

Hay que decir en su favor que las sinceras respuestas a su pregunta le hicieron cambiar de opinión. Decidió modificar su modelo de negocio. Redujo el precio de sus juegos a la mitad (10 dólares). Retiró el pequeño sistema de protección contra copias que había estado utilizando. Prometió que su tienda *online* sería más sencilla de utilizar, pudiendo pagar incluso con un solo clic. Decidió aumentar la longitud de sus juegos de demostración gratuitos. Y lo que es más importante, tuvo la revelación de que necesitaba aumentar la calidad de sus juegos.

En cierto sentido, la gente del mercado le estaba diciendo que valoraban sus juegos menos de lo que él pensaba que valían. Se dio cuenta de que cualquier esfuerzo por combatirlo sería inútil a menos que la gente pensara que los juegos valían más.

La lección que extrajo Harris es que en un mercado digital, lo Gratis es casi siempre una opción. Si no se ofrece explícitamente, otros encontrarán una forma de introducirla ellos mismos. Cuando el coste marginal de reproducción es cero, las barreras de lo Gratis son fundamentalmente psicológicas: miedo de quebrantar la ley, sentido de la justicia, el cálculo que hace alguien del valor de su propio tiempo, la costumbre tal vez de pagar, o la ignorancia de que se puede obtener una versión gratuita. Tarde o temprano, la mayoría de productores del mundo digital se encontrarán compitiendo con lo Gratis. Harris lo comprendió y descubrió cómo hacerlo mejor. Gracias a su encuesta, pudo analizar la mente del pirata y ver a un cliente de pago buscando una razón para salir a la luz.

Lo Gratis digital

5

Demasiado barato para tomarlo en cuenta

*La lección de Internet: cuando algo reduce
su precio a la mitad cada año,
el cero es inevitable*

En 1954, en los albores de la energía nuclear, Lewis Strauss[1], jefe de la Comisión de Energía Atómica, se plantó delante de un grupo de escritores científicos en Nueva York y predijo los grandes acontecimientos que se iban a producir. Las enfermedades serían domeñadas y llegaríamos a entender por qué envejece el hombre. La gente viajaría pronto «sin esfuerzo» por mar y aire a grandes velocidades. Las grandes hambrunas periódicas pasarían a ser un asunto del pasado. Y sobre todo, pronosticó que «nuestros hijos disfrutarán en sus hogares de energía eléctrica demasiado barata como para tener que medirla».

Eran tiempos optimistas: era el inicio de la edad espacial, la medicina moderna estaba superando antiguas dolencias, la química estaba aportando «calidad de vida» y alimentando al planeta, y la Era de la Información estaba surgiendo con sus infinitas posibilidades. Todo lo que se podía imaginar podía ser inventado y rápidamente etiquetado, envasado y vendido a una clase emergente de ávidos consumidores.

El optimismo de posguerra fundado en que la ciencia y la tecnología podían iniciar una era de prosperidad de crecimiento sin precedentes abarcaba desde el orgullo nacional a la dicha doméstica. El poder del pensamiento humano y la maquinaria inteligente prometió liberarnos de las pesadas labores del hogar y poner fin a la guerra. La cuestión no era si viviríamos en colonias espaciales y lo que llevaríamos allí. Los Jetsons [los Supersónicos] eran la contrapartida a los Picapiedra, y la idea de que algún día tendríamos taxis voladores y mayordomos robots era tan cierta como el hecho de que antes vivíamos en cuevas.

Y, de hecho, la ciencia de posguerra y el auge tecnológico que la siguió nos encaminó por la senda de la productividad y el crecimiento económico a un ritmo nunca visto con anterioridad. Pero no fue tan camino de rosas como lo había predicho Strauss. La electricidad no llegó a ser tan barata como para no tener que medirla.

Aunque los costes del uranio eran bajos comparados con el carbón, los costes iniciales de construir reactores y centrales eléctricas resultaron ser muy elevados. El vertido de los residuos era y sigue siendo un problema sin resolver. Y una propuesta cara y peligrosa resultó serlo por partida doble después de Three Mile Island y Chernobyl.

Hoy en día, la energía nuclear cuesta aproximadamente lo mismo que el carbón, lo que equivale a decir que no cambió la economía de la electricidad en lo más mínimo.[2]

Pero, ¿que habría pasado si Strauss hubiera tenido razón? ¿Si la electricidad hubiera resultado prácticamente gratis? La respuesta es que todo lo que tocaba la electricidad —que es como decir casi todo— se habría transformado. En lugar de equilibrar la electricidad con otras fuentes de energía, ahora utilizaríamos la electricidad todo lo que podríamos; la derrocharíamos, porque sería tan barata que no merecería la pena preocuparse por la eficiencia.

Todos los edificios se calentarían con electricidad, sin tener en cuenta la tasa de conversión térmica. Todos conduciríamos coches eléctricos. (La electricidad gratuita sería un incentivo para desarrollar la tecnología de baterías eficientes para almacenarla.) Plantas de desalinización masiva convertirían el agua de mar en toda el agua potable que se podría desear, permitiéndonos regar enormes ringleras de tierras interiores y convertir desiertos en fértiles llanuras.

Dado que dos de los tres principales componentes de la agricultura, el aire y el sol, son gratuitos, y el agua pronto se les uniría, podríamos comenzar a cultivar cosechas con grandes excedentes para satisfacer nuestras necesidades, y muchas de ellas serían la materia prima para los biocombustibles. En comparación, los combustibles fósiles serían considerados absurdamente caros y sucios. De manera que las emisiones de carbono caerían en picado. (Las plantas absorben carbono de la atmósfera antes de devolverlo de nuevo quemándolo, mientras que el petróleo y el carbón añaden más carbono.) La frase «calentamiento global» podría no haber entrado a formar parte nunca del lenguaje.

En resumen, lo de «demasiado barato para medirla» podría haber cambiado el mundo.

¿Poco probable? Con la electricidad tal vez (aunque, ¿quién sabe lo que la energía solar puede aportar un día?) Pero hoy existen otras tres tecnologías que afectan a nuestra economía casi como la electricidad: la capacidad de tratamiento informático, el almacenamiento digital y la banda ancha. Los tres se están volviendo demasiado baratas para medirlas.

La velocidad a la que está sucediendo esto es alucinante, incluso casi medio siglo después de que Gordon Moore detectara por primera vez la línea de tendencia denominada ahora la Ley de Moore. Y lo que es más asombroso, la capacidad de tratamiento —la que rastreó Moore— está mejorando al ritmo más lento de los tres. Los chips de semiconductores duplican el número de transistores que pueden contener aproximadamente cada 18 meses. (Es la razón por la que cada 2 años aproximadamente usted pueda comprar por el mismo precio un iPod que almacena el doble de música que el anterior.) El almacenamiento en disco duro está mejorando incluso más deprisa: el número de bites que se pueden guardar en una zona dada de un disco duro se duplica aproximadamente cada año, y por ello usted puede guardar ahora cientos de horas de vídeo en su TiVo (grabador de vídeo digital). Pero lo que avanza con mayor rapidez de los tres es la banda ancha: la velocidad a la que se pueden transferir datos en un cable de fibra óptica se duplica cada 9 meses. Esa es la razón por la que no necesite ya el TiVO: puede ver toda la TV que desee, cuando lo desee, con los servicios de vídeo *online* directo (como Hulu).

Cada una de estas tecnologías tienen un poderoso corolario económico: los costes se reducen a la misma velocidad que aumenta la capacidad, la velocidad, etc. De manera que si la potencia informática por un precio dado se duplica cada dos años, una unidad determinada de potencia informática reducirá su precio en un 50 por ciento en el mismo periodo.

Veamos el transistor. En 1961, un único transistor costaba 10 dólares. Dos años más tarde, costaba 5. Otros dos años más tarde, cuando Moore publicó su predicción en la edición de abril de 1965 de *Electronics* magazine, era de 2,50. En 1968, el precio del transistor había caído a 1 dólar. Siete años más tarde era de 10 céntimos. Otros siete años y era de menos de 1 céntimo, y así sucesivamente.

Hoy en día, los últimos chips procesadores de Intel tienen unos 2.000 millones de transistores y cuestan alrededor de 300 dólares. Eso significa que cada transistor cuesta aproximadamente

0,000015 céntimos. O lo que es lo mismo, es demasiado barato para medirlo.

Este «juego triple» de tecnologías más rápidas, mejores y más baratas —tratamiento, almacenamiento y banda ancha— van todas juntas en Internet, y es la razón de que hoy usted pueda tener servicios gratuitos como YouTube (esencialmente cantidades ilimitadas de vídeos que puede contemplar sin demora y cada vez con una mayor resolución), algo que habría sido ruinosamente caro sólo hace unos años.

Nunca en el curso de la historia humana han caído de precio los recursos primarios de una economía industrial de manera tan rápida y durante tanto tiempo. Este es el motor que está detrás del nuevo Gratis, el que va más allá de un truco de marketing o de una subvención cruzada. En un mundo en el que los precios siempre parecen subir, el coste de algo construido sobre estas tres tecnologías *siempre* irá hacia abajo. Y sigue bajando hasta que llega lo más cerca posible del cero.

Anticipar lo barato

Cuando el coste de lo que estás fabricando cae con esta regularidad y durante tanto tiempo, se puede tratar de aplicar precios que en otras circunstancias parecerían una locura. En lugar de venderlo por lo que cuesta hoy, lo puedes vender por lo que costará *mañana*. La demanda creciente que este precio bajo estimulará acelerará la curva, garantizando que el producto costará *incluso menos de lo esperado* cuando llegue mañana. De modo que usted gana más dinero.

Por ejemplo, a principios de la década de 1960, Fairchild Semiconductor estaba vendiendo un primitivo transistor, llamado el 1211, a las fuerzas armadas. Fabricar cada transistor costaba 100 dólares. Fairchild quería vender el transistor a la RCA para que lo utilizara en su nuevo sintonizador de televisión UHF. Por entonces, RCA estaba usando los tradicionales tubos de vacío, que costaban únicamente 1,05 dólares cada uno.

Los fundadores de Fairchild[3], los legendarios Robert Noyce y su vendedor estrella, Jerry Sanders, sabían que a medida que aumentara su volumen de producción, el coste del transistor bajaría rápidamente. Pero para hacer su primera venta comercial necesitaban que el precio bajara inmediatamente, antes de tener ningún volumen. Así que redondearon a la baja. Redujeron el precio del 1211 a 1,05 dólares, desde el principio, antes de saber siquiera cómo fabricarlo tan barato. «Íbamos a fabricar los chips en una fábrica que no habíamos construido, utilizando un proceso que no habíamos desarrollado todavía, pero sabíamos que lo fundamental era que íbamos a salir al mercado la próxima semana vendiendo a 1,05 dólares (recordaba más tarde Sanders). Estábamos vendiendo en el futuro.»

Funcionó. Adelantándose a la curva de descenso del precio, fijaron su objetivo en 1,05 dólares y se hicieron con el 90 por ciento de la cuota del mercado de sintonizadores UHF. Dos años más tarde pudieron reducir el precio del 1211 a 50 céntimos y seguir obteniendo beneficios. Kevin Kelly, que describió este efecto en su libro *New Rules for the New Economy*[4], lo llama «anticipar lo barato».

Imagine si Henry Ford hubiera aplicado la misma tendencia a su fábrica del Modelo T. Parece casi imposible: ¿cómo podría una cosa física como un coche reducir su precio como lo hace la tecnología digital? Cada año tendríamos que ser el doble de buenos en extraer mineral de las entrañas de la tierra y convertirlo en metales. Todos los componentes que conforman un coche tendrían que irse abaratando como los chips semiconductores obedeciendo a una especie de Ley de Moore de limpiaparabrisas y maquinaria de transmisión. Los obreros tendrían que aceptar recortar sus salarios a la mitad cada año, o la mitad de ellos tendría que ser reemplazada por robots.

Pero si usted hubiera estado vivo en las primeras décadas de la industria del automóvil, no sería imposible de imaginar. Entre 1906 y 1918, los precios de los automóviles «ajustados según calidad» (el rendimiento del coche por dólar) caían aproximadamente un 50 por ciento cada dos años, de manera que para finales de ese periodo, un coche equivalente costaba sólo un quinto de lo que costaba 10 años antes.

Al pasar de la artesanía a una línea de montaje alimentada por motores eléctricos, Ford pudo reducir el coste de la fuerza muscular. A continuación, al pasar de las piezas realizadas a medida a componentes de fabricación estándar, redujo el coste de la mano de obra de nuevo y vendió millones de coches fabricados en serie.

Pero esa extraordinaria curva de descenso de los precios, producto de las revolucionarias técnicas de producción de Henry Ford, no podía durar. Las mejoras de rendimiento/precio de los coches fueron disminuyendo, y hoy en día sólo corresponden a un pequeño porcentaje anual. Somos sin duda mejores extrayendo mineral de la tierra, y la mitad de los obreros del automóvil han sido realmente desplazados por robots, pero no ha sucedido de la noche a la mañana. Los coches son cada vez mejores y más baratos, pero no al ritmo de la tecnología digital. Hoy en día, un coche sigue siendo un artículo caro.

Desde una perspectiva ambiental, no es algo malo. Aunque fuera posible que las cosas físicas cayeran de precio con la misma rapidez que los microchips, los «efectos externos negativos» del exceso de producción resultante serían enseguida demasiado aparentes. Si ha visto *WALL-E* de Pixar, en la que los humanos son expulsados del planeta por rebosantes montañas de basura, se podrá imaginar el problema.

Pero en la esfera digital, lo se crea en abundancia es en última instancia efímeros bits de información —electrones, fotones y flujo magnético—, no hay nada que impida que esas extraordinarias leyes de la duplicación se desarrollen al máximo. Y la consecuencia es sorprendente, como el propio Moore indica: «la ley de Moore es una infracción de la ley de Murphy. Todo mejora cada vez más».

Por qué funciona la ley de Moore

La mayoría de procesos industriales mejoran con el tiempo y la escala gracias a un efecto conocido como curva de aprendizaje. Lo que pasa es que los procesos basados en semiconductores lo hacen mucho más deprisa y durante más tiempo.

El término «curva de aprendizaje[5]» fue introducido en el siglo XIX por el psicólogo alemán Hermann Ebbinghaus para describir las mejoras que observó cuando las personas memorizaban tareas a lo largo de muchas repeticiones. Pero pronto asumió un significado más amplio. El artículo de la Wikipedia sobre este término lo explica así: «El principio establece que cuantas más veces haya sido realizada una tarea, menos tiempo se necesitará para cada iteración subsiguiente. Un ejemplo temprano de esto fue observado en 1936 en la Base de la Fuerza Aérea Wright-Patterson, en la que los gerentes calcularon que cada vez que se duplicaba la producción total de aviones, el tiempo de fabricación necesario se reducía de un 10 a un 15 por ciento».

A finales de la década de 1960, el Boston Consulting Group (BCG) comenzó a examinar industrias tecnológicas, y vio mejoras que sencillamente se producían con más rapidez de lo que las simples curvas de aprendizaje podían explicar. Cuando la curva de aprendizaje tenía que ver principalmente con el conocimiento humano, esos efectos más amplios parecían tener más que ver con la escala: cuando los productos eran fabricados en grandes cantidades, los costes caían en un porcentaje constante y predecible (10 al 25 por ciento) con cada duplicación del volumen. BCG lo

¿CÓMO PUEDE SER GRATIS UN AUTOMÓVIL?

Al igual que Ryanair ha redefinido el negocio de las líneas aéreas, en el sentido de que lo que se trata es vender más viajes que asientos, Better Place está redefiniendo la industria del automóvil. En una época de precios elevados del combustible, la gente se da cuenta de que el coste del coche va más allá del precio de compra: está también el coste de mantenimiento, que puede ascender a $3.000 anuales. Basándose en el negocio de los teléfonos móviles, Better Place planea regalar el coche y vender el kilometraje por menos de lo que usted gastaría con un coche tradicional.

Este modelo funciona si la gasolina se encarece más deprisa que la electricidad.

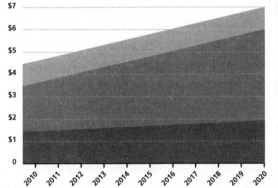

PRECIO PREVISTO DE 1 GALÓN DE GASOLINA EN EL MERCADO DE DESTINO

RECARGO POR MILLA BETTER PLACE

PRECIO MEDIO DE LA CANTIDAD EQUIVALENTE DE ELECTRICIDAD

Better Place puede hacerlo, ya que sus coches son eléctricos y la electricidad es más barata que la gasolina. Si firma un contrato a tres años (y vive donde puede disponer del servicio, actualmente en Israel, Dinamarca, Australia y la zona de la bahía de San Francisco), Better Place le alquilará un coche gratuitamente. Usted lo cargará en casa y en lugares públicos donde le indique el GPS instalado en el coche. Si tiene prisa, le llevará a una estación donde los operarios se lo recargarán en menos tiempo de lo que se tarda en poner gasolina.

La diferencia actual entre los precios de la gasolina y su equivalente por milla en electricidad en Israel, el mercado principal de Better Place, es de unos $3 por galón. En países donde la gasolina tiene impuestos muy altos y hay mucha energía renovable, como en la mayor parte de Europa, esta diferencia puede ascender a $4. Better Place utiliza la diferencia para subvencionar sus coches.

Prevé dos tipos de clientes: los que compran el coche y obtienen la batería gratis, y los que obtienen ambas cosas gratis. Better Place quiere que los primeros sientan que ahorran, así que establece los precios por milla más barato que el equivalente coste en gasolina. Está apostando a que la gasolina se encarecerá más rápido que la electricidad, dado que las reservas de petróleo son limitadas mientras que las fuentes de energía renovable no lo son. Si un conductor viaja 10.000 millas al año a un coste de $0,15 la milla y Better Place le ofrece viajar a $0,12, cuando la electricidad cuesta realmente $0,02, gana 10 céntimos por milla. Al año son $1.000 de beneficio bruto, lo cual compensa el coste de la batería con el tiempo (las baterías duran al menos 10 años). A medida que aumente la diferencia de precio entre la gasolina y la electricidad, Better Place recuperará el coste de las baterías más rápidamente y ganará más dinero.

Al segundo tipo de clientes, Better Place le cobrará más por milla, $0,50 ($15.000 al año), lo cual es suficiente para compensar el coste del coche y la batería. Y las cuentas incluso mejoran si la gasolina se vuelve más cara aún en comparación con la electricidad.

Los beneficios no económicos son aún mayores: no se producen emisiones de gas de efecto invernadero y la dependencia del petróleo extranjero es menor. Esto permite a Better Place obtener subvenciones del Gobierno/corporativas que financiarán gran parte de la infraestructura de nuevas instalaciones. Se expandirá a países donde los resultados económicos sean más favorables.

denominó la «curva de la experiencia», para referirse al aprendizaje institucional, desde las mejoras administrativas aplicadas a la optimización de la cadena de suministro al aprendizaje individual de los obreros.

Pero a partir de la década de 1970, las bajadas de precio en el nuevo campo de semiconductores parecían estar sucediendo más deprisa de lo que podía explicar la curva de la experiencia. Los transistores originales cayeron al máximo del índice BCG y siguieron bajando. Durante un decenio, las ventas del transistor 1211 de Fairchild se multiplicaron por 4.000. O se duplicaron 12 veces, lo que la teoría de la curva de la experiencia predice que conduciría a un descenso del precio de una treintava parte de la cifra original. De hecho, el precio cayó a una milésima de ese número. Evidentemente estaba pasando algo más.

Lo que hay de diferente en los semiconductores es una característica de muchos productos de alta tecnología: tienen mucha más materia gris que fuerza muscular. Desde un punto de vista económico, sus aportaciones son más intelectuales que materiales. Después de todo, los microchips son simplemente arena (silicio) reunida de manera muy inteligente. Como escribe George Gilder[6], autor de *Microcosm*:

> Cuando la materia desempeña un papel tan pequeño en la producción, hay menos resistencia material al incremento de volumen. Los semiconductores representan el derrocamiento de la materia en la economía.

En otras palabras, las ideas pueden propagarse prácticamente sin límite y sin coste. Esto, desde luego, no es nuevo. De hecho, fue Thomas Jefferson, el padre del sistema de patentes (y de mucho más), quien lo expresó mejor que nadie:

> Quien recibe una idea de mí, recibe conocimiento él mismo

sin mermar el mío; al igual que quien enciende su vela en la mía, recibe luz sin oscurecerme.

La cuestión es que las ideas son el último producto abundante que se propaga a coste marginal cero. Una vez creadas, las ideas desean propagarse lejos enriqueciendo todo lo que tocan. (En la sociedad, esas ideas que se propagan son llamadas «memes».)

Pero en los negocios, las empresas hacen dinero creando una escasez artificial de ideas a través de la ley de propiedad intelectual. Para eso existen las patentes, los derechos de autor y los secretos comerciales: son esfuerzos por retener el flujo natural de ideas en la población en general durante el tiempo suficiente para hacer beneficios. Fueron creados para dar a los inventores un incentivo económico para crear, una licencia para cobrar un ingreso monopolista durante un tiempo limitado, para que puedan obtener un beneficio por el trabajo que les costó la idea. Pero en última instancia, las patentes expiran y los secretos se hacen públicos; las ideas no pueden ser retenidas para siempre.

Y cuantos más productos estén hechos de ideas más que de material, más rápidamente se podrán abaratar. Esta es la raíz de la abundancia que conduce a lo Gratis en el mundo digital, que hoy abreviamos como la Ley de Moore.

Sin embargo, esto no se limita a los productos digitales. Cualquier industria en la que la información se convierte en el principal ingrediente, tenderá a seguir esta curva de aprendizaje compuesta y a acelerar el rendimiento mientras su precio se reduce. Tomemos la medicina, que está derivando del «no sabemos por qué funciona, simplemente lo hace» (hay una razón por la que se llama «descubrimiento» de medicamentos) a un proceso que comienza con los primeros principios de la biología molecular («ahora sabemos por qué funciona»). La ciencia subyacente es información, mientras que la eficacia observada es una anécdota. Una vez que comprendes los fundamentos, puedes crear una abundancia de mejores medicamentos, y más deprisa.

La secuenciación del ADN está cayendo de precio en un 50 por ciento cada 1,9 años, y pronto, nuestra composición genética individual será otra industria de la información. Cada vez serán más los servicios médicos y de diagnóstico suministrados por *software* (que se hace más barato, hasta el punto de ser gratis), a diferencia de los médicos (que se hacen cada vez más caros).

Lo mismo pasa con la nanotecnología, que promete convertir la fabricación en otra industria de la información, a medida que moléculas diseñadas ad hoc se unen automáticamente. A medida que la energía pasa de quemar combustibles fósiles a utilizar células fotovoltaicas para convertir el sol en electricidad en una escala de servicio público, o diseñar enzimas que puedan convertir la hierba en etanol, también será una industria de la información. En cada caso, industrias que no tienen nada que ver con el tratamiento informático comienzan a mostrar un crecimiento exponencial (y un descenso del precio) a semejanza de la ley de Moore una vez que ellas, también, son más producto de la materia gris que de la fuerza muscular.

La ley de Mead

Como suele suceder, Gordon Moore no acuñó la ley que lleva su nombre. El hombre que lo hizo, el profesor del Caltech [Instituto de Tecnología de California] Carver Mead, fue el primero que se centró en el corolario económico a la regla de duplicación de Moore para la densidad de transistores: si la cantidad de capacidad informática con un coste dado se duplica cada dos años, en ese caso el coste de una unidad dada de capacidad informática debe reducirse por la mitad en el mismo periodo. Y lo que es más importante, fue el primero en considerar realmente lo que ello significaba con relación a nuestra manera de pensar y utilizar la tecnología digital. Y se dio cuenta de que estábamos totalmente equivocados al respecto.

A finales de la década de 1970, Mead enseñaba diseño de semiconductores en el Caltech, estableciendo los principios de los circuitos integrados que llegarían a ser conocidos como Integración a muy gran escala (VLSI), que prácticamente definieron el mundo informático que conocemos hoy. Como Moore antes de él, fue capaz de ver que las duplicaciones cada 18 meses en rendimiento seguirían prolongándose hasta donde nadie podía imaginar. Y ello no estaba motivado únicamente por las curvas de experiencia y aprendizaje estándar sino también por lo que él denominó la «curva de aprendizaje compuesta», que es la combinación de curvas de aprendizaje e invenciones nuevas y frecuentes.

Fuente:Ray Kurzweil*

CURVAS DE APRENDIZAJE COMPUESTAS

Cada generación de nanolitografía de semiconductores requería una nueva invención que reiniciaba la parte empinada de la curva de aprendizaje.

El precio cada vez más bajo de un chip informático

Durante más de medio siglo, los investigadores de semiconductores han hecho una innovación importante cada 10 años más o menos, que vuelve a impulsar a la industria a la parte de brusco declive de la curva. A medida que un proceso de producción se acerca a la cola de su ciclo de mejora de eficiencia, se incrementa el incentivo para aparecer con algo radicalmente nuevo y mejor. Y dado que, como dijo el físico Richard Feynman, hay «un montón de espacio en el fondo» del mundo de la escala atómica que surgió con la nueva física de finales del siglo XX, los investigadores han sido capaces de encontrar estas nuevas vías con casi una espeluznante regularidad.

Cada vez, ya se trate de un nuevo material, un nuevo proceso de grabado, una nueva arquitectura de chip o una dimensión totalmente nueva como el procesado en paralelo, la curva de aprendizaje se inicia de nuevo en su más vertiginosa pendiente. Cuando se combinan todas estas innovaciones con las curvas de aprendizaje en toda la industria informática, se termina a un ritmo de descenso del coste nunca antes visto. Los transistores, como casi cualquier otra unidad de capacidad informática que elijamos, avanzan inevitablemente hacia el precio cero.

Lo que Mead constató es que este efecto económico llevaba consigo un imperativo moral. Si los transistores se están volviendo demasiado baratos como para medir lo que cuestan, deberíamos dejar de medirlos y de pensar en su coste. Deberíamos pasar de mantenerlos en el supuesto de que son un bien escaso a tratarlos como el producto abundante que es. En otras palabras, deberíamos literalmente comenzar a «despilfarrarlos».

«Despilfarrar» era una palabra desagradable especialmente en el mundo de la tecnología de la información de la década de 1970. Una generación entera de profesionales de la informática había aprendido que su trabajo era distribuir costosos recursos informáticos en pequeñas cantidades. En las acristaladas instalaciones de la época de los ordenadores centrales, estos operadores de sistemas ejercían su poder eligiendo los programas a los que se permitiría funcionar en las costosas máquinas informáticas. Su papel era conservar transistores, y ellos no sólo decidían lo que era válido sino que animaban a los programadores a hacer el uso más económico de su tiempo informático.

Este sacerdocio —el de los administradores de sistemas— gobernó en los albores de la era de la información. Si querías utilizar un ordenador, tenías que vértelas con ellos. Y ello significaba escribir un programa que se conformara a sus estándares de lo que era un uso adecuado de los recursos de la tecnología de la información. El *software* tenía que estar centrado en objetivos empresariales, ser eficiente en su uso de los ciclos CPU, y modesto en sus ambiciones. Si pasabas esa prueba, podían aceptar tus tarjetas perforadas a través de la ranura de la puerta y, dos días más tarde, devolverte un listado de tus mensajes de error para que pudieras comenzar el proceso de nuevo.

Como resultado, los primeros técnicos dedicaron la mayor parte de sus esfuerzos a que sus algoritmos principales funcionaran lo más eficientemente posible, y pocos esfuerzos al interfaz de usuario. Era la época de la línea de mando, y el papel del *software* era servir a la unidad de procesamiento central y no a la inversa.

Los ingenieros de la época comprendieron la Ley de Moore a un nivel: sabían que aportaría ordenadores que serían más pequeños y más baratos que los grandes ordenadores de su tiempo. De hecho, no era demasiado difícil imaginar que los ordenadores se volverían tan pequeños y baratos que una familia normal podría tener uno en su hogar. Pero, ¿por qué iba a querer nadie tener algo así? Después de mucho reflexionar, al *establishment* informático de finales de los sesenta sólo se le ocurría una razón: para organizar recetas de cocina. El primer ordenador personal del mundo, un elegante electrodoméstico para la cocina ofertado por Honeywell en 1969, hacía precisamente esto (incluso venía con una encimera para trabajar integrada). El Honeywell apareció en el catálogo de ese año de Neiman Marcus al precio de ganga de 10.600 dólares, a pesar de que el único método de hacerlo funcionar era mediante conmutadores de palanca en el panel frontal, y el ama de casa tenía que conocer la numeración hexadecimal. No se sabe de nadie que comprara uno.

Y allí estaba Mead, diciendo a los programadores que se pasaran al derroche. ¿Cómo se derrocha capacidad informática?, pensaban mientras se rascaban la cabeza.

El ratón que rugió

Fue Alan Kay, un ingeniero que trabajaba en el Centro de Investigación de Xerox en Palo Alto, en la década de 1970, quien les enseñó el camino. En lugar de conservar transistores para las funciones de tratamiento principales, desarrolló un concepto informático —el Dynabook— que emplearía frívolamente el silicio para hacer cosas juguetonas en la pantalla: dibujar iconos, dirigir punteros con un ratón, dividir una pantalla en ventanas e incluso añadir animación sin más función que la de hacer bonito.

¿Cuál era el objeto de este derroche visual? Hacer que los ordenadores fueran más fáciles de utilizar por personas normales, incluidos los niños. El trabajo de Kay en la interfaz de usuario gráfica (GUI: *graphical user interface*) se convirtió en la inspiración del Centro de Palo Alto de Xerox y luego de Apple Macintosh, que cambió el mundo al poner la informática a disposición de todos nosotros.

De lo que se dio cuenta Kay fue de que el trabajo del tecnólogo no era descubrir para qué es buena la tecnología. Su papel es hacer que la tecnología sea tan barata, fácil de utilizar y tan omnipresente que todo el mundo pueda utilizarla, de manera que se propague por todo el mundo y dentro de todos los nichos posibles. Nosotros, los usuarios, ya encontraremos qué hacer con ella, porque cada uno de nosotros es diferente: tenemos diferentes necesidades, diferentes ideas, diferentes conocimientos y diferentes maneras de interactuar con el mundo.

Kay, al mostrar la manera de democratizar la informática, hizo posible extraer el fenómeno de Moore de la caja de cristal y llevarlo a cada hogar, coche y bolsillo. Este ejercicio colectivo de explorar el espacio potencial de la informática nos ha traído de todo, desde la fotografía digital a los videojuegos, desde las TiVos a los iPods. (Hay que decir que organizar recetas no ocupa un lugar muy destacado en las listas de la gente.)

Los ingenieros nos aportaron la infraestructura técnica de Internet y de la Web —"TCP/IP" y "http://", pero fuimos *nosotros* los que descubrimos qué hacer con ello. Dado que la tecnología era gratuita y abierta a todos, nosotros, los usuarios, experimentamos con ella y juntos la llenamos con nuestros contenidos, nuestras ideas y con nosotros mismos. Los tecnólogos inventaron el recipiente, pero nosotros lo llenamos.

Evidentemente, la tecnología barata no es tecnología gratuita. Los ordenadores potentes eran caros en los tiempos de Kay, y lo siguen siendo hoy, como el pobre director general de inversiones que acaba de desembolsar seis cifras para comprar una nueva batería de servidores se encargará de decírselo. La tecnología no resulta gratis cuando la tienes que comprar en grandes cantidades. Sin embargo, si la miras desde el otro lado del circuito, la economía cambia. Ese costoso banco de discos duros (elevados costes fijos) puede servir a decenas de miles de usuarios (bajos costes marginales).

En el Internet de nuestros días lo que impera son las economías de escala, encontrar formas de atraer a la mayor cantidad de usuarios hacia recursos centralizados, extendiendo estos costes a públicos cada vez más amplios a medida que la tecnología se vuelve cada vez más capaz. Ya no se trata de lo que cuesta el equipo que ocupa las estanterías en el centro de datos; lo que importa es lo que puede hacer ese equipo. Y cada año, como una especie de reloj mágico, hace cada vez más por menos, acercando a cero los costes marginales de la tecnología en las unidades que nosotros consumimos.

Lo que anticiparon Mead y Kay tuvo un profundo efecto sobre la industria basada en la computación. Significó que los redactores de *software*, libres ya de tener que preocuparse por los escasos recursos computacionales como la memoria y los ciclos CPU, podían ser cada vez más ambiciosos, centrarse en funciones de un orden más elevado, como las interfaces de usuario, y en nuevos mercados, como el del entretenimiento. El resultado fue un *software* de mayor atractivo, que atrajo a más usuarios, que a su vez descubrieron más usos para los ordenadores. Gracias a ese derroche de transistores se pudo cambiar el mundo.

Lo que es interesante es que los transistores (o el almacenamiento, o la banda ancha) no tienen que ser completamente gratis para producir este efecto. Hasta cierto punto, son lo suficientemente baratos para poder ser pasados por alto tranquilamente. El filósofo griego Zenón luchó con este concepto en un contexto ligeramente diferente. En la paradoja de la dicotomía de Zenón, tú corres hacia una pared. Mientras corres, la distancia con la pared se reduce a la mitad, luego se vuelve a reducir a la mitad, y así sucesivamente. Pero si continúas subdividiendo el espacio para siempre, ¿cómo podrás llegar nunca a alcanzar la pared? (La respuesta es que no puedes: una vez que estás a unos pocos nanómetros, las fuerzas de repulsión atómica se vuelven demasiado fuertes para que puedas acercarte. En lo que respecta a la aparente paradoja matemática, Newton la resolvió con la invención del cálculo integral.)

En economía, el paralelo es este: si el coste unitario de la tecnología («por megabyte» o «por megabyte por segundo» o «por mil operaciones de coma flotante por segundo») se reduce a la mitad cada 18 meses, ¿cuándo se acerca lo suficiente a cero como para decir que has llegado y que lo puedes redondear a cero? La respuesta es que casi siempre antes de lo que piensas.

Lo que comprendió Mead fue que debería activarse un interruptor psicológico cuando las cosas se dirigen hacia el cero. Aunque nunca puedan llegar a ser totalmente gratuitas, a medida que el precio cae, hay una gran ventaja en tratarlas como si fueran gratis. No demasiado baratas para medirlas, como predijo Strauss, sino demasiado baratas como para que importen.

Hierro y vidrio

La historia del semiconductor se ha convertido en gran medida en la fábula de la economía digital, pero como he observado anteriormente, la verdad es que dos tecnologías relacionadas —el almacenamiento y la banda ancha— lo han dejado atrás en la carrera por llegar al fondo.

El primero, el almacenamiento digital, no está basado en grabar en el silicio líneas cada vez más finas, sino en lograr que partículas magnéticas permanezcan de un modo u otro sobre un disco de metal. Es la manera como funciona su ordenador personal o su iPod: una pequeña cabeza (electromagneto) con unos pocos átomos de anchura flota sobre un disco que da vueltas y traza espirales sobre ese disco, lanzando las partículas magnéticas que están debajo para que representen unos (1) o ceros (0) (ponga el número suficiente de ellos y ya tendrá ese PowerPoint en el que ha estado trabajando o el vídeo que acaba de descargar). La manera de meter más bits en un disco es hacer esas pistas más pequeñas, lo que se consigue con una cabeza más delgada pero de mayor potencia, que flote incluso más cerca de un disco hecho de partículas todavía más pequeñas y altamente magnetizadas.

Es una cuestión en gran medida de ensamblajes mecánicos con una precisión que haría enrojecer de vergüenza a un reloj

123

suizo, además de un disco hecho de materiales ferrosos (hierro) que pueden mantener intensos campos magnéticos. Aunque el almacenamiento está basado en una física diferente de la de los semiconductores, las curvas de aprendizaje compuesto de Mead siguen imponiéndose. Realmente, esto tiene poco que ver con los efectos de los semiconductores que Moore estaba observando y, sin embargo, la capacidad de almacenamiento de datos se está incrementando (y los costes reduciéndose) más rápidamente que según la Ley de Moore. Una vez más, la relación de materia gris con un producto físico es elevada, y las innovaciones frecuentes.

El segundo, la banda ancha, deriva de otro campo de la física y de la ciencia de materiales. Enviar datos a larga distancia es fundamentalmente un asunto de fotones, no de electrones. Los interruptores ópticos convierten los bits on/off de código binario en impulsos de luz láser a diferentes frecuencias, y esas «lambdas» (la letra griega utilizada para denotar la longitud de onda) viajan en hilos de vidrio tan puros que la luz rebota contra la paredes internas durante cientos de kilómetros sin pérdida ni distorsión.

Aquí la ciencia es la óptica, no la ciencia de materiales ni la precisión mecánica. Y, sin embargo, la relación de ingredientes intelectuales con los físicos es, una vez más, elevada, de manera que se siguen produciendo innovaciones con frecuencia para reiniciar el ciclo de mejora. Siguiendo también la curva de aprendizaje compuesto de Mead, las redes de fibra óptica y la conexión óptica están mejorando incluso más deprisa que el procesamiento y el almacenamiento, con una duplicación estimada de rendimiento/precio de 1 año.

Lo que puede hacer la abundancia

La banda ancha demasiado barata para medirla nos trajo YouTube, que está revolucionando rápidamente (algunos dicen destruyendo) la industria tradicional de la televisión. El almacenamiento demasiado barato para medirlo nos trajo Gmail [correo electrónico de Google] y su infinita bandeja de entrada, por no hablar de TiVo, MySpace y, al menos a nivel del tamaño de un archivo de MP3, el iPod.

Antes del iPod, nadie pedía llevar una colección entera de música en el bolsillo. Pero los ingenieros de Apple comprendieron la economía de la abundancia de capacidad de almacenamiento. Pudieron ver que las unidades de disco estaban ganando en capacidad por el mismo precio a una velocidad más rápida aún que los procesadores informáticos. Lo que lo estaba impulsando no era la demanda de almacenar enormes catálogos de música sino la física y la ingeniería. Los ingenieros de Apple «escucharon a la tecnología», por usar la frase de Mead.

Prestaron una atención especial a un anuncio de Toshiba hecho en el año 2000 de que pronto podría hacer un disco duro de 1,8 pulgadas que podría almacenar 5 gigabytes. ¿Cuánta capacidad de almacenamiento es esa? Bueno, si hace el cálculo, es suficiente como para almacenar unas 1.000 canciones en un *drive* más pequeño que una baraja de cartas. De modo que Apple hizo simplemente lo que la tecnología permitía y lanzó el producto. La oferta creó su propia demanda; puede que los consumidores no hubieran pensado en llevar todas sus colecciones de música con ellos, pero cuando les ofrecieron la oportunidad de hacerlo, las ventajas resultaron evidentes de manera inmediata. ¿Por qué predecir qué música vas a querer escuchar y bajarte solamente un título, cuando puedes tenerlos todos?

Ahora que este triple juego de tecnologías —procesamiento, almacenamiento y banda ancha— se han combinado para formar Internet, las abundancias se han vuelto compuestas. Uno de los chistes viejos sobre la burbuja de finales de los noventa era que sólo hay dos números en Internet: infinito y cero. El primero, al menos aplicado a las valoraciones del mercado de valores, resultó falso. Pero el segundo está vivo y en buena forma. Internet se ha convertido en la tierra de lo gratis, no por ideología sino por economía. El precio ha caído al coste marginal, y el coste marginal de todo lo que está en Internet se acerca tanto al cero que se puede redondear a esta cifra.

Así como a la industria informática le llevó decenios comprender las implicaciones de la observación de Moore, se tardará varios decenios en comprender las consecuencias compuestas de que Internet conecte el procesamiento con la banda ancha y el almacenamiento, los otros dos jinetes de la ceroesfera.

Cuando Lewis Strauss predijo que la electricidad llegaría a ser demasiado barata como para medirla, su predicción afectó hasta al último reducto de la economía. Era alucinante imaginar lo que podría aportar una abundancia semejante. Ahora la información afecta tanto a la economía como a la electricidad.

La información es la manera de fluir del dinero; aparte del dinero en efectivo en su cartera, es lo que el dinero es: simplemente bits. La información es la manera que tenemos de comunicarnos, ya que cada llamada se convierte en datos en el momento que las palabras salen de nuestros labios. Es la TV y películas que vemos y la música que escuchamos: nacieron en formato digital, y por lo tanto se transforman como todo lo demás en el mundo de los bits, cambian cómo están hechas y cómo las consumimos. Incluso la propia electricidad se está convirtiendo cada vez más en una industria de la información, tanto en el núcleo de distribución de la red como en su borde, a medida que las «redes inteligentes» convierten las redes de una dirección en interactivas, para terminar regulando la demanda y enviando y recibiendo electrones desde paneles solares y coches eléctricos.

Todo lo que tocan los bits queda también tocado por sus propiedades económicas únicas: más barato, mejor y más rápido. Fabrique una alarma digital contra robos, y ahora no será más que otro sensor y nodo de comunicaciones en Internet, con almacenamiento abundante, banda ancha y procesamiento añadidos esencialmente por nada. Es la razón de que haya tantos incentivos de convertir las cosas en digitales: pueden inmediatamente formar parte de algo más grande, algo que no sólo funciona más deprisa, sino que se acelera.

Los bits son los esteroides industriales, de la misma manera que lo era la electricidad; hacen que todo cueste menos y haga más. La diferencia es que siguen aplicando su magia de mejoras año tras año. No se trata de una transformación única como la electricidad, sino de una revolución continua en la que cada nueva generación viene a mitad de precio, con doble rendimiento y cargada de nuevas posibilidades.

Pero, ¿qué pasa con esa primera lección de la economía que dice que el precio es establecido por la oferta y la demanda, no por la ciencia? No tenga miedo, porque se sigue aplicando. La oferta y la demanda determinan el precio de cualquiera de estos artículos en cualquier momento dado. Pero las tendencias de precio a largo plazo están determinadas por la propia tecnología: cuanto más haya de un producto, más barato será. La ley de Say (llamada así por el economista francés del siglo XVIII, Jean-Baptiste Say) indica que la «oferta crea su propia demanda», que es otra forma de decir que si haces un millón de veces más transistores, el mundo encontrará un uso para ellos.

En un momento dado, el mundo puede querer un poco más o un poco menos de lo que se está fabricando en ese momento, y el precio instantáneo lo reflejará, subiendo o bajando con la oferta y la demanda. Pero, a largo plazo, la caída de los costes de producción garantiza que la tendencia general sea a la baja, con desajustes momentáneos de la oferta/demanda que introducen simplemente ondas en una línea que inevitablemente se dirige hacia el cero.

De modo que hoy toda una economía ha sido construida sobre las curvas de aprendizaje compuestas. Es algo sorprendente, ya que es una economía que se ha tardado una generación en comprender y que llevará generaciones explotarla al máximo. Pero el primer reconocimiento de sus implicaciones no vino de los economistas sino del ámbito radical de... los aficionados a los trenes en miniatura.

6

«La información quiere ser gratuita»

La historia de una frase que definió la era digital

En 1984, el periodista Steven Levy publicó *Hackers: Heroes of the Computer Revolution*[1], que hacía la crónica de la desaliñada subcultura que no sólo había creado el ordenador personal (y luego Internet), sino también el particular espíritu social que la acompañaba. Enumeraba siete principios de la «ética *hacker* [pirata informático]» :

1. El acceso a ordenadores —y a todo lo que pueda enseñarte algo sobre la forma en que funciona el mundo— debería ser ilimitado y total.
2. Cede siempre al imperativo de la manipulación
3. Toda la información debe ser gratuita.
4. Desconfía de la autoridad (favorece la descentralización).
5. Los *hackers* deberían ser juzgados por sus actividades, no por falsos criterios como títulos, edad, raza o posición.
6. Se puede crear arte y belleza en un ordenador.
7. Los ordenadores pueden cambiar tu vida para mejor.

La número tres, que se remonta a 1959, se atribuye a Peter Samson del *Tech Model Railroad Club* del MIT[2]. El TMRC era la mayor comunidad de *geeks*, y tal vez el grupo de humanos más *nerds* que se habían reunido nunca. Las líneas que le dedica la Wikipedia, extraídas del libro de Levy, explican por qué eran importantes:

> El club se componía de dos grupos: los que estaban interesados en las maquetas y el paisajismo, y los que componían el Subcomité de Señales y Energía y que crearon los circuitos que hicieron que funcionaran los trenes. Estos últimos se encontraban entre los que popularizaron el término «hacker», entre otros muchos términos de argot, y que terminaron pasándose a los ordenadores y a la programación. En un principio fueron atraídos hacia el IBM 704, el multimillonario ordenador central que funcionaba en Building 26, pero el acceso y el tiempo dedicado a ese ordenador estaba restringido a gente más importante. El grupo comenzó realmente a relacionarse con ordenadores cuando un antiguo miembro, Jack Dennis, les presentó el TX-0, un ordenador de 3 millones de dólares en préstamo a largo plazo del Laboratorio Lincoln. Por lo general, vigilaban el lugar donde estaba alojado el TX-0 hasta tarde por la noche, con la esperanza de que alguien que tuviera tiempo asignado con el ordenador no apareciera.

El libro de Levy fue captado por el radar de Kevin Kelly, quien más tarde se convertiría en editor ejecutivo de la revista *Wired* (y que sigue siendo nuestro «Inconformista Primero» y asesor), y Stewart Brand, ex Feliz Bromista y creador de *Whole Earth Catalog*, tal vez la publicación más influyente alumbrada por la contracultura, que fue editada por Kelly. En 1983, Brand recibió un anticipo de 1,3 millones de dólares para crear un *Whole Earth Software Catalog*. La idea era que el libro surgiera como el portador de la antorcha de la cultura del PC que estaba empezando a florecer, como el *Whole Earth Catalog* había sido para los entusiastas de la ecología de finales de la década de 1960 y comienzos de los setenta.

Una vez que descubrieron el libro de Levy, Brand y Kelly decidieron celebrar una conferencia para reunir a tres generaciones de *hackers*. Como Kelly diría más tarde al profesor de comunicación de Stanford, Fred Turner, él y Brand querían ver si el *hacking* [pirateo informático] era «un precursor de una cultura más amplia», y tenían la esperanza de «presenciar o escuchar cómo articulaba el grupo lo que era la ética del *hacker*.»

En noviembre de 1984, unos 150 *hackers* viajaron a Fort Cronkhite [cerca de San Francisco], y se instalaron en el Cabo Marin al norte del puente Golden Gate. Entre los asistentes a la conferencia[3] de fin de semana se encontraban Steve Wozniak, de Apple, Ted Nelson (uno de los inventores del hipertexto), Richard Stallman (el científico informático del MIT que más tarde fundó la Fundación del Software Gratuito), y John Draper, alias «Capitán Crunch» porque descubrió que se podían hacer llamadas telefónicas gratuitas utilizando un silbato de juguete que venía (gratis) en un paquete de cereales. Además de comida y alojamiento, Brand y Kelly facilitaron a los *hackers* ordenadores y equipo audiovisual.

Dos temas se repetían continuamente en las conversaciones: cómo caracterizar la «ética *hacker*» y qué tipos de negocios estaba surgiendo con la industria informática. Fue entonces cuando Brand reafirmó la regla número 3 de una manera que llegaría a definir la naciente era digital. Lo que dijo fue:

> Por un lado, la información quiere ser cara, porque es muy valiosa. La información adecuada en el momento adecuado, simplemente te cambia la vida. Por otro, la información quiere ser gratuita, porque el coste de hacerla pública se está reduciendo continuamente. De manera que ahí están las dos luchando entre sí.

Probablemente, esta es la frase más importante y más incomprendida de la economía de Internet.

Lo que es especialmente importante de esta cita es que establece el vínculo económico entre tecnología e ideas. La Ley de Moore trata sobre la maquinaria física de la informática. La física determinó que un transistor fuera un día prácticamente gratuito. Pero el valor de los bits que el transistor procesaba —la información—, bueno, eso podría haber adoptado cualquiera de los dos sentidos.

Tal vez la información se volvería más barata, porque los bits podían ser reproducidos con tanta facilidad. O tal vez podía volverse más cara, porque el perfecto procesamiento de los ordenadores podía hacer que la información tuviera mayor calidad. De hecho, era exactamente esta cuestión la que provocó el comentario de Brand, que aborda ambos extremos.

Por lo general, la única parte de esa cita que se recuerda es «la información quiere ser gratuita», que es bastante diferente de la cita original de Samson en la lista de Levy en dos sentidos. Primero, Samson entendía por gratis «sin restricciones»; aquellos eran los tiempos del ordenador central, y la gran cuestión era quién podía tener acceso a la máquina. Brand, sin embargo, hizo que el significado evolucionara hasta el de este libro: gratis como en el precio cero.

La segunda diferencia es que Brand convirtió el «debería» de Samson en «quiere ser». Gran parte de la fuerza de la formulación de Brand se debe a la metáfora antropomórfica que atribuye deseo a la información, en lugar de proyectar una actitud política («debería») sobre ella. Esta formulación de valor neutro alejaba "gratis" de los *hackers* fanáticos como Stallman, que quería proteger una ideología de apertura obligada, y lo expresaba como una simple fuerza de la naturaleza. La información quiere ser gratis de la misma manera que la vida quiere propagarse y el agua quiere correr ladera abajo.

Esa cita es mal interpretada porque sólo se la recuerda a medias. La otra mitad de Brand –«la información quiere ser cara, porque es muy valiosa»- es ignorada, tal vez porque parece a la vez paradójica y tautológica. Tal vez una forma mejor de comprenderla sea esta:

La información de consumo (todo el mundo recibe la misma versión) quiere ser gratis. La información a medida (obtienes algo único y valioso para ti) quiere ser cara.

Pero incluso esto no es del todo correcto. Después de todo, ¿qué es la búsqueda en Google sino una especie de Internet única y a medida, hecha para que usted obtenga una respuesta valiosa a su consulta? Intentémoslo de nuevo:

La información abundante quiere ser gratis. La información escasa quiere ser cara.

En este caso estamos utilizando la construcción del coste marginal de «abundante» y «escasa»: la información que puede ser reproducida y distribuida a un bajo coste marginal quiere ser gratis; la información con un elevado coste marginal quiere ser cara. De modo que usted puede leer una copia de este libro *online* (información de consumo y abundante) gratis, pero si quiere que yo vuele hasta su ciudad y dé una charla sobre lo Gratis en relación con su negocio, estaré encantado, pero tendrá que pagarme por mi (escaso) tiempo. Tengo un montón de hijos, y los colegios no son nada baratos:

Brand se explica

Pero esto es sólo mi interpretación. Dado el impacto de su profecía, fui directamente a Brand para comprender mejor el contexto y significado que él pretendía.

Mis primeras preguntas tenían que ver con la formulación particular de su legendaria observación. Primero, ¿por qué cambió el imperativo *hacker* de que la información «debería» ser gratis por «quiere ser» gratis?

Por dos razones, dijo. La primera, desde una perspectiva semántica, sencillamente porque sonaba mejor: «Es poético y mítico, y se aleja del dedo apuntador del "debería"». Pero la segunda razón es más importante: «Aleja la perspectiva de uno hacia el fenómeno, y el fenómeno es que se está produciendo valor a partir de esa peculiar forma de compartir». En otras palabras, es más una función de información que una decisión que uno toma al respecto. Realmente no tiene importancia cuál sea nuestra filosofía particular sobre cobrar o regalar información, la economía subyacente de la información favorece claramente la segunda opción.

Mi segunda pregunta sobre la deconstrucción de esta frase fue sobre la olvidada segunda parte. ¿Por qué creó esta dualidad de lo «gratis» y lo «caro»?

Dijo que se había basado en la paradoja de que la información era tironeada desde ambos extremos.

En las discusiones que estaba escuchando sobre la propiedad intelectual, ambas partes tenían perfecto sentido, y esa es la definición de paradoja. Las paradojas dirigen las cosas que nos importan. El matrimonio es una paradoja: no puedo vivir con ella y no puedo vivir sin ella. Ambas afirmaciones son verdaderas, Y la dinámica entre estas dos declaraciones es lo que hace que el matrimonio sea interesante, entre otras cosas.

Las paradojas son lo opuesto a las contradicciones. Las contradicciones se cierran a sí mismas, pero las paradojas siguen avanzando, porque cada vez que reconoces la verdad de una parte, te vas a ver atrapado por la verdad de la otra.

En la conferencia había algunas personas que estaban distribuyendo *shareware* [*software* de prueba] gratis, y otros estaban vendiendo *software* de empresa "copy controlled" por miles de dólares. De modo que el precio que podías cargar por este material estaba todavía en proceso de ser descubierto, y se mantuvo subiendo y bajando. En otras palabras, el mercado nunca se ha lucrado de manera normal. La gente estaba cobrando cualquier cosa que el tráfico pudiera aguantar, y el tráfico puede aguantar todo tipo de precios extraños. Podías atracar a las empresas como un auténtico bandido.

Otra sutileza de la frase es su uso de la palabra "información". Se trata de un uso relativamente moderno del término que data del famoso artículo de 1948 de Claude Shannon[4] sobre la teoría de la información. Antes de él, la gente utilizaba generalmente diferentes palabras (o ninguna en absoluto) para describir el fenómeno particular de ideas o instrucciones contenidas en un código. (De hecho, en sus escritos de 1939 sobre sus ideas emergentes, el propio Shannon utilizó la palabra «inteligencia» en lugar de »información». Una de estas palabras que la gente usaba era, desde luego, «lenguaje», pero otras incluían símbolos y signos. Hasta la era de la información, la palabra «información» se utilizaba normalmente en contextos de noticias: «Tengo información nueva». O simplemente «hechos».

Shannon trabajaba en AT&T, y su teoría se basaba en un contexto de procesamiento de señales. Definía la información como lo opuesto al ruido (señales coherentes en contraposición a señales incoherentes), y calculó cómo extraer una del otro. Esto puede hacerse en forma de señales analógicas o digitales, pero cuando hoy hablamos sobre información, generalmente estamos hablando de bits digitales, esas señales on/off que significan nada o todo, según como las descodifiquemos.

Un procesador de texto piensa que el archivo MP3 que usted usa no es más que ruido, y su TiVo no puede leer una hoja de cálculo, pero desde una perspectiva de la información, todo es la misma cosa: una corriente de bits. Un bit refleja simplemente la diferencia entre dos estados, que pueden tener o no significado.

Pero la información es lo que el antropólogo británico Gregory Bateson describió como «una diferencia que tiene sentido».

Cuando Brand[5] utilizó la palabra «información», se refería a información digitalmente codificada, y lo que ello reflejaba era su experiencia con las primeras redes digitales, incluida la que él ayudó a fundar, *Whole Earth 'Lectric Link* (WELL). Lo que había aprendido de ellas era que los bits y su significado eran cosas enteramente diferentes. Los bits eran, al menos desde un punto de vista económico, prácticamente gratuitos, pero su significado podría tener una amplia gama de valor, desde nada a inestimable, en función de quién los estaba recibiendo.

«Una de las cosas que utilicé como modelo del WELL fue la compañía telefónica (me explicó Brand). No vende tu conversación. No le importa lo que nos decimos unos a otros. Todo lo que quiere es que pagues tu factura para que funcione tu teléfono, y que lo uses. No le importa el contenido de las conversaciones.»

La analogía del mundo físico, dijo, es como un bar. Suministra un lugar para la comunicación y la conversación, pero no te cobra por ello. Sólo te cobra por la cerveza que propicia todo lo demás. «Encuentras ese algo más que hay que cobrar, ya sea las jarras de cerveza o el tono de marcación, o algo equivalente, como la publicidad adyacente. Siempre terminas cobrando algo diferente de la información.»

¿Le molesta que durante veinticinco años la gente haya estado citando sólo la mitad de su frase? Eso es lo que sucede a los *memes*, dice: se propagan de la manera más eficiente, ya fuera eso lo que se pretendía o no. Después de todo, observa, Winston Churchill no dijo «sangre, sudor y lágrimas». Churchill dijo: «Sangre, sudor, trabajo y lágrimas». Puede que suene mejor, pero una de ellas no es una secreción. La propagación mimética editó la frase en su forma óptima.

7

Competir con lo Gratis

Microsoft aprendió cómo hacerlo durante
décadas, pero Yahoo sólo hace unos meses

El 3 de febrero de 1975, Bill Gates, entonces «General Partner [socio solidario] de Micro-Soft», escribió una «carta abierta[1] a los practicantes de *hobbies*», explicando que su nueva empresa había gastado 40.000 dólares en desarrollar un *software* que estaba siendo copiado gratuitamente. Si eso continuaba, advertía, no podría seguir desarrollando nuevos *softwares* en el futuro y todo el mundo saldría perdiendo.

> Como casi todos los practicantes de *hobbies* deben saber, la mayoría de ustedes roba el *software*. El *hardware* tenéis que pagarlo, pero el *software* es algo que hay que compartir. ¿A quién le importa si la gente que trabaja en ello cobra o no?

Finalmente, funcionó. A medida que el ordenador personal pasó del mundo *geek* de las personas que practican un *hobby* a los usuarios normales que eran menos expertos en copiar *software*, la noción de que había que pagar por el código fue aceptada. Junto con el Apple II y el PC IBM vino el aumento de tiendas que vendían *software* en cajas, junto con sus manuales de instrucciones. El *software* se convirtió en una industria, y Microsoft, ahora sin guión, se hizo rica.

Pero los días de competir con lo Gratis no habían pasado. La piratería no llegó a desaparecer nunca, y una vez que el *software* pasó de disquetes difíciles de copiar a cedés, que podían ser copiados de la misma manera que los de música, se disparó. Microsoft añadió códigos de seguridad que los usuarios obtenían de los embalajes oficiales, pero los piratas también los copiaban, junto con los hologramas del embalaje. Juicios, campañas de concienciación, presiones de la industria e incluso medidas diplomáticas mantuvieron la piratería bajo control en el mundo desarrollado, pero en los países en vías de desarrollo campaba a sus anchas.

En China, el creciente mercado informático fue turboalimentado por los piratas que vendían no sólo *software* de Microsoft sino de todos los demás, desde juegos a programas educativos. Oficialmente, tomaron medidas duras para acabar con ello. Pero Gates & Co. también eran realistas. Sabían que la piratería de sus productos era imposible de controlar totalmente, y cualquier intento de hacerlo sería caro y penoso para sus clientes de pago, que tendrían que abrirse paso a través de todo tipo de medidas de verificación. Y todo no era tan malo: si la gente estaba pirateando el *software*, al menos lo estaban utilizando, y esta utilización de programas podría un día transformarse en una cuota de mercado real una vez que esos países se desarrollaran.

«Aunque se venden cada año 3 millones de ordenadores en China, la gente no paga por nuestro *software* (dijo Gates en 1998 a un grupo de estudiantes en la Universidad de Washington). Pero algún día lo harán, y mientras sigan robando, queremos que roben el nuestro. De alguna manera se volverán adictos, y entonces ya descubriremos algún modo de cobrarles en la próxima década.»[2]

Ahora ese tiempo ya está llegando. China se ha hecho rica, los ordenadores se abaratan (el tipo más de moda ahora son los «notebooks», portátiles básicos que sólo cuestan 250 dólares), y Microsoft bajó sus precios para los sistemas operativos en esas máquinas en torno a los 20 dólares (menos de un cuarto de lo que cobra por las versiones normales). La piratería creó dependencia y contribuyó a reducir el coste de adopción cuando hacía falta. Hoy en día, después de varios decenios de piratería, existe un enorme mercado de pago junto al mercado pirata; Microsoft sigue dominando, y los consumidores tienen más dinero y menos tolerancia con los problemas que crea el *software* sin licencia. La estrategia de Gates de hacer lo justo para mantener la piratería en sordina, en lugar de imponer la vía dura que habría sido necesaria para eliminarla, ha dado resultados.

Pruebas gratuitas

En la década de 1990, mientras Microsoft estaba luchando contra la piratería en el extranjero, dentro de casa estaba compitiendo con otro tipo de gratuidad. Después de haber ganado las guerras de los sistemas operativos, estaba luchando por mantener su liderazgo en el *software* de aplicaciones, desde los procesadores de texto a las hojas de cálculo. Competidores como WordPerfect Office y Lotus SmartSuite cobraban a los fabricantes de ordenadores precios tirados para que su *software* fuera incluido en los nuevos modelos. Su esperanza era que los nuevos consumidores de ordenadores utilizaran el *software* que venía con la máquina, invirtiendo tiempo y archivos en sus programas, y que cuando se tratara de pasar a una versión de pago, estarían enganchados.

Esto redujo el ritmo de crecimiento de la cuota de mercado de Microsoft lo suficiente como para preocupar a Gates. Decidió responder con la misma moneda. Microsoft desarrolló su propia versión básica de Office, llamada Microsoft Works, que vendió a sólo 10 dólares a los fabricantes de ordenadores para que lo incluyeran en los nuevos modelos. Encajaba perfectamente con el precio bajo ofrecido por la competencia, y como Works era compatible con la versión completa de Office, era una manera de mantener a los consumidores en la esfera de influencia de Microsoft, aunque la empresa no estuviera ganando mucho dinero con el producto básico.

¿CÓMO PUEDE SER GRATUITO UN *SOFTWARE* DE ATENCIÓN SANITARIA?

Desde noviembre de 2007, miles de médicos se han apuntado para recibir un software gratuito de gestión sanitaria de la empresa Practice Fusion de San Francisco. El software de empresa para los profesionales de la medicina puede costar $50.000. ¿Cómo puede dar gratis una empresa su sistema de registro electrónico?

Vender datos puede ser más rentable que vender *software*.

Ingresos calculados por datos de investigación

$250M

Ingresos calculados por *software* tradicional

$100M

▶ *Freemium* + publicidad: Aprovechando el modelo *Freemium*, Practice Fusion ofrece dos versiones de su *software*: una gratuita con anuncios (similar al AdSense de Google), y una sin anuncios que cuesta $100 al mes. De los primeros 2.000 médicos que adoptaron el sistema de registro electrónico de Practice Fusion, menos del 10 por ciento optó por pagar. Pero los auténticos beneficios proceden de otra parte…

▶ Venden acceso a sus datos: Utilizando el software gratuito, Practice Fusion atrae una masa crítica de usuarios (médicos) que, a su vez, crean una creciente base de datos de pacientes. Las asociaciones médicas que realizan estudios sobre enfermedades específicas necesitan archivos sanitarios longitudinales para una gran serie de pacientes. Según el tipo de estudio (por ejemplo: hombres blancos, de edad madura, obesos, que sufren asma), el gráfico anónimo de cada paciente puede venderse desde $50 a $500. Un médico ve normalmente unos 250 pacientes, así que los primeros 2.000 clientes de Practice Fusion se traducen en 500.000 registros. Cada uno puede venderse múltiples veces para cualquier número de estudios realizados por diversas instituciones. Si cada gráfico genera $500 con el tiempo, ese ingreso será mayor que si Practice Fusion vendiera software a esos 2.000 médicos por un único pago de $50.000.

Esta misma estrategia sirvió a Microsoft cuando el mundo evolucionó del ordenador de sobremesa a Internet. Netscape lanzó gratis su navegador, Navigator, desmonetizando instantáneamente esa naciente industria. Y lo que es peor, el navegador gratuito de Netscape estaba pensado para funcionar mejor con su propio *software* de servidor en un esfuerzo por desbancar a Microsoft del lucrativo mercado de sistemas operativos de servidores.

Una vez más, Microsoft se vio forzada a responder. Desarrolló rápidamente su propio navegador gratuito, Internet Explorer, y lo introdujo en cada versión de su sistema operativo. Esto tuvo el efecto deseado de frenar el crecimiento de Netscape, pero Microsoft pagó el precio con una década de multas y procesos antimonopolio por conducta contraria a la competencia. Los antimonopolistas lo atacaron por «atar» un producto gratis a uno de pago. Lo gratis está bien, dijeron los reguladores, pero no si eres un monopolio y estás utilizando lo gratis para dejar fuera a la competencia.

En la teoría antimonopolio, dado que la empresa dominante del mercado tiene una capacidad inigualable de subvencionar un producto gratuito con otro de pago (sobre el que pueden estar obteniendo rentas de monopolio), tienen que tener más cuidado en cómo utilizan lo gratis. Al final, Microsoft pudo seguir incorporando *software* gratuito, desde el navegador hasta servicios auxiliares, a sus sistemas operativos, pero el coste fue cientos de millones de dólares en multas, honorarios de abogados y daño a la reputación de la empresa.

El pingüino ataca

Otra forma de *software* gratuito es el de fuente abierta, algo con lo que Microsoft ha estado compitiendo durante décadas, aunque no siempre con ese nombre. Hasta 1998, el *software* que la gente podía utilizar y modificar sin pagar se llamaba «*software* gratuito» o «*freeware*», e iba desde sistemas operativos (como variantes de UNIX) a programadores de texto y lenguajes de programación. Pero con el ascenso de Internet como una plataforma de comunicaciones, las comunidades informales de programadores que escriben este código se hicieron más grandes y eficaces. Se crearon licencias especiales que permitían que el *software* se difundiera para atraer más participantes. El *software* gratuito se convirtió en una fuerza con la que había que contar.

La decisión de 1998 de Netscape de difundir públicamente el código del navegador Netscape fue el catalizador que hizo proliferar el *software* gratuito. En una reunión convocada a finales de ese año por el editor Tim O'Reilly, surgió un consenso en torno al término *open source*, «fuente abierta». Tenía la ventaja de no utilizar la palabra «gratis», que había quedado enturbiada por el extremismo ideológico de Richard Stallman, el antiguo agitador del MIT cuya Fundación *"Free Software"* había estado tratando de atraer el movimiento hacia sus propias opiniones anticapitalistas.

En la reunión estaba Linus Torvalds, que entonces tenía 29 años. Siete años antes, en Helsinki, había comenzado a trabajar en un modesto proyecto para crear una variación simplificada del sistema operativo UNIX, que llamó Linux. Debido a una combinación de buen código, personalidad encantadora, buenas dotes de organización y, lo que era más importante, contar con Internet como vehículo de colaboración global, empezó a tener éxito (tampoco le afectaron el dominio de Microsoft y el sentimiento general anti-Redmond de los puristas del *software*).

En la época de la reunión de O'Reilly, Linux ya estaba considerado como el niño prodigio de esta nueva clase de *software*, un ejemplo de código popular, funcional, creado sobre una licencia que exigía que todo aquel que utilizara y cambiara el *software*, pusiera esos cambios a disposición de todos de manera gratuita.

Cualquiera podía vender el *software* si quería, pero no podía ser su propietario.

En un comienzo, Linux competía fundamentalmente con otras variantes de UNIX, desde las gratuitas a las versiones comerciales de Sun e IBM. Pero su éxito, tanto por sus capacidades técnicas como por su extraordinaria combinación de talento y trabajo gratuitos, estaba comenzando a ser detectado en Redmond [sede de Microsoft], donde Microsoft estaba felizmente asentada en un mercado multimillonario de *software* de sistemas operativo para servidores.

Al entrevistar a ejecutivos de Microsoft sobre cómo pensaban competir con el *software* de fuente abierta, una de las cosas que más me llaman la atención es comprobar lo tarde que empezaron a tomar medidas. Aunque la empresa conocía Linux desde el principio y sus comerciales lo habían estado desprestigiando públicamente desde finales de 1990, dentro de Microsoft era considerado otro mosquito que se podía desdeñar; nada serio como para tener que cambiar la estrategia. La empresa señala Linux World 2002, una conferencia que se celebró en septiembre de ese año, como el comienzo de lo que el director de programas Peter Houston denomina la estrategia «para entablar batalla con Linux eficazmente».

Como punto de referencia, esa epifanía se produjo más de 10 años después de que Torvalds comenzara el proyecto Linux, 4 años después de la cumbre sobre la fuente abierta de O'Reilly, y 3 años después de que la «burbuja Linux» de empresas como VA Linux y Redhat comenzara a cotizar en el NASDAQ y vieran cómo sus acciones se disparaban. En 2002, la cuota de mercado de Linux del mercado de sistemas operativos de servidores se mantuvo aproximadamente en un 25 por ciento, en comparación con el 50 por ciento de Microsoft.

La historia de por qué Microsoft tardó tanto tiempo en reaccionar y qué sucedió a continuación puede contarse mejor a través de las Cinco Etapas del Duelo de la psiquiatra Elisabeth Kübler-Ross.

Etapa 1: Negación

¿Dónde había estado Microsoft durante el primer decenio de Linux? Fundamentalmente esperando que el sistema operativo gratuito desapareciera o se volviera insignificante, como la mayoría de otros *softwares* gratuitos hasta la fecha. Aunque no había desaparecido completamente, los ejecutivos de Microsoft esperaban que Linux atrajera sólo a la gente que ya utilizaba UNIX, no a los que utilizaban los sistemas operativos de Microsoft. Pero esto no era totalmente tranquilizador: esos clientes de UNIX eran un mercado que Microsoft también quería, aunque era mejor que la competencia directa. Pero, sobre todo, los ejecutivos de Microsoft no entendían por qué alguien iba a querer *software* gratis y todos los quebraderos de cabeza que acompañaban a los productos que no habían alcanzado un lustre profesional.

Pero los clientes lo querían, especialmente a medida que creaban centros de datos cada vez más grandes para hacer funcionar un Internet que no dejaba de crecer. Mantener un servidor Linux podría ser más duro que su equivalente de Microsoft, pero si vas a instalar cientos o miles, aprender las florituras de Linux una vez puede ahorrar una enorme cantidad de dinero. En 2003, la cuota de Linux del mercado de servidores de Internet se había acercado a casi un tercio. Una manera de detener el curso de los acontecimientos habría sido igualar el precio de Linux: cero. Pero sencillamente era algo demasiado tremendo como para considerarlo. Lo que hizo Microsoft fue mirar para otro lado.

Dentro de la empresa, algunos ingenieros ya habían alertado de que Linux representaba una amenaza competitiva a largo plazo para el modelo de negocio principal de Microsoft y sostenían que la empresa tenía que preparar una respuesta más creíble. En 1998, un programador hizo circular una memoria describiendo el *software* de fuente abierta como una «amenaza directa para los ingresos y la plataforma de Microsoft». El documento, que fue filtrado y circulaba como el «memorando Halloween»[3] (tanto por la fecha en que fue filtrado como por la naturaleza amenazante de su contenido), alertaba de que «el intercambio de ideas gratuito en el OSS [*Software* de fuente abierta] tiene ventajas que no son compatibles con nuestro actual modelo de licencia, y por lo tanto presenta una amenaza a largo plazo para el trabajo de los técnicos».

Pero en público, Microsoft estaba adoptando una actitud totalmente diferente. Un anuncio de diciembre de 1998 dice así: «Los ejecutivos de Microsoft rechazan la fuente abierta por considerarla una campaña mediática: "Los complejos proyectos del futuro exigirán grandes equipos y un gran capital —dijo Ed Muth[4], director de marketing del grupo Microsoft—. Son cosas que Robin Hood y sus valientes compañeros del bosque de Sherwood no están muy acostumbrados a hacer".».

Etapa 2: Ira

En cuanto quedó claro que Linux no sólo había llegado para quedarse sino que estaba compitiendo realmente con el producto de Microsoft, la empresa se volvió hostil. Claro que es gratis, decían los vendedores a los clientes vacilantes: «Gratis como un cachorro». La visión de toda una vida comprando comida para perros, las cacas y los paseos dos veces al día enfriaba sus ilusiones.

Microsoft decidió utilizar la economía como estrategia de ataque. La frase clave sería «coste total de propiedad». El coste real del *software* no era su precio, sino su mantenimiento. Linux, sostenían, era más difícil de mantener, y los primos que lo habían escogido pagarían cada día por los ejércitos de programadores y técnicos informáticos que necesitarían para que esa chapuza funcionara.

En octubre de 1999, Microsoft se decidió a hablar claro y publicó un documento con los «Cinco mitos sobre Linux[5]». Enumeraba las deficiencias técnicas y concluía que el funcionamiento de Linux no estaba a la altura de los productos de Microsoft. Y que realmente no era gratis. «Los administradores del sistema Linux deben dedicar enormes cantidades de tiempo a comprender las últimas pegas de Linux y determinar qué hacer con ellas —alertaban—. La comunidad Linux hablará sobre la naturaleza gratuita o el bajo coste de Linux. Es importante entender que el coste de licencia es sólo una pequeña parte del proceso general de decisión de los clientes.»

Sin embargo, no les funcionó; a falta de pruebas, los clientes lo consideraron como una campaña más de Microsoft basada en el miedo, la duda y la incertidumbre. Linux y otros proyectos de *software* de fuente abierta como el servidor Apache, la base de datos MySQL y los lenguajes de programación Perl y Python seguían ganando terreno. En noviembre de 2002, un frustrado director de programas para Windows envió una memoria al departamento de relaciones públicas de Microsoft: «Tenemos que ser más efectivos a la hora de responder a las notas de prensa relativas a las consideraciones del Gobierno y otras instituciones importantes sobre las alternativas [de fuente abierta] a nuestros productos... Tenemos que estar preparados para responder... rápidamente y con datos para contrarrestar la impresión de que las grandes instituciones están instalando [*software* de fuente abierta] o Linux, cuando simplemente están considerando o probando la tecnología[6]».

Etapa 3: Negociación

Cuando llegó el Linux World 2002, Microsoft tenía claro que necesitaban una nueva estrategia. IBM ya había creado una división

Linux y encargado a sus ingenieros que comenzaran a escribir códigos para el proyecto. Había llegado el momento de que Microsoft abandonara su virulenta postura habitual y se enfrentara a los hechos: Linux no iba a desaparecer, y en parte se debía a que los clientes estaban furiosos con las tácticas de Microsoft. «Nos dimos cuenta de que teníamos que dejar los sentimientos aparte si queríamos que nos tomaran en serio —dice Houston[7], que dirigía el equipo de Microsoft dedicado a competir con Linux—. En realidad, todo lo que decíamos era como tirar piedras contra nuestro propio tejado, para regocijo de nuestra competencia.» En Linux World, los representantes de Microsoft llevaban camisetas que decían «Hablemos».

Después de la conferencia, Houston comprendió por qué Microsoft no había logrado convencer. «Necesitábamos *demostrar* lo que habíamos estado diciendo: que Linux tenía un coste de propiedad más alto.» Así que encargamos un estudio independiente a la consultora IDC, para averiguar si Windows era realmente mejor que Linux cuando se incluía el coste total de propiedad. Los resultados atribuían una clara victoria a Microsoft, pero los ejecutivos no tenían claro si debían utilizar el informe o no. Después de haber estado afirmando lo mismo durante largo tiempo sin pruebas, ¿iba esto a hacer cambiar ahora a la gente de opinión?

Tal vez no, pero al menos le valió a Microsoft un puesto en la mesa de juego. Los clientes se dieron cuenta de que Microsoft no estaba simplemente alardeando: Linux era realmente más complicado y más caro de lo que parecía. Mientras tanto, Microsoft decidió meter un pie en las aguas de la fuente abierta. Anunció un programa de «fuente compartida» en el que los clientes estatales podían ver el código subyacente para Windows y otros productos Microsoft. Si uno de los atractivos de la fuente abierta era la transparencia, Microsoft la proporcionaría, pero sólo después de hacer jurar a los clientes que guardarían el secreto, o garantizando de otro modo que el código no llegara a filtrarse. Unos cuantos compradores estatales entraron en el proceso, pero apenas hizo mella en el avance de Linux. Había llegado la hora de hacer algo más radical.

Etapa 4: Depresión

A finales de 2003, Microsoft sorprendió a todo el mundo contratando a Bill Hilf[8], que había dirigido con éxito la estrategia Linux en IBM. Durante el proceso de contratación, Steve Balmer, consejero delegado de Microsoft, le dijo: «Tenemos que tener una respuesta a lo Gratis». Nada de lo que había hecho la empresa hasta entonces había detenido el curso de los acontecimientos, y cuando Hilf llegó y comenzó a hablar con los ingenieros, se dio cuenta del porqué. «En mis entrevistas estaba claro que no tenían ni idea de cómo funcionaba la fuente abierta (dijo). Había un malentendido generalizado, *sólo* la veían como una amenaza.»

Una de las razones de que Microsoft estuviera tan mal informada sobre la fuente abierta era que sus abogados habían prohibido a sus ingenieros trabajar con ella. La licencia que Linux y otros *software* de fuente abierta similares utilizan, conocida como GPL (licencia pública general), exige que todo el «trabajo derivado» del *software* de fuente abierta sea también de fuente abierta. Los abogados decidieron que esto lo convertía en un virus: cualquier programador de Microsoft que lo tocara podía correr el riesgo de infectar cualquier cosa con la que estuviera trabajando, con la posibilidad de que un error pudiera convertir a Windows accidentalmente en fuente abierta.

De manera que cuando Hilf quiso construir un laboratorio de fuente abierta en Microsoft, fue tratado como si fuera una instalación de riesgo biológico. El departamento de instalaciones hizo un agujero en un antiguo almacén y le permitieron pasar cables de red a través de él. Después se quedó solo, sin presupuesto. Hilf tuvo que utilizar ordenadores reciclados y lanzar una campaña «Ayudemos a Hill» para conseguir equipo de repuesto. Todo el que trabajara en fuente abierta no podía trabajar en ningún otro proyecto de Microsoft, por miedo a difundir la enfermedad GPL. El *Seattle Post-Intelligencer* le llamó el «hombre más solitario de Redmond.»

Etapa 5: Aceptación

Hoy el laboratorio de fuente abierta de Hilf rezuma actividad y servidores de alta calidad, totalmente nuevos. Tiene un presupuesto y una plantilla de programadores que trabajan en proyectos de fuente abierta. ¿Qué ha cambiado? El pragmatismo en las altas esferas. Gates y Ballmer habían decidido darle una oportunidad a Linux, que ahora no dejaba de crecer. Ya era hora de que Microsoft se adaptara a la nueva realidad. La postura de Microsoft actual es que tiene que «interoperar con lo gratis», para garantizar que su *software* funciona con la fuente abierta, y viceversa. Sus programadores disipan los miedos de los abogados entregando solamente «parches» en lugar de trabajar con código esencial de fuente abierta.

Los números de la cuota de mercado cuentan la historia. Microsoft sigue teniendo la mayor cuota de mercado en servidores, y Linux se encuentra todavía en torno al 20 por ciento. En otros mercados, como sistemas operativos de sobremesa y suites ofimáticas, la cuota de Microsoft ronda en torno al 80 por ciento. El mercado ha decidido que hay sitio para los tres modelos: totalmente gratis, *software* gratis con mantenimiento de pago, y el viejo sistema de pagar por todo.

Los usuarios más pequeños, desde empresas de nueva creación en Internet a personas que miran el dinero, suelen elegir el *software* de fuente abierta, que cada día mejora más. Pero las grandes empresas se preocupan más por reducir el riesgo al mínimo: están dispuestas a pagar por su *software*, ya sea el de Microsoft o el de distribuciones comerciales de Linux como Red Hat, porque cuando escriben un cheque obtienen un contrato. Y con ese contrato vienen los «acuerdos de nivel de servicio», que es otra manera de decir que cuando las cosas no funcionan, tienen a alguien a quien acudir.

Actualmente, ambos mercados, el de fuente abierta y el de fuente cerrada, son enormes. Hablando en dólares, los ingresos de Microsoft hacen que los de sus competidores de fuente abierta parezcan ínfimos. Pero en cuanto a usuarios, están mucho más cercanos. El navegador Firefox, por ejemplo, sigue aventajando al Internet Explorer de Microsoft (cuenta ahora con el 30 por ciento del mercado), y la empresa sin ánimo de lucro que lo hace, Mozilla, financia el desarrollo del navegador casi enteramente con una parte de los ingresos por publicidad de Google cuando la gente utiliza la barra de búsqueda de Firefox que los remite a la página de resultados de búsqueda en Google. El personal de Mozilla no llega a las 100 personas, y sin embargo está superando al equipo del navegador de Microsoft. Es otro negocio construido sobre lo Gratis, sin necesidad de vinculación a un sistema operativo comercial.

Mientras tanto, la mayoría de los grandes sitios Web, desde Google a Amazon, están funcionando fundamentalmente con *software* de fuente abierta. Incluso en las empresas más serias, la fuente abierta está entrando sigilosamente con lenguajes como Java y PHP. Es un mundo híbrido, en el que coexisten lo gratis y lo de pago. La lección que podemos extraer de la historia de Microsoft es que no sólo es posible, sino que es viable. Una única talla no sienta bien a todo el mundo.

Caso dos: Yahoo contra Google

El 1 de abril de 2004 [día de los Inocentes en el mundo anglo-sajón], Google emitió un comunicado de prensa anunciando un nuevo servicio de correo en Internet, llamado Gmail. Dado el historial de Google de anunciar bromas el día de los Inocentes, la gente cuestionó la veracidad del anuncio.

Pero unos 10 kilómetros al sur del Googleplex, en la sede central de Yahoo, no tenían dudas de que Google estaba hablando totalmente en serio. Los ejecutivos de Yahoo habían estado esperando este día durante años, desde que se enteraron de que Google estaba planeando lanzar un producto de correo electrónico y había registrado gmail.com.

Yahoo era con mucho el mayor proveedor de correo electrónico en Internet, con unos 125 millones de usuarios. Era un buen negocio. La mayoría de la gente utilizaba la versión gratuita que ofrecía 10 megabytes de almacenamiento. Si la gente quería más, podían pagar por varios servicios especiales, desde 25 MB a 100 MB y evitar los anuncios. El negocio era rentable, y Yahoo estaba aumentando su ventaja sobre competidores como Microsoft y AOL.

Pero a principios de 2004 los rumores de que Google tenía la intención de entrar en el mercado eran inquietantes. No sólo era que todo lo que tocaba Google parecía convertirse en oro, sino que se decía que Google iba a lanzar un producto de 1 gigabyte de almacenamiento (1.000 MB) gratis, 100 veces lo que ofrecía Yahoo.

Los ejecutivos de Yahoo Dan Rosensweig[9], Brad Garlinghouse y Dave Nakayama se reunieron para considerar sus opciones. Tenían que hacer algo; Google se mostraba imparable, y era lo suficientemente grande como para llevarse una buena tajada del negocio del correo electrónico si así lo quería. Y si era verdad que Gmail ofrecía 1 gigabyte gratis, a Yahoo le iba a resultar difícil competir.

El problema es un clásico en el mundo de lo Gratis. Es más fácil para los recién llegados que para los operadores existentes. Y no sólo por el peligro de que los existentes canibalicen su corriente de ingresos, sino porque al tener muchos más usuarios, los costes de atender a millones de clientes pueden ser astronómicos.

Google no tenía clientes de correo electrónico, de manera que podía ofrecer 1 gigabyte de almacenamiento sin soportar ningún

¿CÓMO PUEDE SER GRATUITA LA COMPRAVENTA DE ACCIONES?

Si E*TRADE fue la primera empresa que perturbó la industria de la compraventa de acciones al aprovechar la eficacia *online*, Zecco.com representa la siguiente generación. En Zecco.com, los inversores pueden realizar hasta 10 operaciones al mes sin cargo. Desde que el e-broker comenzó a ofrecer operaciones gratuitas en 2006, más de 150.000 personas se han registrado. A pesar de la caída del mercado en otoño de 2008, la creación de nuevas cuentas ha aumentado un 50 por ciento, y el número de transacciones diarias ha aumentado un tercio. ¿Cómo puede permitirse Zecco no cobrar comisión a un cliente mientras que un broker puede cobrar $100?

Así gana Zecco $179/año de un operador semiactivo

Interés: $65

Software de gestión Cuentas/Impuestos: $50

Reajuste de cartera bianual: $45

Compraventa de opciones: $19

▶ **Establece mínimos, cobra por operaciones adicionales:** Los operadores pueden realizar 10 operaciones gratis sólo si mantienen un saldo en cuenta de $25.000 de capital. Si cae por debajo de esta suma, Zecco cobra $4,50. Igualmente, cada operación a partir de la décima cuesta $4,50. Un cuarto de todos los clientes de Zecco.com hacen más de 10 operaciones al mes (al menos $170.000 al mes para Zecco). Aunque los usuarios típicos hacen 1 o 2 operaciones al mes y mantienen un saldo superior a $25.000, pueden reajustar su cartera 1 o 2 veces al año. Cada vez, hacen un promedio de 15 operaciones ($45 al año por 45 operaciones, de las que de 10 a 20 son gratuitas).

▶ **Gana dinero sobre fondos no invertidos:** Tampoco hay que ser muy listo. Todos los brokers *online* se benefician de ello. Un usuario medio de Zecco podría mantener $1.500 de dinero no invertido en su cuenta por si surgiera una prometedora oportunidad de inversión. Como un banco, Zecco gana el 2% de interés (en este caso $30 al año). Si el inversor mantiene un saldo sólo de $500, Zecco se queda con el 7% (otros $35 al año).

▶ **Complementa con servicios y anuncios de pago.** Para los clientes que buscan reducir los impuestos sobre las ganancias de capital, Zecco vende *software* de gestión de cartera y planificación fiscal. Después de un periodo de prueba de 2 meses (gratuito), los clientes pagan $25 cada seis meses ($50/año). Los operadores activos también se suscriben a boletines por $20 al mes ($240 al año). Y como la mayoría de sitios Web comerciales, Zecco muestra los tradicionales anuncios *banner*.

coste real: unos pocos servidores se ocuparían de los primeros pocos miles de clientes (y, como resultó de hecho, Google mantuvo la oferta de servicio sólo durante el primer año, asegurándose de que podía hacer frente a la demanda sin tener que comprar mucho soporte físico). Por su parte, Yahoo tenía millones de clientes. Si ofrecía lo mismo, tendría que haber comprado un almacén para alojar los servidores para satisfacer la creciente demanda de almacenamiento de correo electrónico.

Cuanto más pensaban en ello los ejecutivos de Yahoo, peor pintaba el asunto. ¿Se evaporaría su negocio de abonados a servicios de pago, que les estaba aportando ingresos directos, no sólo en publicidad, ahora que la gente podría obtener diez veces más de capacidad de almacenamiento gratis? ¿Abusaría la gente del sistema, utilizando toda la capacidad que Yahoo le ofrecía como una forma de servicio suplementario gratuito? Y lo que era peor de todo, se daban cuenta de que probablemente no podrían equipararse a Google, quien para mantener su liderazgo tendría que ofrecer *más* todavía.

Los ejecutivos imaginaban el edificio lleno de «spinning disks» —la forma más cara de almacenamiento, desde el *hardware* hasta los costes de electricidad—, que tendrían que comprar solamente para contrarrestar el comunicado de prensa de Google. Era deprimente e injusto. ¿Pero les quedaba otra elección?

Garlinghouse y Nakayama se sentaron a hacer números. Las pizarras se llenaron de gráficos. Estaba el coste de almacenamiento, que por lo menos estaba bajando. Luego estaba la demanda esperada para ese almacenamiento, que mostraba una forma clásica Long Tail: pocos usuarios consumirían mucho, mientras que la mayoría consumiría sólo un poco. Pero, ¿con cuánta rapidez cambiaría la situación? ¿Cambiaría la costumbre de borrar los *e-mails* después de leerlos cuando no había razón para borrar nada?

También había que tomar decisiones sobre los diferentes tipos de almacenamiento que Yahoo podía aplicar al correo electrónico:

rápido, lento y todavía más lento. Tal vez Yahoo podría almacenar el correo más antiguo en un tipo de almacenamiento lento y barato, manteniendo sólo el correo más reciente en el tipo de almacenamiento rápido más caro, donde podía ser buscado y recuperado con rapidez. Pero ello requeriría toda una nueva arquitectura de *software* de *e-mail* que introduciría más costes y riesgos.

Por último, estaba el asunto de los ingresos. El correo electrónico de Yahoo no sólo estaba aportando dinero a la empresa, sino que mostraba anuncios y vendía abonos Premium; también

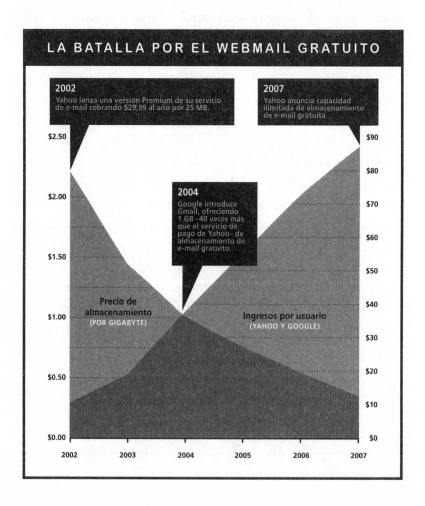

estaba incrementando la fidelización del consumidor al resto de Yahoo. Cuando la gente pasaba del correo electrónico a la página principal de Yahoo o a cualquiera de sus otros servicios, desde noticias a finanzas, la empresa ganaba montones de dinero. Yahoo no podía permitirse perder cuota de mercado en correo electrónico, porque aquellos usuarios eran demasiado importantes para el resto del negocio. Y el valor de cada usuario estaba subiendo junto con las tarifas de publicidad (véase cuadro en pág. 154).

A principios de 2004, estaba claro que Google iba a lanzar Gmail. Yahoo tenía que tener preparada una respuesta. El 1 de abril se lanzó Gmail tal como Yahoo lo había temido: con 1 gigabyte de almacenamiento gratuito. De manera que Rosensweig, entonces Responsable de Operaciones de Yahoo, apretó el gatillo y permitió la compra de equipos de almacenamiento y servidores por un valor de decenas de millones de dólares. El 15 de mayo, en una reunión de analistas, Yahoo anunció que dentro de poco dispondría para sus clientes de almacenamiento de correo electrónico con una capacidad de 10 a 100 megabytes, y que pronto lo aumentaría (y se devolvería el dinero a los usuarios que habían pagado por esa cantidad de almacenamiento). A finales de año había igualado el gigabyte de Gmail, y en 2007 Yahoo fue a por todas, anunciando almacenamiento ilimitado de *e-mail* gratis. (Mientras tanto Gmail ha ido aumentando sólo gradualmente su almacenamiento gratis, que ahora está justo por debajo de 8 gigabytes.)

Lo que sucedió después de esto sorprendió a todos los ejecutivos de Yahoo. Los usuarios del paquete de *e-mail* premium de Yahoo no huyeron en manada. Seguía habiendo algunas funciones por las que merecía la pena pagar, como el *webmail* sin anuncios, e incluso las personas que no renovaban solían quedarse durante un tiempo ya que tenían un plan anual. La conducta de la gente con respecto al *e-mail* no cambió radicalmente y siguieron borrando mensajes (el consumo de almacenamiento creció más lentamente de lo que se pensaba).

¿CÓMO PUEDE SEGUIR SIENDO CARA UNA CONFERENCIA EXCLUSIVA SI ES GRATUITA *ONLINE*?

Una entrada para asistir a las TEDTalks, el exclusivo evento de conferencias sobre tecnología, entretenimiento y diseño, cuesta $6.000. Cada año, consejeros delegados, la élite de Hollywood y ex presidentes, acuden en tropel a un complejo de California (ahora Long Beach, después de un cuarto de siglo en Monterrey) para ver presentaciones de 18 minutos a cargo de personalidades como el darwinista Richard Dawkins, el creador de los Sim, Will Wright, y Al Gore (y ocasionalmente yo). En 2006, después de años de exclusividad, TED comenzó a difundir las conferencias en su página Web de manera gratuita. Hasta la fecha, las TedTalks han sido vistas más de 50 millones de veces. ¿Cómo puede regalar TED sus joyas de la corona?

Conferencia TED, precio y asistencia

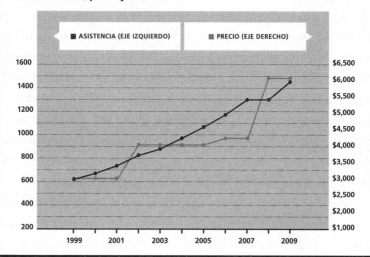

▶ **Verlo *online* no es lo mismo que estar allí.** Ver la presentación es sólo una parte de la experiencia; otra parte es mezclarse con el resto de asistentes, que suelen ser del mismo calibre que los que están en el escenario. Acudir a las conferencias, quedarse a las conversaciones en los pasillos. Y luego está el atractivo de verlo por primera vez. Una entrada al TED no se devalúa porque haya un acceso en diferido a las conferencias. En todo caso, ahora tiene más valor porque la gente sabe lo que se está perdiendo. En 2006, el primer año en que las conferencias TED fueron puestas a disposición de todo aquel que tuviera una conexión a Internet, el coste de una entrada era de $4.400. En 2008, el precio subió a $6.000 (el doble que en 1999). Con el aumento de precio se incluían DVDs y envíos de información especiales para los miembros, pero dejémoslo claro, la entrada es el auténtico incentivo. El año pasado se subastó una entrada en eBay con fines benéficos

y se vendió por $33.850. Claro que la subasta incluía algunos beneficios adicionales, como un café con el fundador de eBay Pierre Omidyar y un almuerzo con la actriz Meg Ryan. Pero, una vez más, los asistentes a TED podían hacer lo mismo; ambas celebridades son habituales.

▶ **A medida que aumenta la demanda de entradas, también lo hacen los asistentes:** Desde 1998, la asistencia a las TEDTalks se ha casi triplicado, aumentando en un 10 por ciento cada año. De hecho, 2008 fue el único año en el que la asistencia no aumentó. ¿Por qué? El local de Monterrey era demasiado pequeño para acoger a más gente. En 2009, tres años después de que las TEDTalks comenzaran a emitirse de forma gratuita, la conferencia se trasladó a un teatro al sur de California con el doble de aforo.

El equipo de Nakayama creaba *software* que detectaba el abuso eficientemente y mantenía a los *spammers* a raya. La definición de almacenamiento «ilimitado» era algo que Yahoo podía controlar. Podías añadir todo el *e-mail* que quisieras, pero Yahoo podía vigilar si lo estabas añadiendo demasiado rápidamente, que es una señal de abuso. Como observa Nakayama, «puedes conducir todo lo lejos que quieras, pero no todo lo rápido que deseas». Eso significaba que Yahoo podía añadir capacidad de almacenamiento a un ritmo más lento, y cuanto más tiempo podía esperar, más barato resultaría el almacenamiento.

Al final funcionó: Yahoo no perdió apenas cuota de mercado. Hoy sigue siendo el número uno, mientras que Gmail ocupa un distante número tres. Yahoo Mail, en lugar de convertirse en un agujero negro de gasto, siguió siendo rentable. Compitió con el producto gratis de Google convirtiéndose en *más* gratis aún, llegando primero al inevitable punto final de capacidad ilimitada a coste cero. Yahoo «redondeó» y le salió bien.

Pero Google no había hecho más que empezar. De hecho, acababa de iniciar su andadura con lo Gratis para entrar y competir en cualquier mercado en el que la economía de la información y el *software* pudiera trastocar viejos negocios y crear otros nuevos.

8

«Desmonetización»

Google y el nacimiento de un modelo
económico del siglo XXI

El número 1600 de Amphitheatre Parkway, Mountain View, California, se ha convertido en una atracción turística: allí se encuentra el reducto de lo Gratis. Es el Googleplex, el cuartel general de la mayor compañía de la historia creada a partir de regalar cosas. En el exterior, ingenieros en una forma física envidiable juegan al voley playa y montan en bicicleta de montaña. En el interior, se vuelven a poner la camisa y traman nuevas formas de utilizar las extraordinarias ventajas de coste marginal de sus enormes centros de datos para introducirse en nuevas industrias y ampliar el alcance del gigante de la búsqueda.

Hoy Google ofrece casi un centenar de productos, desde *software* para editar fotos a procesadores de texto y hojas de cálculo, y casi todos ellos gratuitos. Gratuitos de verdad, sin trucos. Lo hace de la manera en que lo haría cualquier empresa digital moderna: distribuyendo un montón de cosas para hacer dinero con unas pocas.

Google gana tanto dinero con la publicidad que hace en un

puñado de productos esenciales —fundamentalmente resultados de búsqueda y anuncios que otros sitios colocan en sus propias páginas, compartiendo los ingresos con Google— que puede aplicar lo Gratis a todas las demás cosas. Los nuevos servicios suelen arrancar con preguntas del tipo ¿resultará *cool*?, ¿lo querrá la gente?, ¿hará un buen uso de nuestra tecnología? No suelen comenzar con el prosaico ¿dará dinero?

¿Suena a chaladura? Podría ser en el caso de la General Motors o General Electric, pero para las empresas del ámbito digital puro, este planteamiento es perfectamente coherente. Ponerse a crear una enorme audiencia antes de tener un modelo de negocio no resulta tan tonto hoy como en la época del punto.com de finales de la década de 1990, cuando necesitabas una carretada de capital riesgo y plataformas de servidores Sun para hacer lo mismo. Hoy en día cualquier empresa nueva de Internet tiene acceso compartido al mismo tipo de las enormes granjas de servidores que utiliza Google, que hacen que el coste de ofrecer servicios *online* resulte increíblemente barato. Gracias a la disponibilidad de «servicios de alojamiento», como el EC2 de Amazon, que permite a las empresas arrancar sin ningún tipo de infraestructura física, es posible suministrar servicios a millones de usuarios utilizando poco más que una tarjeta de crédito.

El resultado es que las empresas pueden comenzar siendo pequeñas y apuntar alto sin asumir enormes riesgos financieros o sin saber exactamente cómo harán dinero. Paul Graham, fundador de Y Combinator, una empresa de capital riesgo especializada en pequeñas *start-ups*, da a los futuros empresarios un sencillo consejo: «Construye algo que quiera la gente». Financia a empresas con una cantidad tan módica como 5.000 dólares y las anima a utilizar las herramientas de fuente abierta, servidores ajenos y trabajar desde casa. La mayoría utilizan lo Gratis para probar si sus ideas funcionan y tienen eco entre los consumidores. En caso afirmativo, la siguiente pregunta es qué podrían pagar realmente los consumidores por ello o cómo hacer dinero de otra forma. Pueden pasar años hasta que llegue ese día (y a veces nunca lo hace), pero dado que el coste de lanzar los servicios es tan bajo, raramente se ponen en riesgo grandes cantidades de capital.

Hoy existen innumerables empresas en Internet de este tipo, pequeñas y grandes. Pero Google es con mucho la más grande, y como tiene tanto éxito ganando dinero en una parte de su negocio, lo Gratis no es simplemente una etapa intermedia en el camino hacia un modelo de negocio, sino la parte fundamental de su filosofía del producto.

Para comprender cómo Google se convirtió en el portaestandarte de lo Gratis, conviene analizar su evolución. Se puede resumir la historia de Google en tres fases:

1. (1999–2001) Inventa una forma de hacer búsquedas que funciona mejor, no peor, a medida que Internet va creciendo de tamaño (a diferencia de todos los motores de búsqueda anteriores).
2. 2001–2003) Adopta un modo de autoservicio para que los anunciantes creen anuncios que correspondan a palabras clave o contenido, y luego los hace pujar entre ellos para obtener las posiciones más destacadas para esos anuncios.
3. (2003–hasta hoy) Crea innumerables productos y servicios para ampliar el alcance de Google, incrementando la fidelización de los consumidores hacia la empresa. Cuando conviene, amplía la publicidad a estos otros productos, pero no lo hace a costa de la experiencia del consumidor.

Esto ha funcionado asombrosamente bien. Hoy, diez años después de su fundación, Google es una empresa de 20.000 millones de dólares, que obtiene más beneficios (más de 4.000 millones en 2008) que todas las líneas aéreas y empresas de coches juntas de Estados Unidos (de acuerdo, esto puede no decir mucho en estos días). No sólo ha sido la creadora de un modelo de negocio construido en torno a lo Gratis, sino que está inventando una manera totalmente nueva de hacer informática, trasladando cada vez más funciones que solían funcionar en nuestros ordenadores de sobremesa a las «nubes», o sea a remotos centros de datos a los que se accede a través de nuestros navegadores de Internet (y de manera ideal, del propio navegador de Google, el Chrome).

¿Y dónde están las nubes? Vayamos a otra dirección (semisecreta) en The Dalles, Oregón, una zona junto al río Columbia a 130 km de Portland, y podrá ver un poco de ello, al menos desde fuera. Es un centro de datos de Google: un enorme edificio del tamaño de una fábrica, lleno de decenas de miles de placas y discos duros dispuestos en el interior de contenedores portátiles, todos conectados con cables de red que en última instancia conducen a un grueso haz de cables de fibra óptica que conectan el edificio a Internet.

Estos centros de datos son la encarnación del triple juego de la tecnología: procesamiento, banda ancha y almacenamiento. A medida que Google crea nuevas fábricas de información por todo el mundo, no se vuelven más baratas pero sí más potentes. Los ordenadores de cada nuevo centro de datos son más rápidos que los que los precedían, y sus discos duros contienen más información. En consecuencia, estos centros de datos necesitan mayores conexiones con el mundo exterior. Sumemos toda esta capacidad, y veremos por qué cada fábrica de datos que construye Google puede hacer el doble por el mismo precio que la que construyó hace un año y medio antes.

El resultado es que cada 18 meses, a Google le cuesta la mitad suministrarle su buzón de entrada en Gmail. Al principio eran unos céntimos, pero cada año son menos y menos céntimos. Lo mismo pasa con sus direcciones en los Google Maps, sus titulares en Google News, y sus dosis de entretenimiento de tres minutos en YouTube. Google sigue construyendo estos centros de datos que le cuestan cientos de millones de dólares, pero dado que el tráfico que gestionan crece incluso más deprisa que el gasto en infraestructura, tomando como base 1 byte, el coste para la empresa de atender sus necesidades se reduce cada día.

Hoy Google tiene medio millón de servidores distribuidos en más de 36 centros de datos, la mayoría situados allí donde la electricidad es barata, como cerca de centrales hidroeléctricas en la región del Pacífico Noroeste. (Irónicamente, la electricidad es uno de los pocos recursos que no es demasiado barato como para

¿CÓMO PUEDE SER GRATUITO EL SERVICIO SOBRE NÚMEROS DE LA GUÍA TELEFÓNICA?

AT&T [compañía de telecomunicaciones] y sus competidores ganan cada año 7.000 millones de dólares por el servicio sobre números de la guía, cobrando de 50 céntimos a $1,75 por llamada. Por su parte, Google ofrece su servicio GOOG-411 gratis. ¿Cómo puede el monstruo de las búsquedas permitirse no cobrar?

Google renuncia a ingresos ahora para tener acceso a un mercado boyante en el futuro.

$2.500 millones

Ingresos previstos por Google en el mercado de la búsqueda con móviles en Europa y Norteamérica en 2012.

Ingresos potenciales sacrificados en GOOG-411 en 2012, basados en una estimación del actual volumen de llamadas

$144 m

FUENTE: JINGLE NETWORKS, LINGUISTIC DATA CONSORTIUM, OPUS RESEARCH

▶ **Obtiene datos gratis:** cada vez que los usuarios llaman a GOOG-411 solicitando un número, están dando a Google una valiosa información. Cada llamada suministra datos de voz que representan variaciones únicas de acento, formulación y nombres comerciales que Google utiliza para mejorar sus algoritmos de reconocimiento de voz. El valor estimado del mercado de esos datos desde que fue lanzado el servicio la pasada primavera es de 14 millones de dólares.

▶ **Invierte en el próximo gran negocio:** el valor de los datos de voz no se puede comparar con lo que ganaría Google si cobrara $1 por llamada. ¿Por qué renuncia a esas ganancias? Peter Norvig, Director de calidad de búsqueda de Google, ha dicho que GOOG-411 es un banco de pruebas para un motor de búsqueda activado por voz para teléfonos móviles. Si se agregan anuncios a esos teléfonos, la cuota para Google de ese mercado podría medirse en miles de millones de dólares.

no medirlo; de hecho, los analistas calculan que la electricidad consumida por unordenador normal de Google cuesta más a lo largo de su vida útil que el propio ordenador. De ahí el programa de energía renovable de la empresa para ayudar a inventar fuentes de energía más baratas y menos dependientes del carbón.)

Esta gigantesca estructura no tiene parangón con ninguna otra empresa del mundo, aunque Microsoft, Yahoo!, IBM, HP, Amazon y otras pocas se le acercan. Ello le da a Google grandes ventajas en la carrera de lo Gratis. Por muy bajos que sean los costes de datos de otra empresa, los de Google son aún más bajos y caen más deprisa, debido a sus economías de escala. A fuerza de volumen, Google puede negociar las mejores tarifas para soporte físico, banda ancha e incluso electricidad. (De hecho, el consejero delegado Eric Schmidt[1] hizo la broma de que la razón de que las plataformas informáticas de Google tuvieran ruedas en la parte inferior es para que pudieran ser transportadas cuando el propietario del centro de datos quebrara, como sucedió a todas las empresas que utilizó Google antes de ser propietaria de sus propios centros de datos. La búsqueda de lo Gratis puede ser un penoso negocio para quienes no hacen bien los cálculos.)

Estrategias max

¿Por qué Google aplica lo Gratis por defecto? Porque es la mejor manera de obtener el mayor mercado posible y lograr adopciones masivas. Schmidt lo llama la «estrategia max» de Google, y piensa que dicha estrategia terminará definiendo los mercados de la información. Es muy sencilla: «Coja cualquier cosa que esté haciendo y hágalo al máx[imo] en cuanto a la distribución. Otra manera de decirlo es que si el coste marginal de distribución es gratis, puede distribuir cosas en todas partes».

Da el ejemplo de un programa de televisión. Imagine que

usted y yo somos los creadores de *Los Soprano*. Se pregunta cómo lo vamos a distribuir. Da la casualidad que tengo un amigo en la HBO donde han acordado hacer una serie semanal y poner dinero para financiarla. Es fantástico, pero sólo es parte de la estrategia.

Luego decidimos que necesitamos un blog para crear un poco de expectación antes de que salga en antena. Cuando se acerque el estreno, necesitaremos una empresa de relaciones públicas para que haga algo de prensa. Tal vez algún otro generador de rumores *online*, como una página en Facebook o algún tipo de vídeo viral. A continuación, una vez lanzado el programa, tendremos un servicio que irá actualizando la trama a través de mensajes de texto y Twitter. Esto conducirá a la gente hacia la página Web del programa, donde podrá saber más sobre los personajes, lo que hará que se interese aún más por él.

Luego cogeremos todo el metraje que no ponemos en cada episodio de los domingos y lo pondremos en YouTube. Como generamos tantos metros de película para *Los Soprano*, tendremos un montón de escenas extras. Así que para llamar la atención más todavía, haremos un concurso sobre qué escena que no pusimos en la serie debería haber sido introducida. Y así sucesivamente. Encontramos una forma de trasladar la idea central de *Los Soprano* y distribuirla en todos los nichos posibles de atención del consumidor. Tal vez sólo el núcleo propiamente dicho —el contrato con la HBO— da dinero, pero el resto contribuye a su éxito.

Esto es una estrategia max.

Como indica Schmidt, esta estrategia funciona fantásticamente si dispones de una HBO. Y eso es, en cierto sentido, lo que tiene Google con su máquina publicitaria (llamada AdWords por los anunciantes y AdSense por los editores). Pero, ¿y si no lo tiene? Entonces, una estrategia max puede seguir cosechando gran atención y tal vez fama, pero le toca enfrentarse al desafío de averiguar cómo convertir eso en dinero. No es el peor problema del mundo —la mayoría de empresas luchan por alcanzar la popularidad, no para convertirla en dinero—, pero si nunca soluciona ese pequeño detalle, «max» puede significar simplemente grandes facturas de banda ancha a cambio de poca recompensa.

Afortunadamente, este no es el problema de Google. Tuvo la suerte suficiente de encontrar una manera de hacer dinero que aumenta tan rápidamente como el uso de Internet (o incluso más deprisa, ya que sigue aumentando su cuota de mercado sobre sus competidores en búsqueda y publicidad). Lo único que limita el crecimiento de Google es el ritmo de crecimiento de la propia Internet. De manera que la mayoría de sus otros productos están diseñados, ya sea en parte o en su totalidad, para ampliar simplemente el uso de Internet, desde el acceso inalámbrico gratuito al almacenamiento libre.

Estos otros productos son lo que los economistas llaman «complementos». Los complementos son productos o servicios que tienden a ser consumidos juntos, como la cerveza y los cacahuetes, o los coches y los préstamos para coches. Para Google, casi todo lo que sucede *online* puede ser considerado un complemento a su negocio principal. Cada entrada de blog que se cuelga es más información que tiene que indexar el *crawler* de Google para que pueda dar mejores resultados de búsqueda. Cada clic en Google Maps es más información sobre la conducta del consumidor, y cada correo electrónico en Gmail es una pista de nuestra red humana de contactos, todo lo cual puede ser utilizado por Google para ayudar a inventar nuevos productos, o simplemente para una mejor venta de anuncios.

Lo interesante sobre el consumo de productos complementarios es que tienden a aumentar en tándem. Cuanta más gente utilice Internet, mejor para el negocio principal de Google. Así que si puede utilizar lo Gratis para animar a la gente a pasar más tiempo *online*, terminará ganando más dinero.

Hoy la gran mayoría de empleados de Google están ocupados pensando en más cosas que puedan dar gratis. Tiene departamentos que trabajan sobre cómo dar gratis Wi-Fi, y otros departamentos que diseñan *software* de fuente abierta. Ofrece almacenamiento de datos gratuito para científicos, y escanea libros clásicos para ponerlos *online*. Regala *software* de gestión fotográfica y un lugar donde guardar esas fotos *online*. Distribuye gratuitamente Google Earth, y posee acceso exclusivo a las nuevas imágenes de satélites en órbita sobre la Tierra para tener mejores mapas. Posee un servicio gratuito 411 activado por voz (véase recuadro en pág. 163). Y si quiere crear un nuevo teléfono móvil, le dará el *software* del sistema operativo para que haga el trabajo. Sin cobrarle.

Schmidt da un ejemplo para explicar por qué ese aparente altruismo tiene su lógica: «Los estudios iniciales sobre Google News decían que la gente que utiliza Google News tenía el doble de probabilidades de hacer clic en anuncios en una búsqueda posterior, de modo que todo el mundo se felicitó. Es un líder con pérdidas, un promotor de tráfico. Sin duda es un servicio para el mundo, etcétera, etcétera, pero una manera más sofisticada de decirlo es que el producto no es Google News sino Google. De lo que se trata es que se utilice Google, y si podemos conseguir que en un momento dado usted termine usando algo que nosotros podamos convertir en dinero, nos salen las cuentas».

O, como dice Nicholas Carr[2], autor de *The Big Switch*, «Google quiere que la información sea gratis porque a medida que cae el coste de la información, gana más dinero».

Es el poder de los complementos.

Dado que el negocio principal de Google es tan rentable y está construido sobre semejante gigantesca infraestructura informática, todo lo demás que hace resulta más barato y eficaz. Para Google es fácil desarrollar nuevos productos, dado que pueden crearse sobre el trabajo que ya está hecho y, cuando son lanzados, es más fácil que sean un éxito gracias al dominio que tiene Google sobre la atención global. Puede introducir productos antes de que estén acabados («betas») y averiguar rápidamente si conviene seguir adelante con ellos con una prueba masiva. Hasta los «fracasos» de Google, como su red social Orkut o el Chat Google, tienen millones de usuarios. Para Google, fracasar es barato, así que no tiene miedo de probar material arriesgado.

Todo esto suena muy inteligente, pero no es tan deliberado como parece. Aunque Google tiene economistas y estrategas empresariales, lo que tiene fundamentalmente es ingenieros que cobran para pensar qué permite hacer su tecnología y qué puede querer la gente. Sólo más tarde algún licenciado en administración de empresas (un ciudadano de segunda en esta cultura *geek*) considera en qué grado exactamente podría ser un complemento para las ventas de anuncios lo que han diseñado los ingenieros.

A veces, los directores dicen "no" basándose en que el peaje en «coste de distracción» que implicaría sobre otros proyectos de los ingenieros podría ser demasiado alto, o en que la nueva creación no es lo suficientemente *cool* como pensaban los ingenieros, pero nunca dicen "no" simplemente porque no vaya a dar dinero. En el Reducto de lo Gratis, lo gratis es la opción por defecto. No se requiere una gran teoría. Es la conclusión evidente cuando uno está sentado en el centro de la mayor máquina de reducción de costes de triple juego que el mundo haya visto jamás.

Un insoportable zumbido

Todo esto puede dar miedo. Aunque es fantástico que la tecnología tienda a bajar los precios, resulta molesto cuando uno de esos precios es nuestro salario. Desde los mineros del carbón de Gales a los obreros del automóvil de Detroit, esta carrera por lo barato, por los modelos más eficientes, paga un auténtico peaje humano. Como dice Jeff Zucker, jefe de NBC Universal, a la industria de la TV la aterroriza «intercambiar dólares analógicos por céntimos digitales». Sin embargo, parece que no se puede hacer mucho para pararlo: la televisión es un negocio de escasez (sólo hay muchos canales), pero Internet no lo es. No puedes cobrar precios de escasez en un mercado abundante, ni tampoco necesitas hacerlo, ya que los costes son también bajos.

Es sencillo ver por qué las industrias están aterrorizadas por estar perdiendo su poder de fijar precios. La «desmonetización» es traumática para los afectados. Pero retrocedamos un poco y podremos ver que el valor no está tanto perdido como redistribuido de manera que no siempre se puede medir en dólares y céntimo.

Para ver cómo funciona, nos basta con entrar en Craigslist, el sitio Web de anuncios por palabras gratuitos. En los trece años desde su fundación, se ha culpado a sus listados gratuitos de quitar al menos 30.000 millones de dólares al valor bursátil de las empresas periodísticas estadounidenses. Mientras tanto, la lista de Craigslist en sí genera el beneficio suficiente para pagar los costes de servidor y los salarios de unas pocas docenas de personal. En 2007, se calcula que el sitio Web ganó 40 millones de dólares por las pocas cosas que cobra (listas de anuncios de trabajo en 11 ciudades y anuncios de pisos en Nueva York). Eso es el 12 por ciento de los 326 millones de dólares que supusieron ese año los ingresos por anuncios por palabras.

Pero lo Gratis no es tan sencillo— o tan destructivo— como suena. Sólo porque los productos sean gratuitos ello no significa que alguien, en algún lugar, no esté ganando montones de dinero o que montones de personas no estén ganando dinero cada una. Craigslist entra en esta segunda categoría. La mayor parte del dinero no va a parar a Craig Newmark, sino que se distribuye entre los cientos de miles de usuarios de la página Web.

En comparación con alguien que pone un anuncio por palabras en un periódico impreso, los usuarios de Craigslist ahorran dinero y pueden poner anuncios más largos. Para quienes buscan anuncios en Internet, Craigslist ofrece las ventajas habituales de Internet, desde la búsqueda simple a las notificaciones automatizadas. Como estas dos ventajas atraen a montones de personas (recordemos la estrategia max), quienes ponen anuncios tienen más posibilidades de encontrar un comprador para su piso o un aspirante a su puesto de trabajo. Y dado que lo Gratis incrementa el fondo de participantes, hay más probabilidades de que usted encuentre un piso mejor o un trabajo mejor (o un aspirante mejor) que el que podría haber encontrado en un anuncio de pago equivalente.

Lo gratis aporta más liquidez a cualquier mercado, y más liquidez significa que el mercado tiende a funcionar mejor. Esa es la auténtica razón por la que Craigslist ha adquirido tanto poder en el negocio de los anuncios por palabras: lo gratis atrajo a la gente, pero la eficiencia de mercado que la acompañaba hizo que terminaran por quedarse.

Generalmente se piensa que la «liquidez» es un simple término financiero, pero en realidad se aplica a cualquier sistema de partes conectadas. En tecnología se llama «escala». A lo que se reduce la cosa es que *más supone una gran diferencia*. Si sólo el 1 por ciento de las 100 personas de alguna clase de sexto grado se ofrecen como voluntarias para hacer el anuario del colegio, éste nunca se hará. Pero si sólo el 1 por ciento de los visitantes de Wikipedia decide crear una entrada, obtienes el mayor tesoro de información que el mundo haya visto nunca. (De hecho, los que participan activamente están más cerca del 1 de cada *10.000* visitantes de la Wikipedia.) "Más" supone una gran diferencia porque permite que los pequeños porcentajes tengan un gran impacto. Y eso hace que "más" sea sencillamente "mejor".

La cuestión es que Internet, al permitir a todo el mundo obtener acceso a un mercado mundial de cientos de millones de personas, es una máquina de liquidez. Dado que llega a tanta gente, puede funcionar con unos índices de participación que serían un desastre en el mundo tradicional de costes marginales no cero. YouTube funciona con que sólo uno de cada 1.000 usuarios cuelgue sus vídeos. Los *spammers* [los que envían correo basura, por lo general de tipo publicitario] pueden ganar una fortuna con índices de respuesta de 1 en un millón. (Para darle un contexto, en mi negocio de las revistas, un índice de respuesta de menos del 2 por ciento de las ofertas de suscripción de publicidad por correo se considera un fracaso.)

A pesar de todas las ventajas de coste de hacer cosas en Internet, las ventajas de liquidez son incluso mayores. Existen enormes reservas de oferta infraexplotada ahí fuera (buenos productos y servicios que no son tan populares como debieran), así como enormes reservas de demanda insatisfecha (deseos y necesidades que o bien la gente ya tiene pero que no puede satisfacer, o que ni siquiera sabe que tiene). Negocios como Craigslist sirven para ponerlos en contacto. Y tienen tanto éxito porque pueden hacerlo muy barato a una escala enorme (los usuarios de Craigslist crean más de 30 millones de listas de anuncios por palabras cada mes, decenas de miles más que los periódicos más grandes).

Y, sin embargo, Craigslist gana muy poco dinero, sólo una pequeña fracción de lo que quitó a las arcas de los periódicos. ¿Adónde va la riqueza?

Para seguir al dinero, hay que apartarse de la visión básica de un mercado como el lugar de encuentro de dos partes —compradores y vendedores— y pasar a un sentido más amplio de ecosistema con muchas partes, en el que sólo algunas de ellas intercambian dinero directamente. Dado el tamaño de Craigslist hoy (50 millones de usuarios cada mes), es fácil ver cuánto más dinero puede cambiar de mano ahí de lo que lo hacía en cualquier sección de anuncios por palabras de un periódico, conduciendo a un mejor ajuste de la oferta/demanda y a resultados económicos para los participantes, aunque en el propio mercado quede menos dinero. El valor del mercado de anuncios por palabras ha sido sencillamente transferido de unos pocos a muchos.

Los inversores de riesgo tienen un término para este uso de lo

Gratis que encoge una industria mientras potencialmente amplía otras: «Crear un negocio de cero miles de millones de dólares». Fred Wilson[3], socio de Union Square Ventures, lo explica de este modo: «Se trata de un negocio que entra en un mercado, como el de anuncios por palabras o noticias, y en virtud de la asombrosa eficiencia de su funcionamiento, puede depender de una fracción de los ingresos que necesitan los líderes del mercado para operar de manera rentable».

Otro inversor de riesgo, Josh Kopelman[4], cuenta la historia de uno de estos ejemplos:

> Mi primera empresa, Infonautics, era una referencia en Internet y una empresa de estudios de mercado dirigida a los estudiantes. Mientras estuve allí, adquirí conocimientos de primera mano sobre la «competencia asimétrica». En 1991, cuando comenzamos, el mercado de la enciclopedia era aproximadamente una industria de 1.200 millones de dólares. El líder del mercado era la *Britannica*, con ventas de aproximadamente 650 millones de dólares, y estaba considerada el patrón oro del mercado de las enciclopedias. *World Book Encyclopedia* estaba firmemente situada en el segundo puesto. Tanto *Britannica* como *World Book* vendían cientos de miles de enciclopedias cada año por más de 1.000 dólares cada una.
>
> Sin embargo, en 1993 la industria cambió para siempre. Ese año, Microsoft lanzó Encarta por 99 dólares. En un principio, Encarta no era nada más que la poco apreciada Enciclopedia *Funk & Wagnall*, reempaquetada en un CD, pero Microsoft supo ver que los cambios en costes de producción y tecnología le permitía cambiar el paisaje de la competencia. En 1996, las ventas de la *Britannica* habían caído a 325 millones —aproximadamente sus niveles de 1991—, y había despedido a su famoso personal de ventas de puerta a puerta.

Y para 1996 el mercado de la enciclopedia se había reducido a menos de 600 millones de dólares. Durante ese año, las ventas de Encarta en Estados Unidos se calcularon en 100 millones de dólares.

De manera que en sólo tres años, el aprovechamiento de una tecnología perturbadora (CD-ROM), la infraestructura de costes (contenido con licencia frente a equipos editoriales internos), un modelo de distribución (minorista en tiendas informáticas frente a una plantilla de vendedores de campo) y un modelo de precio (99 dólares contra 1.000), redujeron el mercado de la enciclopedia a la mitad. Más de 500 millones de dólares desaparecieron del mercado. Microsoft convirtió en pasivo algo que la *Britannica* consideraba un activo (un personal de ventas puerta a puerta). Aunque Microsoft ganó 100 millones de dólares, redujo el mercado en más de 600 millones. Por cada dólar que ganaba Microsoft, quitaba seis dólares de ingresos a sus competidores. Cada dólar de beneficio de Microsoft provocaba una cantidad asimétrica de dólares en el mercado. Hicieron dinero encogiendo el mercado.

Y ahora Wikipedia, que no cuesta nada, ha vuelto a encoger el mercado, diezmando los mercados de la enciclopedia impresa y en CD- ROM. (En 2009, Microsoft acabó a su vez con Encarta.) Wikipedia no gana nada de dinero, pero como ahora existe un recurso de información incomparable sin costo alguno, se ha mejorado nuestra propia capacidad de hacer dinero provistos de más conocimientos.

El valor que creó la *Britannica* se podía calcular en un tiempo como cierta combinación de ingresos directos y el aumento de la productividad de quienes eran lo suficientemente afortunados como para poseer los volúmenes. Wikipedia, al ser libre y fácil de acceder, enorme, y además más útil para más gente, está aumentando la productividad de muchos más trabajadores que la *Britannica*. Pero no está ganando ni un céntimo directamente; en cambio le está quitando muchos a la *Britannica*. En otras palabras, está encogiendo el valor que podemos medir (ingresos directos), aunque está incrementando enormemente el valor que no podemos medir (nuestro conocimiento colectivo).

Eso es lo que hace lo Gratis: convierte industrias de miles de millones de dólares en industrias de millones de dólares. Pero normalmente la riqueza no se evapora como parece. Más bien se redistribuye de maneras que son difíciles de contabilizar.

En el caso de los anuncios por palabras, los propietarios de periódicos, empleados y accionistas perdieron muchísimo dinero, mientras que nosotros ganamos un poco. Pero nosotros somos muchos más que ellos, y es totalmente posible que la pérdida de 30.000 millones de dólares en capitalización del mercado de la prensa escrita vuelva a aparecer en una cantidad mucho mayor que esa como incremento del PIB, aunque nunca seremos capaces de hacer esa conexión explícitamente.

Las empresas que adoptan esta estrategia no están necesariamente calculando el total de ganadores y perdedores. En cambio, se están limitando a hacer lo más sencillo: dar a la gente lo que quiere de manera gratuita y ocupándose de un modelo de negocio sólo cuando tienen que hacerlo. Pero desde fuera, parece una acción revolucionaria. Como dijo Sarah Lacy[5] en *BusinessWeek*: «Pensemos en Robin Hood, que quita riquezas a los de arriba y las distribuye a todos los demás, incluyendo a los clientes que logran quedarse con más dinero, y a las nuevas empresas que pueden crear más fácilmente alternativas competitivas».

Lo podemos ver a nuestro alrededor. Los teléfonos móviles, con su larga distancia nacional gratuita, han privado de dinero («desmonetizado») a los negocios de larga distancia. ¿Ve a alguien quejarse (aparte de los proveedores de larga distancia)? Expedia desmonetizó los negocios de agencias de viajes, y E*TRADE desmonetizó el negocio de los corredores de bolsa (y preparó el terreno para más *trading companies*, incluida Zecco (véase recuadro en pág. 152). En cada caso, los ganadores superan con mucho en número a los perdedores. Lo Gratis es perturbador, no hay duda, pero tiende a dejar mercados más eficientes a su paso. El truco está en asegurarse de haber apostado al caballo ganador.

El coste de lo Gratis

Pero, ¿qué pasaría si lo gratis no es tan igualitario como parece? ¿Qué pasaría si la riqueza no se transfiere tan claramente de unos pocos a muchos, permitiendo que crezcan miles de flores? ¿Qué pasaría si simplemente desaparece, o peor aún, si produce incluso menos ganadores que antes?

Es lo que le preocupa a Schmidt, el consejero delegado de Google. Internet es un ejemplo de primera clase de un mercado dominado por lo que los economistas llaman «efectos de red». En tales mercados, donde a los participantes les resulta sencillo comunicarse entre sí, tendemos a seguir las pautas de los demás, con el resultado de una conducta de rebaño. Dado que las pequeñas diferencias en cuota de mercado pueden convertirse en grandes diferencias, la brecha entre la empresa número 1 en cualquier sector y la número 2 y siguientes tiende a ser grande.

En los mercados tradicionales, si hay tres competidores, la empresa número 1 conseguirá el 60 por ciento de cuota de mercado, la número 2 el 30 por ciento, y la número 3 el 5 por ciento. Pero en los mercados dominados por los efectos de red, la brecha puede estar entre el 95 por ciento y el 0 por ciento. Los efectos de red tienden a concentrar el poder (es el efecto «el rico se hace más rico»).

Aunque éste fue el argumento utilizado para justificar el pleito antimonopolio de Microsoft en la década de 1990, en este caso lo que le preocupa a Schmidt no son los monopolios duraderos. En el mercado de Internet actual, donde las barreras para entrar son pocas, es fácil que surjan nuevos competidores. (Ese, desde luego, es el argumento que utiliza Google para defenderse de las acusaciones de ser un monopolio.) Tampoco se trata de que las opciones sean limitadas: esas mismas pocas barreras para entrar garantizan que haya muchos competidores, y todas las empresas más pequeñas y otras que pertenecen a la *Long Tail* pueden compartir colectivamente un gran mercado. Se trata sencillamente de una preocupación sobre hacer dinero: todo el mundo puede utilizar el modelo de negocio Gratis, pero hay que saber que sólo la empresa número 1 se puede hacer realmente rica con él.

¿Por qué se tendría que preocupar Google de si otras empresas pueden utilizar lo Gratis para beneficiarse económicamente? Porque necesita a esas otras empresas para que creen información que él pueda indexar a continuación, organizar y empaquetar de otro modo para crear su propio negocio. Si lo Gratis digital «desmonetiza» industrias antes de que nuevos modelos de negocio puedan «remonetizarlas», entonces todo el mundo sale perdiendo.

Consideremos simplemente la grave situación de los periódicos. El éxito de Craigslist y sus anuncios gratis han provocado el retroceso de los grandes periódicos, poniendo fuera de circulación a muchos periodistas profesionales. Pero no han surgido alternativas «hiperlocales» de bajo coste generadas por usuarios como para salvar la brecha. Tal vez lo harán algún día, pero todavía no ha sucedido. Eso significa que existen menos noticias locales que Google pueda registrar. Puede haber más información local, pero ya no puede utilizar el hecho de que procedía de una organización de prensa profesional como indicador de calidad. En cambio, tiene que descubrir lo que es fiable y lo que no por sí misma, lo cual resulta más difícil.

De modo que a Google le gustaría mucho que los periódicos siguieran haciendo negocio, aunque sea el éxito de su propio modelo de publicidad el que les está quitando cuota de mercado. Esta es la paradoja que preocupa a Schmidt. Podríamos estar en un momento en que las consecuencias negativas a corto plazo de la desmonetización se sientan antes que los efectos positivos a largo plazo. ¿Podría lo Gratis, en lugar de hacernos a todos más ricos, hacer sólo a unos pocos súper ricos?

Viniendo del jefe milmillonario del Reducto de lo Gratis, esto podría parecer una observación irónica, pero es importante para Google que haya montones de ganadores, porque esos otros ganadores pagarán por la creación de la siguiente oleada de información que organizará Google.

«Tradicionalmente, los mercados están segmentados por precio, dejando espacio para los fabricantes de productos de gama alta, gama media y gama baja (explica Schmidt). El problema con lo Gratis es que elimina toda la textura de discriminación de precios del mercado. Más que una serie de productos a diferentes precios, tiende a ser acaparador.» Su preocupación, en pocas palabras, es que lo Gratis funciona demasiado bien para él y no lo suficientemente bien para el resto.

De los 400 estadounidenses más ricos, una lista que Forbes[6] crea cada año, cuento solamente 11 cuyas fortunas están basadas en modelos de negocio Gratis. Cuatro de ellos, incluido Schmidt, proceden de Google. Dos de Yahoo! Y dos más de Broadcast. com, una empresa de vídeo pionera que fue vendida a Yahoo! en el punto álgido de la burbuja punto.com, y cuyos fundadores, Mark Cuban y Todd Wagner, supieron invertir bien después. Luego está Mark Zuckerberg, de Facebook, y si quieren, Oprah Winfrey, cuyos 2.700 millones de dólares provienen de la televisión de libre difusión.

No incluiré todos los magnates de los medios, desde Rupert Murdoch a Barry Diller, porque dirigen conglomerados diversificados que son una mezcla de Gratis y de Pago. Y la lista *Forbes* se detiene antes de incluir un montón de gente que se ha hecho rica, pero no mega rica con el modelo Gratis, como los fundadores de MySpace, y unos pocos héroes del *software* de fuente abierta como los fundadores de MySQL (vendida a Sun en 2008 por 1.000 millones de dólares). Pero la cuestión de Schmidt sigue estando ahí: si medimos el éxito con el parámetro de la creación de enormes sumas de riqueza diseminadas entre unos pocos, lo Gratis todavía no puede compararse con lo de Pago.

Pero hay indicios de que esto está cambiando. Para saber cómo, echemos un vistazo a la naturaleza cambiante del negocio original de lo Gratis: los medios de comunicación.

9

Los nuevos modelos de medios de comunicación

Los medios de comunicación gratuitos no son nuevos. Lo novedoso es la expansión de ese modelo a todo lo demás en la Red

Era el año 1925, en los albores de la industria de la radio comercial. La locura inalámbrica que se extendió por Estados Unidos reunió a las familias en torno al receptor de radio y creó «amigos a distancia», oyentes que se maravillaban de poder escuchar transmisiones desde ciudades a cientos o miles de kilómetros de distancia. La maravillosa capacidad de transmitir para llegar a millones de personas simultáneamente estaba obligando a las emisoras de radio a inventarse contenidos para las masas: espectáculos, noticias e informaciones del alcance más amplio posible. Era el inicio de la cultura pop del siglo XX. Sólo había un problema: nadie sabía cómo se pagaba.

Hasta entonces, la programación de radio se hacía con muy poco dinero (las emisoras regionales permitían salir en antena a cualquiera que apareciese por la puerta), o era pagada por los propios fabricantes de receptores. David Sarnoff, vicepresidente de Radio Corporation of America (RCA) explicó en su momento que «emitimos fundamentalmente para que los compradores de radios RCA tengan algo con lo que alimentar esos instrumentos de recepción». Pero en cuanto se generalizó la radio, quedó claro que la insaciable demanda de nuevos contenidos no podía ser satisfecha únicamente por un puñado de fabricantes.

La revista *Radio Broadcast*[1] anunció un concurso para la mejor respuesta a la pregunta: «¿Quién tiene que pagar la radiodifusión y cómo?» Como recuerda Susan Smulyan en *Selling Radio*, participaron 800 personas con ideas que iban desde las contribuciones voluntarias de los oyentes (un saludo a la Radio Pública Nacional, o NPR en las siglas inglesas) hasta la concesión de licencias gubernamentales y, astutamente, cobrar por las programaciones. La respuesta ganadora proponía un impuesto sobre los tubos de vacío como índice de «consumo radiofónico». (En realidad, este fue el modelo adoptado en el Reino Unido, donde oyentes y televidentes pagan una tasa anual por sus radios y televisores, y a cambio se les ofrece una BBC sin publicidad.)

Hubo algunos indicios de que la publicidad podía ser la respuesta, pero no fue ni de lejos una solución popular. Parecía una vergüenza echar a perder ese nuevo medio de comunicación con mensajes patrocinados. En un artículo se decía que «la publicidad rimbombante... interfiere en lo más vital de la radiodifusión... crea un público apático, afecta al interés del oyente y restringe las ventas de aparatos receptores».

Pero la NBC, una de las nuevas emisoras de radiodifusión, estaba decidida a probar si funcionaba la publicidad en la radio. En 1926 nombró director de desarrollo a Frank Arnold, el más conocido defensor de la publicidad radiofónica. Arnold describía la radio como la »Cuarta Dimensión de la Publicidad», más allá de la prosaica tridimensionalidad de periódicos, revistas y carteles. Otros hablaban de cómo la radio permitía mágicamente a los anunciantes convertirse en «un invitado en el hogar del radioyente».

Uno de los problemas de la radio, sin embargo, era que, pese a todo su desafío a la distancia, ésta estaba empezando a atacar a su vez. Las superemisoras de la costa Este estaban usando transmisores cada vez más potentes para llegar a centenares de miles de personas en todo el país, pero cuando crecieron las radios regionales y locales, las señales locales, más cercanas, ahogaban a las nacionales. (La Comisión Federal de Comunicaciones fue creada en parte para poner orden en las ondas.) Como resultado, la radio pareció quedar relegada a la publicidad local, que no era lo bastante lucrativa como para satisfacer toda la demanda de contenidos.

La salvación vino con la compañía telefónica AT&T [American Telephone and Telegraph]. William Peck Banning, más tarde vicepresidente de AT&T, recordó que a principios de la década de 1920 «nadie sabía en realidad dónde estaba radicada una radio. Por mi parte estaba seguro de que, al ser una forma de telefonía, íbamos a vernos involucrados en la radiodifusión de alguna manera». Esa manera resultó ser la transmisión de programas de radio a larga distancia mediante los cables de AT&T, libres de interferencias, por lo que podían ser retransmitidos por las emisoras locales de todo el país. Así nacieron las redes radiofónicas nacionales y el primer mercado nacional para la publicidad radiofónica. (Hasta entonces estaba limitado a pequeños focos de publicidad local para las empresas dentro del radio de acción de las emisoras individuales.)

Algunos decenios después la televisión siguió el mismo camino. Ambas emitían gratuitamente y estaban apoyadas en la publicidad. Era el principio del llamado modelo Gratis de los medios de comunicación: una tercera parte (el anunciante) subvenciona el contenido de forma que la segunda parte (el oyente o el televidente) pueda recibirlo gratis.

Actualmente, este modelo trilateral es el núcleo de una industria publicitaria de 300.000 millones de dólares. Ésta no sólo sostiene unos medios de comunicación gratuitos, tales como la radio tradicional, sino que también da cobertura a la mayor parte de medios de pago, desde los periódicos y revistas a la televisión por cable, permitiendo que sean mucho más baratos de lo que serían sin ella. Y ahora, con Internet, un medio en el que los medios de comunicación no tienen una posición de privilegio, la publicidad soporta todo lo demás.

Publicidad más allá de los medios de comunicación

¿Qué cambia en la publicidad cuando va más allá de los medios de comunicación para dar apoyo a *software*, servicios y contenidos creados por gente corriente y no empresas de comunicación? Mucho. Para empezar, las normas habituales de confianza están invertidas. Pondré un ejemplo de mi propia experiencia.

Hace algún tiempo, un amigo de Google estaba visitando nuestras oficinas de *Wired*. Le estaba enseñando nuestro «cuarto de trabajo», en una de cuyas paredes ponemos en fila todas las páginas del número en el que estamos trabajando. Según van cobrando forma esas páginas, podemos ir moviéndolas por la pared hasta encontrar la mejor composición de la revista y evitar desafortunados choques entre textos y elementos gráficos.

Otra de las cosas que hacemos en esa pared es vigilar el «conflicto anuncio/artículo», es decir, anuncios que parecen relacionados con el tema que el texto está tratando. Esto viene de esa «muralla china» que la mayoría de medios erige entre los equipos de la redacción y la publicidad para asegurarse de que los anunciantes no puedan influir en la redacción. Pero eso no basta. Necesitamos inspirar confianza en el lector, de manera que evitamos incluso la apariencia de influencia asegurándonos de que un coche no está junto a un artículo de coches, o un anuncio de Sony cerca de nuestros análisis de productos de Sony. Idealmente, ni siquiera los ponemos en el mismo número.

Mientras se lo explicaba a mi amigo de Google, se me quedó mirando con creciente incredulidad. Y no le faltaba razón, pues Google hace justo lo contrario.

El atractivo de AdSense, ese programa de Google que tiene un tremendo éxito, reside en que empareja anuncios con contenido. La gente paga montañas de dinero a Google por hacer exactamente lo que nosotros prohibimos: poner anuncios de Sony cerca de reseñas sobre Sony. Y a los lectores les gusta: se llama pertinencia.

¿Por qué esa equiparación es mala en papel impreso pero buena *online*? En el núcleo de esta cuestión está la esencia de cómo está cambiando la publicidad a medida que penetra en Internet.

Mi propia explicación, hasta cierto punto insuficiente, es que la gente abriga distintas expectativas sobre el mundo *online*. De alguna manera, comprende intuitivamente todo lo que mi amigo de Google y yo estábamos evaluando en aquella habitación rodeada de papel. Las revistas las montan personas, y las personas pueden ser corrompidas por el dinero. Pero la publicidad en la Web la colocan algoritmos de *software*, y en cierta manera ello la hace más pura.

Por descontado que esto es ficticio. Montones de anuncios se colocan a mano en la red, y es facilísimo corromper un algoritmo. Pero cuando es Google quien coloca un anuncio en el contenido de alguien, la conexión entre ambos es tan precaria que a la gente parece no importarte la influencia indebida.

También es perfectamente posible que en los medios de comunicación tradicionales nos equivoquemos de medio a medio. Quizás nos estemos vanagloriando de nuestra búsqueda de pureza similar a la de la separación de la Iglesia y el Estado, y a los lectores no les importe y ni siquiera reparen si un anuncio de Sony está junto a un análisis de Sony. Tal vez incluso lo preferirían y los verdaderos obstáculos sean nuestros redactores, temerosos de que alguien pueda pensar que su opinión está comprada. Lo ignoro, pero sé que nuestra industria tiene unas normas muy estrictas al respecto y que, si me las salto, mi revista ya no podrá optar a premios y sufrirá otros castigos similares.

Pero lo que está claro es que la naturaleza de la publicidad *online* es diferente. En esencia, el viejo modelo de radiodifusión era éste: molesta al 90 por ciento de tu audiencia que no está interesada en tu producto para llegar al 10 por ciento que pueda estarlo (recuérdense los anuncios de dentaduras durante los partidos de fútbol).

El modelo Google es justo lo contrario: utilice el *software* para mostrar el anuncio sólo a la gente para la cual tiene mayor interés. Molesta al 10 por ciento de la audiencia que no está interesada para alcanzar al 90 por ciento que pudiera estarlo.

Por descontado que no siempre funciona así, y sin duda usted habrá visto montones de molestos anuncios ofrecidos por Google. Pero a medida que la creciente oferta de anuncios milimétricamente dirigidos se topa con la creciente demanda de contenidos milimétricamente dirigidos, el emparejamiento está mejorando. Por ejemplo, en mi página Web sobre robótica aérea, en la que usamos Google AdSense y donde se ofrecen anuncios milimétricamente dirigidos de productos tan esotéricos como «acelerómetros de tres ejes», encuesté a nuestros lectores para preguntarles si querían que quitase los anuncios.

La mayoría me pidió que los conservase porque les parecían tan pertinentes que los consideraban contenido. Un pequeño grupo ni siquiera había advertido que hubiese anuncios. El grupo más pequeño quería que desapareciesen. (Los mantuve.)

Cómo los nuevos medios cambian los antiguos

Un aspecto interesante del modelo Gratis sustentado en la publicidad es que de hecho ya estaba declinando en el negocio de los medios tradicionales. Al tiempo que la televisión pasaba de la emisión gratuita al cable, que es de pago, el contenido iba siendo progresivamente respaldado por una mezcla de corrientes de ingresos que incluían la redifusión y cánones de licencia de cable que tenían poco que ver con la publicidad. Incluso la radio, en forma de radio por satélite, estaba derivando hacia una mezcla de abonos directos y publicidad. Empezaba a parecerse a los medios de comunicación impresos, que mezclan suscripciones con venta en quiosco e ingresos por publicidad.

Pero el ascenso de Internet ha puesto patas arriba todo eso. Tras unos años de experimentos *online* en los que se pedía a la gente que pagase por los contenidos, a casi todo el mundo le quedó claro que esa pelea por la economía digital no iba a funcionar y ganó lo Gratis. No sólo eso, sino que las expectativas de precio establecidas para el sistema *online* empezaron a filtrarse también fuera de éste.

Los periódicos cayeron en la cuenta de que la generación Google podría no adoptar el hábito de sus padres de pagar diariamente por un ejemplar, de modo que lanzaron periódicos gratuitos dirigidos a adultos jóvenes y entregados a mano en las esquinas y bocas de metro. Otros periódicos mantuvieron sus precios pero adjuntaron regalos, desde música a vajillas de plata (véanse recuadros en págs. 187 y 203). Mientras el resto de los periódicos iniciaba un declive, la prensa gratuita se convirtió en un solitario faro de esperanza, con un crecimiento del 20 por ciento anual (fundamentalmente en Europa) y sumando el 7 por ciento de la circulación total de periódicos en 2007.

Mientras tanto, la audiencia de televisión parece haber llegado al máximo, al menos entre el muy buscado arco de televidentes entre los 18 y los 24 años de edad, quienes cada vez más miran «clips» [extractos] e incluso programas enteros *online* gratuitos en YouTube y Hulu. La banda ancha es el nuevo medio de libre difusión, y la restricción de acceso a la versión premium parece estar desapareciendo.

El fin de los contenidos de pago

Esta evolución forma parte de una devaluación de los contenidos mucho mayor, impulsada no únicamente por una cuestión de gusto generacional sino por tendencias tecnológicas. Jonathan Handel[2], un abogado de espectáculos (y antiguo científico especializado en ordenadores) de Los Ángeles, da seis razones para la emigración hacia lo Gratis y que yo parafraseo como sigue:

1. **Oferta y demanda.** La oferta de contenidos se ha multiplicado por un millón, pero la demanda no: todavía tenemos únicamente dos ojos, dos oídos y 24 horas en el día. Por descontado que no todos los contenidos son iguales y que las páginas de Facebook no se pueden comparar con las del *New York Times*, a menos que esa página de Facebook sea la de un amigo suyo, en cuyo caso puede ser mucho más interesante que las del *Times* (para usted). La diferencia es que hay muchas más páginas Facebook que páginas del *New York Times*, y que aquéllas han sido creadas sin expectativas de pago.

2. **Pérdida de forma física.** No podemos evitarlo: damos más importancia a los átomos que a los bits. En cuanto los contenidos pasaron de discos en cajas a archivos que circulaban por los cables, se volvieron intangibles, incluso abstractos. Además, hurtar algo físico implica arrebatárselo a alguien y cuesta dinero real, mientras que con un archivo digital no pasa eso.

3. **Facilidad de acceso.** Muchas veces es más fácil bajarse un contenido que encontrarlo y comprarlo en una tienda. A medida que disminuyen tales «costes de búsqueda», también lo hace nuestra predisposición a pagar por hacer accesible los contenidos.

¿CÓMO PUEDE SER GRATUITA UNA CUBERTERÍA DE PLATA?

Controlinveste es uno de los grupos multimedia más importantes de Portugal, con intereses en televisión, radio, revistas e Internet. Dos de sus periódicos poseen las tiradas más altas del país: *Global Notícias*, que es gratis, y *Jornal de Notícias*, que es de pago. Al igual que muchos otros periódicos europeos, el grueso de las ventas de *Jornal de Notícias* se hace por medio de quioscos, donde los editores deben ganarse a los lectores cada día. Por eso los regalos se utilizan frecuentemente como instrumentos de marketing (igual que el CD de Prince regalado con el *Daily Mail*; véase recuadro de pág. 203. Controlinveste, sin embargo, ha llevado esta práctica más lejos que la mayoría.

En 2008, Controlinveste regaló una cubertería de plata de 60 piezas con el *Jornal de Notícias* para celebrar el 120 aniversario del periódico. De lunes a viernes, con cada ejemplar del periódico se regalaba una pieza. Los sábados el regalo era un utensilio de servir (12 en total). Si perdías un día, te quedabas sin un tenedor o una cuchara de la cubertería. Las piezas se servían en paquetes individuales al quiosquero y éste entregaba una con cada ejemplar. La iniciativa fue un éxito: la circulación se incrementó un 36% durante 3 meses.

En una industria madura, en la que la circulación de pago está cayendo de año en año, estos resultados son extraordinarios. Pero, ¿son rentables? Dos precisiones: las cuberterías son mucho más baratas de lo que se piensa, sobre todo compradas en grandes cantidades. En segundo lugar, la ganancia marginal en los ejemplares vendidos de más sobre la tirada media también es mucho más alta. En el quiosco, el Jornal de Notícias costaba 0,88 € de media entre lunes y sábado.

Contando impuestos y costes de impresión y distribución, y el porcentaje del quiosquero, el periódico es altamente rentable, y todos los costes fijos (personal, edificios y demás instalaciones) quedan cubiertos con los ingresos por ventas y publicidad. Pero si vendes más ejemplares, los costes quedan repartidos entre una base más amplia, incrementas la audiencia y mejoras los márgenes de ingresos. ¿Cómo vender más ejemplares? ¡Regalando algo! Debido a la cantidad de cuberterías que Controlinveste compró en China, cada pieza salía por apenas unos céntimos.

Cuando la empresa añade una cuchara con cada ejemplar, ésta se come gran parte del margen de beneficios, pero una vez que finalmente los costes fijos quedan cubiertos, los resultados económicos mejoran debido a que los costes marginales son muy bajos. Si los regalos incrementan la circulación de forma constante, la empresa ofrece a los anunciantes una audiencia mayor y puede cobrarles más, por consiguiente.

Los regalos no terminaron ahí. Sólo en 2008 Controlinveste regaló lo siguiente:

▶ **Una caja de herramientas:** La caja se entregaba con el ejemplar del domingo (el mejor vendido y al precio más alto de toda la tirada). De lunes a viernes se entregaba una herramienta (177 en total). Resultado: un incremento del 20% durante 3 meses.

▶ **DVD gratuitos los sábados.** Había que recoger un cupón con el ejemplar del viernes y recoger la película con el del sábado. Resultado: incremento de la circulación del 47% durante 2 meses.

▶ **Juego de vajilla.** Había que comprar el periódico del sábado para conseguir un plato con el del domingo, es decir, comprando los ejemplares más caros de la semana. El juego completo constaba de 19 piezas. Resultado: incremento del 70% durante 4 meses.

▶ **Curso de idiomas gratuito.** Se entregaba por partes un programa multimedia para el aprendizaje de inglés, español, chino, francés, ruso, italiano, alemán, árabe, griego, japonés y hebreo. Constaba de 1 libro o 1 CD-Rom diario hasta un total de 48 discos, 22 libros y 2 cajas. Resultado: incremento de la circulación de un 63% durante 4 meses.

4. Cambio hacia un contenido respaldado por la publicidad. Los hábitos creados por la Web se trasladan al resto de la vida. Si los contenidos son gratis *online*, ¿no debieran serlo también en todos los demás sitios?

5. La industria informática *desea* que los contenidos sean gratuitos. Apple no gana sus millones vendiendo archivos de música, lo hace vendiendo iPods. Los contenidos gratuitos revalorizan los aparatos reproductores, como descubrió la industria radiofónica en los años veinte.

6. **Generación de lo Gratis.** La generación que ha crecido con la banda ancha tiene en cierto modo la economía digital conectada a su ADN. No importa si han oído alguna vez lo de «coste marginal cercano a cero», lo entienden intuitivamente. Por eso no son ni hostiles ni indiferentes al copyright. Sencillamente, lo consideran improcedente.

Por esta razón, los modelos respaldados por publicidad ganaron *online*, y por eso lo siguen haciendo.

Llegados a este punto, el lector escéptico debiera estar en alerta total. Seguramente que en algún lugar estará el límite para los dólares de la publicidad. Ésta no puede financiarlo todo.

Es cierto que alguna publicidad puede que incluso valga menos *online* que fuera de ésta. La razón reside en la escasez y la abundancia. Como dice Scott Karp[3], el fundador de Publish2, una firma de análisis y servicio de noticias: «La publicidad en los medios tradicionales, ya sean periódicos, revistas o televisión, consiste en vender un bien escaso: el espacio. El problema es que en la Web hay una cantidad de espacio prácticamente infinita. De manera que cuando las empresas de medios de comunicación tradicionales tratan de vender espacio en la red de la misma forma que lo hacen fuera de la misma, se encuentran con que sólo tienen una fracción del poder de imponer precios».

Una revista de modas impresa le puede cobrar a un anunciante más de 100 dólares por cada 1.000 lectores, pero tendrá suerte si logra obtener más de $20 por cada 1.000 lectores *online*. Sencillamente, hay más competencia *online*, pues los anunciantes tienen más sitios donde elegir y el precio se acomoda a lo que el mercado puede soportar. Pero esto es válido para la «publicidad visual», *banners* e imágenes que tienen por objeto promocionar una marca y no producir necesariamente una venta inmediata.

Hay otra clase de publicidad, cuyo epítome son los anuncios de texto de Google colocados junto a los resultados de una búsqueda o en las páginas Web de terceros. Los anunciantes sólo pagan cuando los lectores entran en el anuncio. Google no vende espacio. Vende intenciones de los usuarios, lo que éstos han declarado que les interesa mediante las preguntas de búsqueda. Y eso es un recurso escaso. El número de gente que escriba «Tintorería Berkeley» en un día determinado es finito.

El resultado es que mientras la publicidad tradicional es limitada *online*, la forma en que Google la está redefiniendo –conectar el producto con los deseos expresados– todavía crece rápidamente. Eric Schmidt, consejero delegado de Google, ha calculado que el mercado potencial para la publicidad *online* es de 800.000 millones de dólares, es decir, el doble del mercado total actual de publicidad, *online* y fuera de ésta. Resulta fácil ver por qué: las empresas sólo pagan por los resultados. Si está usted seguro de ganar 1 dólar por cada 10 céntimos que gaste en marketing, el cielo es el límite. Compárelo con el viejo tópico de Madison Avenue: «La mitad de mi publicidad es un despilfarro, pero no sé qué mitad». Sin palabras.

El triunfo del modelo de los medios

Esta es la razón por la que el modelo basado en la publicidad se ha extendido tanto en los medios *online*. Fred Wilson[4], neoyorquino especializado en capital-riesgo, piensa que «la mayoría de las Web de aplicaciones serán monetizadas con alguna clase de modelo de medio. No piensen en anuncios tipo *banner* cuando digo esto. Piensen en las diferentes vías en que una audiencia que presta atención a su servicio puede ser pagada por empresas y gente que quiere una parte de esa atención».

Puede considerar la red como una extensión del modelo de negocio de los medios hacia una serie ilimitada de otras industrias. Google no es una empresa de comunicación en ninguno de los significados tradicionales de la palabra, pero gana millones con el modelo de negocio de empresas de comunicación. Y lo mismo sucede con Facebook, MySpace y Digg. Todas ellas son empresas de *software* en su esencia. Algunas organizan los contenidos de otras personas, otras proporcionan un lugar para que la gente cree su propio contenido. Pero no crean ni distribuyen contenidos en la forma que lo hacen los medios tradicionales. Lo cual es una parte considerable del problema, por supuesto, pero para quienes estamos ahora en el negocio de la comunicación, la cosa va mucho más allá.

Antes que nada, el traslado de la publicidad a la red ha creado nuevas formas de puntuar los anuncios más allá del tradicional modelo de pago por «impresiones» por miles de espectadores u oyentes. (Se conocen como «coste por miles», o CPM). Variantes *online* incluyen el «coste por click» (CPC), que es el usado por Google, y el «coste por transacción» (CPT), en el que los anunciantes sólo pagan cuando un espectador se convierte en cliente de pago, como en el programa Associates de Amazon.

Además está la «generación de oportunidades», en la que los anunciantes pagan por las direcciones electrónicas de personas que han sido atraídas por el contenido gratuito, o también pagan por información acerca de esos clientes. Los anunciantes pueden patrocinar un bloque entero o una sección a cambio de una suma fija, no determinada por el tráfico. Pueden pagar por ser incluidos en resultados de búsquedas, tal y como ofrecen Google y otros. O pueden probar con la vieja colocación de producto y pagar por tener su marca o sus productos incluidos en un vídeo o en un juego.

Añada las versiones de texto, vídeo, animación, audio y mundo virtual (videojuego), y podrá ver cuánto ha cambiado el mundo de la publicidad desde que se ha hecho *online*. Hace veinticinco años la publicidad podía ser dividida en cinco grandes categorías:

papel (anuncios y anuncios clasificados), TV, radio, al alre libre (vallas y carteles) y folletos. Actualmente hay al menos 50 modelos diferentes *online*, y cada uno cambia de un día para otro. Es mareante —y estimulante— ver una industria reinventarse frente a un nuevo medio.

La economía orco

Pensamos que los medios de comunicación son radio, televisión, revistas, periódicos y páginas Web periodísticas. Pero medio es en realidad cualquier clase de contenido, y la mejor forma de medir su impacto en nuestra sociedad es mediante el tiempo que la gente invierte en ellos. Así medidos, pocos de los medios antes mencionados pueden competir con una forma de contenido a la que raras veces consideramos un medio, incluso aunque compita directamente con ellos por la atención. Esa forma de contenido son los videojuegos, desde la consola Xbox 360 hasta los mundos virtuales multijugadores *online* para ordenador.

La industria de los videojuegos no sólo ha llegado a competir en ventas con Hollywood, y en tiempo de consumidor con la televisión, sino que se está transformando a un ritmo más rápido. Ninguna otra industria se dirige más rápido hacia lo Gratis que la del videojuego.

Hubo una época en la que la gente compraba videojuegos en las tiendas. Venían en cajas y solían costar 40 o 50 dólares. Te los llevabas a casa, insertabas el disco, jugabas con ellos más de una semana y raras veces volvías a hacerlo. Virtualmente, toda la venta de un videojuego se producía en las primeras seis semanas posteriores a su aparición. Era como en Hollywood, pero sin la lucrativa continuidad del DVD y el mercado de la reventa de derechos, un negocio orientado a los éxitos y sin una segunda oportunidad para las pifias.

En realidad, ésta continúa siendo la vía principal de compra de videojuegos, por demencial que pueda parecer. Pero los videojuegos son uno de los últimos productos digitales que todavía se venden mayoritariamente de esa forma, y ese modelo se acerca a su fin. Así como la música y el *software* de ordenador se están convirtiendo fundamentalmente en un mercado *online*, lo mismo ocurrirá con los videojuegos. Y una vez que cambias de los átomos (cajas de plástico y discos) a la transmisión de bits, lo Gratis se hace inevitable. En la próxima década, esa industria de 10.000 millones de dólares pasará de los productos tradicionalmente empaquetados a una industria *online* basada en un precio base cero.

Los primeros signos de ello empezaron a surgir en Asia hacia 2003. Puesto que la piratería había hecho que fuese muy difícil vender videojuegos en los mercados de China y Corea del Sur de la forma tradicional, los fabricantes de juegos se volvieron hacia el rápidamente emergente mercado *online*. Los cibercafés se estaban esparciendo por China, acercando Internet a una población que en su gran mayoría no podía permitirse tener ordenadores en casa. En Corea del Sur, los «PC baangs», o salas de juego por ordenador, empezaron a reemplazar las habituales galerías comerciales como lugar de reunión para adolescentes y jóvenes en un país en el que la mayoría sigue viviendo con sus padres antes del matrimonio.

Para los jugadores, la ventaja de los juegos *online* es la calidad y diversidad de la competición: juegas contra personas de verdad, no sólo contra una inteligencia artificial pregrabada. En una de las categorías más populares, conocida como juegos *online* con jugadores múltiples y a gran escala (piense en *World of Warcraft* o predecesores tales como *Everquest*) las partidas no terminan nunca y pueden convertirse en una obsesión que consume a los jugadores durante años. No en vano el campeón suele ser conocido como «World of War*crack*».

Para los fabricantes de juegos, las ventajas de pasarse a Internet son numerosas. En lugar de imprimir discos, manuales y cajas, y luego buscar un minorista que lo almacene, les basta permitir que los jugadores se descarguen el *software*. Eso ahorra una considerable cantidad de dinero en fabricación y distribución. Pasar a Internet proporciona una superficie de exposición ilimitada, de manera que los juegos de nicho y más antiguos no son desplazados por los juegos más nuevos y mayoritarios puesto que continúan siendo igual de accesibles *online*. Y ofrece una forma sencilla de poner al día el *software* para añadir prestaciones y eliminar virus.

Pero la razón más importante para que los videojuegos se estén pasando a la Red es que resulta una vía mejor para ganar dinero. Permite a los fabricantes pasar de un modelo «punto de venta» impredecible a uno basado en una relación dinámica con el jugador, exactamente igual como las cuchillas desechables Gillette hicieron pasar el negocio del afeitado desde la venta de maquinillas a una venta de cuchillas (hojas) durante toda la vida.

Como resultado, la industria de videojuegos *online* se ha convertido en el más vibrante experimento en el mundo de lo Gratis. Contando los videojuegos distribuidos por la Red y los que se juegan en ésta, se estimaba que en 2008 éste negocio valía 1.000 millones de dólares en Estados Unidos, y que en China era incluso mayor, camino de alcanzar los 2.670 millones en 2010. Ello incluye desde juegos para iPhone que se pueden bajar desde iTunes (gratis, de pago, o una combinación de los dos), «juegos ocasionales» ejecutados *online*, tales como póker o sudoku, juegos para niños como Club Penguin, Neopets y Webkinz, y los mundos virtuales en expansión de los juegos gratuitos *online* para múltiples jugadores.

Cada uno de esos mercados se ha convertido en un banco de pruebas para nuevas formas de lo Gratis, y como resultado se ha convertido en la industria que conviene observar para nuevos e innovadores modelos de negocio, muchos de los cuales tienen aplicaciones fuera del mundo de los juegos. Por supuesto que lo Gratis no es nada nuevo en este ámbito: el modelo básico de *freemium* es desde hace tiempo un clásico en la industria de los videojuegos en forma de *demos* limitadas que se distribuyen gratuitamente en revistas de juegos u *online*, y que permite jugar a varios niveles sin pagar. Si te gusta lo que ves, puedes comprar la versión completa, o pagar por un código que desbloquea los restantes niveles en la versión que ya tienes. Pero desde unos años atrás se ha producido una explosión de modelos de negocios más innovadores construidos en torno a lo Gratis que sólo ha sido posible con los omnipresentes accesos a la banda ancha en Internet. He aquí unas pocas de las más famosas categorías.

1.- Vender artículos virtuales

En 2008, Target vendió por valor de más de 1 millón de dólares una tarjeta de plástico que para la mayoría de sus clientes resultaba absolutamente incomprensible. Todo lo que contenía era un código numérico que funcionaba con una cosa llamada Maple Story, y se vendía con incrementos de 10 y 25 dólares. ¿Qué era Maple Story? Sólo tiene que preguntarle a un crío de 12 años (o a su padre). Es un juego de multijugadores *online* que se convirtió en un éxito clamoroso en su Corea natal, donde lo juegan más de 15 millones de personas, y que en 2005 fue importado a Estados Unidos por su creador, Nexon. Actualmente tiene registrados más de 60 millones de usuarios en todo el mundo.

Al igual que muchos otros juegos con multijugadores, Maple Story se puede usar gratis; es posible moverse felizmente por los distintos niveles, interactuar con otros jugadores, y en cualquier caso divertirse sin gastar un céntimo. Pero si te gusta que vaya más rápido, puede que quieras comprar la «piedra teletransportadora», que permite saltar de un lugar a otro en lugar de deambular por el paisaje. Para ello hacen falta «mesos» (créditos) que se pueden ganar o conseguir con esa tarjeta (o, si es usted un adulto y tiene tarjeta de crédito, comprarlos *online*).

Maple Story le permite también comprar artículos virtuales que facilitan la acumulación de mesos más rápidamente, o moverse por los mundos virtuales sin tener que esperar un «bus». Puede comprar un «ángel de la guarda» que le devolverá de inmediato a la vida sin tener que arrastrarte de vuelta desde un punto de renacimiento. Con los puntos Nexon puedes comprar nuevas vestimentas, peinados y rostros. Lo importante es que no puedes comprar una superarma porque sería injusto: la empresa no quiere que la gente sea capaz de pagar para tener poder y crearse una posición de ventaja. En lugar de ello, el dinero se utiliza para ahorrar tiempo, tener mejor aspecto o, en todo caso, hacer más con menos esfuerzo. Las oportunidades para pagar son «no-punitivas» dice Alex Garden[5], el antiguo director de Nexon North America. No tienes que pagar, pero puede que quieras hacerlo.

En realidad, el mayor ejemplo de este mercado de artículos virtuales está relacionado con adultos, no con niños. A principios de 2008 los directivos de Google se dieron cuenta de que la palabra «WOW» era de largo una de las diez más buscadas en el mundo entero. ¿Era una avalancha mundial de excitación? No exactamente. Eran las siglas de *World of Warcraft*, y lo que andaba buscando la gente era oro. No oro auténtico sino virtual, la moneda interna del juego. En el momento de escribir estas líneas, la tasa de cambio era de unos 20 WOW de oro contra 1 dólar estadounidense. En China hay edificios repletos de trabajadores jugando a este juego para ganar esos activos virtuales y venderlos en un mercado secundario fuera del juego.

El mercado de activos virtuales es un buen negocio, y en ciertos casos es mejor que las ganancias directas obtenidas por el juego. Después de todo, ¿para qué vender a precio alto discos de plástico una sola vez cuando puedes vender bits por cable durante años? Quienes eligen pagar son, por definición, los usuarios más enganchados e implicados, y los menos sensibles al precio que pagan a gusto. (Nótese que esto no se refiere sólo a los juegos: es también el modelo que usa Facebook con los «regalos» digitales que los usuarios pueden comprarse mutuamente, y que le suponen aproximadamente 30 millones de dólares anuales a la red social.)

Cuando vendes discos, te arriesgas al efecto «segundo fin de semana» de Hollywood: cuando una película no es tan buena como parecía por el *trailer*, la gente se siente estafada y se corre la voz. Pero en los juegos que se pueden jugar gratuitamente y que sólo cobran los artículos una vez que la gente ha comprendido para qué los necesita, el riesgo de desengaño es menor, y las posibilidades de que los usuarios reincidan, mayor. Dicho sencillamente: estás cobrando a la gente que quiere pagar porque entiende el valor de lo que obtiene.

«Si el modelo de los juegos que se venden embalados se parece a las películas (dice Garden), nuestros juegos *online* se parecen más a la televisión.» El objetivo es crear una relación continua con el cliente y no sólo proporcionarle un gran fin de semana.

En algunos casos, la empresa que comercializa el juego vende ella misma los artículos digitales. En otros se limita a crear un mercado en el que los jugadores pueden venderse artículos virtuales unos a otros, y la empresa gana dinero con una tasa por transacción, como hace eBay. Como ejemplo del segundo modelo, en 2005 Sony creó un mercado, llamado Statio Exchange, para su juego EverQuest II. En él se permitía a los jugadores ofrecer artículos del juego por una comisión de 1 dólar y un 10 por ciento sobre el precio final. Incluso ofrecía un depósito para garantizar que la gente obtuviera aquello por lo que había pagado. Terminó siendo un éxito modesto, pero lo bastante prometedor como para que los directivos de Sony declarasen que era el futuro del negocio.

2.- Suscripciones

En 2007 Disney anunció que iba a pagar 700 millones de dólares por una página Web que permitía a los niños hacer como si
fueran pequeños pingüinos dibujados sobre un trozo de nieve. Si
usted piensa que es demasiado dinero pagar cerca de 1.000 millones por un juego sobre pájaros que no vuelan, adorables o no, es
probable que usted no tenga hijos pequeños. Y si los tiene, lo más
probable es que conozca Club Penguin, una comunidad *online*
que cuando fue comprada había atraído a 12 millones de niños
(entre ellos alguno mío). En 2006 y 2007, la Penguinmanía se
expandió por los patios de recreo a una velocidad normalmente
reservada a los piojos.

El Club Penguin es gratis, y se calcula que un 90 por ciento
de sus usuarios, que normalmente tienen entre 6 y 12 años, nunca
paga un céntimo por jugar. Pero si quieres «poner al día tu igloo»
con muebles, o comprarle un animal de compañía a tu pingüi-
no, tendrás que conseguir que tus padres saquen rápidamente su
tarjeta de crédito y compren una suscripción de 6 dólares al mes.
En el momento de ser comprado por Disney, el Club Penguin
tenía 700.000 suscriptores de pago (el 6 por ciento del total de
usuarios) que generaban unas ganancias anuales superiores a los
40 millones de dólares.

Este es el más común entre los modelos de juegos *online*, especialmente entre esos juegos sociales que poseen un componente
social «pegadizo». RuneScape, otra Web basada en un mundo de
orcos y elfos, cuenta con más de 1 millón de suscriptores (entre más
de 6 millones de usuarios), que pagan 5 dólares al mes y generan un
negocio anual de 60 millones de dólares. Como punto de referencia, ello equivale a la suscripción y las ganancias anuales de la Web
de pago del *Wall Street Journal*, que es la página Web de pago más
grande de todos los periódicos del mundo. Es asimismo mayor que
la suscripción al *New York Times online* antes de que ese periódico

cambiase a Gratis en 2008. Se diría que la gente prefiere pagar por lanzar hechizos que leer noticias sobre los ganadores del Premio Pulitzer. (Dejo para otros que digan si eso es bueno o malo.)

3.- Publicidad

Durante la recta final para las elecciones presidenciales de 2008, los jugadores de un juego de Xbox Live llamado *Burnout Paradise* advirtieron que según aceleraban por las pistas habituales, uno de los paneles anunciadores parecía de una notable actualidad. Era una fotografía de Barack Obama y una invitación a visitar voteforchange.com, una de las páginas Web de la campaña. No era una manifestación política de los creadores del juego sino un anuncio pagado por la campaña de Obama. Y es tan sólo uno más de los millares de anuncios que pueblan los videojuegos y consolas tales como Xbox 360 y Sony PS3, y también los PC.

Algunos de esos anuncios son una fuente adicional de ingresos para los juegos de pago, pero un número creciente de ellos están pagando el modelo de juego gratis. A veces dichos anuncios se insertan en el juego original, pero como cada vez son más los juegos fabricados para utilizar una conexión a Internet, ello hace posible insertar anuncios y actualizar los paneles de los juegos, los carteles en las paredes de las ciudades, e incluso en la ropa que visten los personajes.

En cierto modo la publicidad interna de los juegos se ha convertido en lo último en colocación de producto: cada jugador no sólo puede tener anuncios diferentes sino que, cada vez que se use el juego, esos anuncios pueden cambiar de nuevo en un intento de asegurar adecuación y variedad. A veces los anuncios se parecen a los del mundo real, y a veces son más sutiles, desde la marca de botas en un juego de *snowboard* hasta las canciones de su banda sonora. Y en ocasiones el juego mismo es un anuncio, como los juegos Xbox para Burger King de carreras y choques con el logo de la cadena.

Las forma más habitual de todo esto es el mercado de *casual games* [videojuegos o juegos *online*], con juegos sencillos que se pueden jugar con el navegador de su Web. Las cifras son asombrosas: Yahoo! Games y los AddictingGames de MTV suman cada uno más de 10 millones de usuarios mensuales, y ambos están basados en modelos de juegos gratuitos y financiados con publicidad. En conjunto ese mercado produce más de 200 millones de dólares anuales, y la consultora Yankee Group calcula que sobrepasará los 700 millones en 2010.

4.- Propiedad inmobiliaria

Second Life no es exactamente un juego —es un mundo que usted puede explorar y encontrarse con otras personas—, pero es tan popular como uno de ellos, con una cuenta de medio millón de usuarios activos. Es gratuito, y se puede bajar el *software* y jugarlo, y para que nada reste felicidad, sin tarjeta de crédito. Pero si de verdad entra usted en Second Life, puede querer echar raíces y crear un hogar propio «en el mundo». Para lo cual necesitará un terreno, y ahí es donde Linden Labs, la empresa que gestiona los servicios, gana el dinero.

Linden Labs es un negocio virtual de propiedad inmobiliaria, y también un buen negocio. A diferencia de los corredores de bienes raíces reales, Linden Labs dispone de todo el terreno que necesita, y quienes hacen atractivo el terreno son los usuarios, pues ellos mismos construyen ciudades enteras —casas, edificios de oficinas, almacenes y otras atracciones—. Las cuotas mensuales de alquiler van desde 5 a 195 dólares, en función del tamaño de la parcela. O puede usted adquirir su propia isla mediante un pago único de 1.675 dólares más 295 dólares mensuales.

Lo cual no es sólo una forma de hacer dinero para Linden Labs. También se ha creado un mercado secundario de corredores de bienes raíces dentro de Second Life, y éstos revenden terrenos ya construidos. Uno de los corredores de mayor éxito, «Anshe Chung», asegura haberse hecho millonario con esa reventa.

Muchos otros juegos *online* utilizan este modelo, aunque a veces no es tierra lo que venden sino estaciones espaciales, castillos, e incluso literas en galeones piratas. En cierto modo es algo subsidiario dentro de la categoría de bienes virtuales, como el oro de Warcraft o la ropa del Club Penguin. Pero la diferencia estriba en que éstas no son ventas auténticas: son «tasas por el usufructo del terreno» o alquiler, y cuando usted deja de pagar, el terreno o la casa son vendidas normalmente a un tercero.

5.- *Mercancías*

Mañana de Navidad de 2008. Al pie del árbol de millones de hogares estadounidenses, había un animal de peluche que podría ser uno más si no fuera por su curiosa etiqueta. Una etiqueta en la que había un código que permitía al feliz propietario conectarse *online* y jugar con una versión virtual de su propio animal de peluche. Esta sencilla combinación –una pareja idéntica de animales de peluche y virtuales– hizo de Webkinz el juguete número uno en Estados Unidos durante dos años consecutivos.

El modelo Webkinz es una inteligente combinación de gratuidad y pago. ¿Cuál es el principal atractivo, el animal de peluche o el juego? Difícil decirlo, pero probablemente ninguno de los dos hubiese tenido éxito sin el otro. Hasta cierro punto es tan sólo la expresión natural de las economías del siglo XX y del XXI trabajando al unísono: los átomos (los animales de peluche) cuestan dinero, pero los bits (el juego *online*) son gratuitos. Mientras que en el mundo real la mayoría de niños tiene una limitada apetencia por los animales de peluche, reunir en el juego una colección entera de animales es la forma más gratificante de jugar. Y la única manera de coleccionar animales virtuales es comprarlos en su versión de peluche. Y de ahí un círculo virtuoso camino de centenares de millones de dólares en lo que no había sido un exitazo en su categoría desde las muñecas Beanie Babies.

Este modelo híbrido *online/offline* lo usa todo el mundo, desde Lego a Mattel, en los que los juguetes vienen con códigos secretos que desbloquean artículos virtuales en los juegos gratuitos *online* de sus páginas Web. Otro juego *online* para niños gratuito, Neopets, vende físicamente paquetes intercambiables de cartas de animales, y Maple Story hace lo mismo con sus propios personajes. Otros juegos venden de todo, desde figuritas coleccionables hasta camisetas.

Es la forma más pura de economía de costes marginales, sin contar la versión que no cuesta nada distribuir y que incrementa el valor del objeto hasta el 40 por ciento del margen de beneficio en las tiendas. Gratis hace que el Pago sea más rentable.

Música gratuita

Si el negocio del vídeo es una industria que se dirige rápidamente hacia lo Gratis para acelerar su crecimiento, la música es un negocio que se dirige a tropezones hacia lo Gratis para retardar su declive. Pero los primeros experimentos resultan estimulantes. De momento es legendario el exitoso experimento de Radiohead[6] «ponga usted mismo el precio» con *In Rainbows*. En lugar de distribuir su séptimo álbum a través de las tiendas, como es habitual, la banda lo hizo *online*, con la condición de que se pagaría tanto, o tan poco, como uno quisiera. Muchos eligieron no pagar nada, entre ellos yo (no porque yo creyese que no valía nada sino porque deseaba saber si, en verdad, se permitía hacerlo), mientras que otros pagaron más de 20 dólares. En conjunto, el precio medio fue de 6 dólares.

In Rainbows se convirtió en el álbum de más éxito comercial de Radiohead. En una época en la que la mayoría de ventas de música están cayendo por un precipicio, Radiohead dio a conocer estas asombrosas estadísticas:

- Se vendieron 3 millones de copias en todo el mundo, incluyendo descargas desde la página Web de la banda, cedés, una caja deluxe de vinilo con 2 CD, así como ventas en iTunes y otros minoristas digitales.
- De la caja deluxe, que costaba 80 dólares, se vendieron 100.000 unidades.
- Radiohead ganó más dinero con las descargas digitales antes de la distribución de los cedés que sumando todas las ventas de su álbum precedente en los diferentes formatos.
- Cuando salieron a la venta los cedés propiamente dichos, más de 2 meses después de la distribución *online* al precio que uno quisiera, se colocaron como número uno en las listas de ventas de Estados Unidos e Inglaterra, y las descargas digitales de pago en iTunes también se colocaron como número uno, vendiéndose 30.000 copias la primera semana.
- La gira de Radiohead que siguió a la salida del álbum fue la mayor de su historia, con unas ventas de 1,2 millones de entradas.

Hay muchos artistas como Radiohead que entienden el valor de lo gratuito para llegar a una más amplia audiencia de gente que algún día puede convertirse en clientes de pago en forma de asistentes a conciertos, compradores de camisetas o incluso –¡cielos!- compradores de música. Músicos que van desde Trent Reznor, de Nine Inch Nails, hasta Prince han adoptado similares estrategias de distribución gratuita. Y hay montones de compañías fuera del núcleo de la industria discográfica que se benefician ampliamente de la música gratuita, con Apple a la cabeza, pues llenar con música de pago sus espaciosos IPod costaría miles de dólares.

Cuando decimos «negocio de la música» nos referimos por lo general a los sellos discográficos tradicionales, que acusan de sus males a lo Gratis (fundamentalmente en forma de piratería). Esa acusación puede ser cierta, pero es un error equiparar los intereses de los sellos con los del mercado de la música en general. Los sellos graban y venden tradicionalmente música grabada, y eso, como todos sabemos, es un negocio en declive terminal. Pero virtualmente cualquier otro segmento del mercado de la música —fuera de los sellos discográficos— está creciendo, muchas veces por haber aceptado lo Gratis.

Hay más bandas que nunca haciendo música. En 2008, iTunes, el mayor minorista de música de Estados Unidos, añadió 4 millones de nuevas pistas a su catálogo (¡el equivalente aproximado a 400.000 álbumes!). Actualmente es raro encontrar una banda que no posea su página en MySpace en la que puedes escuchar gratis

---

¿COMO PUEDE SER GRATUITO UN CD DE MÚSICA?

En julio de 2007 Prince lanzó su último álbum, *Planet Earth,* encartando 1 CD –con un precio de venta de $19- en los 2,8 millones de ejemplares de la edición dominical del londinense *Daily Mail.* (Con frecuencia el periódico incluye 1 CD, pero era la primera vez que lo hacía con material a estrenar de una estrella.) ¿Cómo puede un artista de primera fila regalar una novedad recién salida? ¿Y cómo puede distribuirla un periódico sin cargo alguno?

Prince hizo dinero regalando su último disco

Prince

Ingresos potenciales por el canon	$5.6 M
Ingresos del *Daily Mail* por el canon	$1 M
Total del concierto de Londres:	$23.4 M
INGRESOS NETOS	**$18.8 M**

El *Daily Mail*

Canon de licencia	$1 M
Producción/Promoción	$1 M
Incremento de ingresos en quioscos	$1.3 M
Pérdidas	**$700,000**

FUENTE: DAILY MAIL, 02 ARENA

▶ **Prince estimuló la venta de entradas.**
Hablando estrictamente, el artista perdió dinero en el negocio. Le cobró al Daily Mail un canon de licencia de 36 céntimos por disco en lugar de los acostumbrados $2. Pero compensó de sobras la diferencia con la venta de entradas. The Purple One vendió 21 actuaciones en la 02 Arena de Londres en agosto, logrando unos ingresos por concierto récords en la región.

▶ **El *Daily Mail* potenció su marca.**
El regalo incrementó la circulación del periódico en un 20% ese día. Ello supuso un aumento de ingresos, pero no suficiente para cubrir los gastos. Aun así, los expertos del *Daily Mail* consideraron que el regalo fue un éxito. Stephen Miron, el director, dice que el recurso publicitario funcionó editorial y financieramente. "Puesto que somos pioneros, los anunciantes quieren estar con nosotros."

hasta cuatro canciones. Hay más gente ahora que escucha música durante más horas al día gracias a la facilidad de IPod para llevarte la música a donde quieras. La concesión de licencias de música para televisión, películas, anuncios o videojuegos es mayor que nunca. Y se está disparando la industria de música para los móviles, ya sean «tonos de llamada» o la venta de canciones sueltas. Y ahí está la mismísima Apple, cuya vieja divisa para los Mac —«Rip, Mix, Burn» [recoger, sumar, grabar]— era un guiño al poder de la música gratuita para vender ordenadores, tocadiscos y teléfonos.

Por encima de todo, el negocio de los conciertos está floreciendo, debido en parte a la capacidad de la música gratis para ampliar la base de aficionados. Las actuaciones en directo han sido siempre uno de los aspectos más rentables de esa industria. En 2002, las 35 principales bandas en gira, incluyendo los Eagles y la Dave Mathews Band, ganaron cuatro veces más con sus conciertos que lo que obtuvieron vendiendo discos y concediendo licencias, de acuerdo con el economista de Princeton, Allen Krueger. Algunos grupos, como los Rolling Stones, obtienen más del 90 por ciento de sus ganancias con las giras. Las entradas pueden alcanzar fácilmente arriba de 100 dólares, creando un floreciente mercado secundario de reventa. (En 2007 eBay compró StubHub, uno de los mayores revendedores de ese tipo.) ¿Y por qué no? Las experiencias memorables son la escasez máxima.

Hoy, la temporada de festivales de verano dura medio año, y hay una generación que está creciendo y que organiza sus vidas en torno a aquellos. Y los ingresos no vienen únicamente de las asistencias: las giras muchas veces están patrocinadas (por ejemplo la de Vans Warped), y empresas como Camel pagan por el derecho de distribuir gratis cigarrillos y otros productos entre los asistentes. Contando comidas, bebidas, *merchandising* [artículos de promoción] y alojamientos, los festivales son una industria turística al completo montada en torno al señuelo de una música que muchos aficionados nunca hubieran pensado en pagar.

Los grandes sellos entienden demasiado bien que su papel en este mundo se está desvaneciendo. «La industria de la música está creciendo (les dijo a los inversores en 2007 el presidente de Warner Music, Edgar Bronfman[7]). Pero la industria discográfica no crece.» Qué hacer al respecto es otra cuestión. Algunos han decidido luchar por conservar lo que tienen, con demandas judiciales contra la piratería y exigencias de derechos de autor muchas veces ruinosas contra las empresas que están tratando de crear vías para que los consumidores consuman música, tales como la radio por Internet. Otros han optado por innovar a partir de ese desastre y se han pasado al «modelo 360», en el que representan todos los aspectos de la carrera del artista, incluyendo giras, derechos, representación de productos y *merchandising*. (Ello ha tenido hasta el momento un éxito limitado, fundamentalmente porque las discográficas todavía no son muy duchas en esas materias, y los artistas muchas veces se quejan de los altos porcentajes que les cargan.)

Pero algunos de los sellos más pequeños están innovando con éxito, muchas veces utilizando lo Gratis de una u otra forma. RCRD LBL, una empresa fundada por la estrella del blog Pete Rojas, ofrece música gratuita con el apoyo de publicidad. Están proliferando los modelos ponga-usted-el-precio. Y los sellos pequeños que venden la resurgente categoría de elepés de vinilo a los aficionados selectos ofrecen rutinariamente descargas digitales gratuitas como muestra. En Nashville, INO Records llevó a cabo un experimento a finales de 2006 con un disco de Derek Webb[8] llamado «Mocking bird». Él mismo explica lo que sucedió:

> Tenía un disco del que estaba orgulloso, pero la casa discográfica estaba fuera del mercado y las ventas eran un goteo. Así que los convencí para que me dejaran ofrecerlo gratis. Pero había una trampa. Íbamos a pedir no sólo los nombres, direcciones de *e-mail* y códigos postales a todos cuantos se bajasen el disco, sino que les pedíamos que se lo recomen-

dasen a cinco amigos a través de direcciones de *e-mail* que tenían que introducir (y que nosotros no íbamos a conservar) si creían que les podía interesar descargárselo. Regalé unos 80.000 discos en tres meses. Desde entonces he podido filtrar esas listas de *e-mail* mediante los códigos postales para averiguar dónde están mis fans y mandarles mensajes para atraerlos a mis dominios. Ahora también vendo actuaciones. Y vendo un montón de artículos. Tengo una carrera.

Hay miles de historias como la de Webb. Pero lo que resulta particularmente interesante es que el pragmatismo acerca de la necesidad de la industria de aceptar nuevos modelos lo comparten incluso los más grandes de la vieja escuela. Entrevistado en 2008 acerca del impacto para su empresa del intercambio de archivos en su sello, G-Unit Records, el artista de rap 50 Cent[9], al ser también artista, podía ver las cosas con perspectiva. Por descontado que esa práctica estaba haciendo daño a su sello, pero había una guerra más importante que ganar:

> Los avances de la tecnología afectan a todos, y todos debemos adaptarnos. Lo importante es que la industria de la música comprenda que eso no es lo que realmente hace daño a los artistas. Un fan joven puede ser igual de devoto y entregado si ha comprado o robado. Los conciertos están abarrotados, y la industria debe entender que necesita dedicar una atención integral a un artista. Ésta [la industria] debe maximizar sus ingresos por conciertos y *merchandising*.

Libros gratis

Finalmente, este capítulo no estaría completo sin una palabra acerca de los libros gratuitos, entre los cuales éste (al menos en su versión digital) es uno de ellos. Al igual que las revistas de modas, los libros impresos son un caso especial porque la mayoría los prefiere en su versión material. La industria del libro no se hunde, afortunadamente, pero ello no ha evitado que centenares de autores (y unos cuantos editores) estén llevando a cabo sus propios experimentos con lo Gratis.

La gran diferencia entre los libros y la música es que, para la mayoría, la versión superior todavía está basada en los átomos y no en los bits. Pese a todas sus desventajas de coste, los árboles muertos aplastados en forma de páginas todavía tienen una excelente carga de batería, resolución de pantalla y movilidad, por no hablar de cómo lucen en una estantería. Pero el mercado de libros digitales —audiolibros, ebooks y descargas de Web— está creciendo a toda velocidad, fundamentalmente en respuesta a la demanda que los libros físicos no pueden satisfacer, desde algo que puedes consumir mientras conduces hasta la necesidad de algo que puedes obtener instantáneamente, dondequiera que estés.

Muchos de los modelos de libros gratis están basados en el *freemium*, de una manera u otra. Ya sea la descarga gratuita por un tiempo limitado o reducida a unos capítulos, o el libro completo en un PDF bien formateado y disponible para siempre, la versión digital es una forma de permitir al máximo número de personas que examinen el libro con la esperanza de que alguien lo compre.

Por ejemplo, Neil Gaiman, el escritor de ciencia ficción, ofreció su *American Gods* como descarga digital durante cuatro semanas en 2008. De entrada aparecieron los miedos y las habituales objeciones: que ello acabaría con las ventas en librerías o, en el extremo contrario, que una disponibilidad limitada sería contraproducente porque, cuando se enterase mucha gente, el interés ya habría pasado. Este segundo temor es difícil de comprobar, pero el primero resultó ser un error. *American Gods* no sólo se convirtió en un *best seller*, sino que las ventas de los restantes libros de Gaiman en librerías independientes subieron un 40 por ciento durante el periodo en que uno de los títulos estaba disponible gratis. 85.000 personas degustaron el libro *online* leyendo una media de 45 páginas cada una. Más de la mitad declaró que no le había gustado la experiencia de leer *online*, pero que era un incentivo para comprar la edición en tapa dura, mucho más fácil de leer. Gaiman ofreció su siguiente libro para niños, *The Graveyard*, en forma de vídeo de multidifusión de lectura gratuita, un capítulo cada vez, y también éste se convirtió en un *best seller*.

Los libros gratuitos de no ficción, especialmente los de temas de negocios, muchas veces siguen estrechamente el modelo de la música gratuita. El libro digital de bajo coste marginal sirve en realidad de marketing para la actividad temporal de consultoría o conferenciante de alto coste marginal, de la misma forma que la música gratis sirve de marketing para los conciertos. Usted puede tener gratis la versión generosa y pública con las ideas del autor, pero si quiere que esas ideas se adapten a su propia empresa, o quiere que el autor hable a los de su gremio, o mantenga una reunión con los inversores, tendrá que pagar el escaso tiempo del autor. (Sí, éste es también mi modelo. ¡En mi página Web está la información para contactar con la oficina del conferenciante!)

Esto puede funcionar incluso para libros impresos. Los asesores compran muchas veces millares de sus propios libros sobre sabiduría estratégica para distribuirlos gratuitamente entre sus clientes potenciales, una táctica tan común que las listas de *best sellers* poseen actualmente métodos especiales para detectar e ignorar esas compras al por mayor. En Europa, los periódicos ofrecen a veces pequeños libros de bolsillo, en ocasiones en forma serial, gratis con los ejemplares de quiosco, lo cual ayuda a incrementar las ventas. Y cada vez más los autores ofrecen ejemplares gratuitos a los *bloggers* que quieren uno —el «*Long Tail* de comentaristas

¿CÓMO PUEDE SER GRATUITO UN LIBRO DE TEXTO?

Un estudiante universitario puede llegar a gastar 1.000 dólares anuales en libros. Es un montón de dinero, teniendo en cuenta que un texto de biología de 160 dólares puede tener una vida útil de un semestre, lo cual explica que el mercado de segunda mano sea tan intenso y que los editores traten de interferir en él con tácticas tales como nuevas ediciones con paginaciones distintas. Una vez que se hunda ese modelo, ¿qué lo sustituirá? Quizás algo parecido a los «libros de texto abiertos» de la editorial Flat World Knowledge (FWK), unos libros gratuitos que pueden ser editados, actualizados y modificados como material de cursos a la medida. Pero, ¿cómo puede beneficiarse un editor o un autor regalando un ejemplar de 160 dólares?

▶ **Vendiendo algo más que libros de texto.** El contenido de un libro de texto impreso puede ser disgregado (o versionado) en unidades más pequeñas en diversos formatos y opciones de compra. El menú resultante atrae a más estudiantes que, por ejemplo, no van a leer un libro entero online, pero sí comprarán sucesivos mp3 con pocos capítulos cada uno para estudiar por trimestres.

▶ Libro digital online .... **Gratis**
▶ Libro impreso (en blanco y negro) **$29.95**
▶ Libro impreso (a color) **$59.95**
(las tiradas por encargo pueden abaratar los costes)
▶ PDF imprimible, texto completo **$19.95**
(imprimir/encuadernar puede costar $40 en Kinko's)
▶ PDF imprimible, un capítulo **$1.99**
▶ Audio libro (mp3) **$29.95**
▶ Capítulo en audio (mp3) **$2.99**
▶ Resúmenes en audio (10 min.) **$0.99**
▶ Libro electrónico, todo el texto **$19.95**
▶ Libro electrónico, capítulo **$1.99**
▶ Fichas, texto completo **$19.95**
▶ Fichas, un capítulo .... **$.99**

▶ **Atrayendo a los autores.** FWK ofrece más derechos de autor y mayores ganancias a la larga. Debido a los márgenes de las librerías, un editor tradicional obtiene $105 por cada ejemplar de $160. El autor obtiene un 15%. En una clase de 100 estudiantes, 75 comprarán el texto de $160. A cada semestre que pase, debido a la disponibilidad de ejemplares usados, las ventas pueden caer un 50% (ni los editores ni los autores obtienen beneficios de las ventas de libros usados). En el cuarto trimestre, tal vez 5 estudiantes comprarán al precio inicial. Hasta que aparezca la siguiente edición, los ingresos de editores y autores no cesan de disminuir

En el modelo FWK, el punto de partida es tanto más barato (o incluso gratis) cuanto que el mercado de libros usados es pequeño. En un test realizado en 2008 en 20 escuelas universitarias, casi la mitad de los estudiantes compraron alguna forma de contenido de FWK. Aunque el gasto medio fue sólo de unos $30, FWK puede generar los mismos ingresos (con menos gastos generales y gastos operativos más bajos) al cabo de 6 años. Con un porcentaje del 20% por derechos de autor en todos los formatos vendidos, un autor empieza a ganar más por derechos al cabo de 2 años.

Ingresos por libros de texto abiertos frente al libro impreso

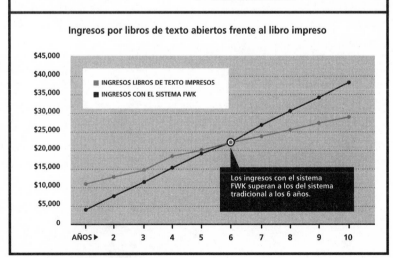

INGRESOS LIBROS DE TEXTO IMPRESOS
INGRESOS CON EL SISTEMA FWK

Los ingresos con el sistema FWK superan a los del sistema tradicional a los 6 años.

AÑOS ▶ 2 3 4 5 6 7 8 9 10

de libros»—, sobre la base de que su opinión bien vale los pocos dólares que cuesta un ejemplar.

Al igual que todo lo demás en Gratis, esto no se libra de controversia. Howard Hendrix, vicepresidente de la Asociación Estadounidense de Escritores de Ciencia Ficción, llamó «esquiroles de la Red» a los autores que regalaban sus libros, y hay editores que todavía albergan dudas acerca de que los libros gratuitos creen demanda más allá de la que satisfacen (a veces basándose en la experiencia). Pero en un mundo en el que escasean las estanterías de las librerías y desaparecen las secciones de crítica de libros en los periódicos, los autores están encantados de probar cualquier cosa que les ayude a labrarse un público. Puesto en palabras del editor Tim O'Relly[10], «el enemigo del autor no es la piratería sino la oscuridad». Lo Gratis es la vía de coste más bajo para llegar al mayor número de gente, y si la «muestra» cumple su misión, algunos comprarán la versión «superior». Mientras los lectores continúen deseando sus libros en forma de átomos, seguirán pagando por ellos.

10

¿Cuál es el tamaño de la economía
de lo Gratis?

*Aquí hay algo más que dólares
y céntimos*

Me plantean esta pregunta todo el tiempo: ¿cuál es el tamaño de la economía de lo gratis? Para la cual sólo hay una respuesta razonable: ¿a qué economía de lo Gratis se refiere? La pregunta es pertinente, porque economías las hay a montones, desde la economía normal de los negocios hasta la economía informal del trabajo voluntario. Para complicar aún más las cosas, las reales son difíciles de calibrar, y las falsas, pues eso, no son reales. Los incontables servicios no pagados que nos hacemos unos a otros cada día, por cortesía de la obligación social, son gratis, pero no los contabilizamos. Y el «compre uno y llévese otro gratis» no cuenta como un nuevo modelo económico digno de seguir.

Vamos a despachar rápidamente el uso de «gratis» como truco de marketing. Toda la economía tiene en realidad mucho de ello; sospecho que no hay una sola industria que no lo utilice de una u otra forma, desde los periodos de pruebas gratuitas hasta regalos en el interior del envase. Pero la mayoría de veces nada de eso es realmente gratis, es simplemente una subvención cruzada directa de uno u otro tipo. No es un mercado distinto del que pueda serlo el de la «economía del descuento», o cualquier otro mecanismo de marketing.

¿Qué pasa entonces con las economías no monetarias de la reputación y la atención? Estas son economías reales en el sentido de que son mercados casi con moneda y que pueden ser medidos y evaluados, desde los «eye-balls» hasta los amigos de Facebook. Pero debido a que son mercados no monetarios, no son cuantificables, por definición, en dólares y céntimos. Y, sin embargo, ello no ha impedido que la gente lo intente, a veces muy creativamente.

A principios de 2009, Burger King lanzó una de sus subversivas campañas de marketing. Llamada el «Sacrificio [de la hamburguesa] Whopper», ofrecía a los miembros de Facebook una hamburguesa gratis por cada diez personas que les pareciesen «antipáticas» en la red social. (Era para demostrar que «a usted le gustan sus amigos pero adora la Whopper», o más exactamente, para conseguirle cierta notoriedad a Burger King.)

Ocurre que hay una larga tradición de medir las economías mediante el precio de las hamburguesas, empezando con el «Big Max Index» de *The Economist*, que compara los precios de las hamburguesas McDonald's en diferentes países para ver si las cotizaciones de sus monedas están debidamente evaluadas (bajo el argumento de que una rupia puede ser manipulada, mientras que una Big Mac es una Big Mac). De manera que los *bloggers* se pusieron rápidamente a hacer lo mismo con el Sacrificio Whopper y Facebook.

Los «amigos» de Facebook son una unidad clásica de moneda reputacional. Cuantos más «amigos» tengas, más influencia tienes en el mundo de Facebook y más capital social posees para gastar. En realidad, la mayor parte del valor de Facebook reside en que ha creado tal vez el mayor mercado cerrado de moneda respecto a la reputación, que es el fundamento de su tasación, calculada en varios miles de millones de dólares.

Pero calcular exactamente cuántos millones de dólares vale Facebook ha sido un asunto delicado. Probablemente sea algún múltiplo de los usuarios y del número de conexiones entre ellos, que es lo que produce «hacerse amigo» de alguien. Ese acto es un intercambio de «moneda reputacional», y si esa moneda vale algo, tiene que ser para la persona que la entrega. Pero, ¿cuánto? ¿Y qué implica eso en la tasación de Facebook?

Traduciendo a dólares el valor de un amigo, Burger King ofrecía en definitiva una estimación de mercado del valor de Facebook. El *blogger* Jason Kottke[1] hizo la suma:

Facebook tiene 150 millones de usuarios, y el usuario medio tiene 100 amigos. Cada amistad requiere la aprobación de dos amigos, por lo que en realidad cada usuario tiene por término medio sólo la mitad de sus amistades. El precio de una Whopper es aproximadamente 2,40 dólares. Ello implica que la amistad de cada usuario vale en torno a 10 Whoppers, o 12 dólares. Haga números y:

12 dólares el usuario ✕ 150 millones de usuarios — el valor calculado de Facebook = **1.800 millones de dólares**

Como señala Kottke, eso es muy inferior a los entre 10.000 y 15.000 millones de dólares que los inversores sociales de la red, entre ellos Microsoft, le calcularon en 2007 y 2008. Pero con la economía derrumbándose y Facebook todavía incapaz de hacer dinero más rápidamente de lo que lo gasta, quizás Burger King está más en lo cierto que Bill Gates. (De hecho, los documentos de unos inversores filtrados en 2009 demostraban que la evaluación interna de Facebook era sólo de 3.700 millones de dólares, y bien podría haber disminuido desde entonces.)

El valor de la atención y la reputación es evidentemente algo, pues en caso contrario, las empresas no gastarían tanto en publicidad para influir en ambas. Le ponemos precio a la atención todos los días: el precio por llegar a un millar de oyentes durante 30 segundos, el precio por obligar a un millón de telespectadores de la Super Bowl a interrumpir el partido. Y cada vez que el agente de una estrella de cine negocia el contrato para una película, se está valorando una reputación. Pero en el mundo hay más atención y reputación que la evaluada en los medios y la celebridad. El problema es que no sabemos cuánto más hay.

¿Son fijas las reservas globales de atención? ¿Hay un fondo de atención fijo, y por cada estrella que asciende en YouTube debe descender otra para mantener una constante cósmica? ¿Puede una generación tener mayor capacidad de atención que otra, o la multitarea hila más fino la misma capacidad de atención?

Piense de nuevo en el «Número de Dunbar», el límite estudiado del número de relaciones que puede mantener una persona y mediante el cual éste, o ésta, conoce a cada individuo y sabe cómo se relaciona cada uno con los demás. Decenios de investigación antropológica y estudios de civilización que se remontan a miles de años han fijado esa cantidad en 150. Pero eso fue antes de MySpace y demás. Ahora el *software* puede ayudarle a mantener vínculos en número muchas veces superior a ese. El número medio de amigos para los miembros de MySpace está en torno a 180, pero hay muchos que llegan a más de 1.000. ¿El silicio ha mejorado nuestra capacidad de reputación, o se trata sencillamente de que estamos diluyendo el significado de «amigo»?

Estas son buenas preguntas, y responderlas probablemente cueste todavía otra generación. Mientras tanto, examinemos algunas de las formas más concretas de lo Gratis y hagamos un cálculo aproximado de su tamaño[2].

La vía más sencilla de medir lo Gratis es el «mercado trilateral», es decir, el mundo de la prensa gratuita respaldada por la publicidad que ya examinamos más arriba. Una vez más, ello abarca la mayor parte de la radio y la televisión, la mayoría de medios en la Web, y la proliferación de publicaciones impresas, desde los periódicos a las revistas de «circulación controlada». Sólo en las 100 principales empresas de medios de comunicación de Estados Unidos, los ingresos por publicidad en 2006 en radio y TV (excluida la TV por cable) fueron de **45.000 millones de dólares.**

En Internet, casi todas las empresas de medios realizan sus ofertas gratis y con apoyo de publicidad, al igual que hacen muchas empresas de medios no tradicionales como Google, por lo cual incluiré el mercado *online* en su totalidad en la categoría de «pagar para que el contenido le salga gratis a los consumidores». Ello supone entre 21.000 y 25.000 millones de dólares más. Los periódicos y revistas gratuitas probablemente sumen otros 1.000 millones más. Sin duda que estaré omitiendo otras categorías menores y un montón de independientes no incluidos en los números anteriores. A pesar de lo cual, calculemos conservadoramente que el conjunto de contenidos y servicios *online* y *offline* impulsados por la publicidad en Estados Unidos suma entre **80.000 y 100.000 millones de dólares**.

Una segunda vía, con la cual ya está usted familiarizado, es el *freemium* (lo que los economistas llaman «versionado»), en el cual unos pocos usuarios que pagan financian a muchos que no lo hacen. Ello incluye tanto a empresas maduras con diferentes niveles de fijación de precios de productos, y empresas recién nacidas que lo ofrecen todo gratis mientras averiguan si habrá suficiente demanda para sus ofertas como para hallar un modelo de negocio (por ejemplo, la mayor parte de las empresas Web 2.0).

Es prácticamente imposible enumerar adecuadamente todas las empresas que utilizan ese modelo, pero Forrester Research, una asesoría de Cambridge, Massachusetts, ha calculado que la vertiente corporativa de todo ello (los gastos de empresa en servicios Web 2.0, la mayoría de los cuales son el «premium» en la ecuación *freemium*) sumaba en torno a los 800 millones de dólares en 2008. Resulta prudente conjeturar que la parte del consumidor es al menos una cuarta parte, por lo que todo junto podría suponer otros 1.000 millones.

Añádase a esto el mercado de fuente abierta. El «ecosistema Linux» (cualquier cosa desde RedHat hasta el negocio de asesoría de fuente abierta de IBM) suma hoy unos 30.000 millones de dólares según IDC, otra consultoría. La cual calcula que otras

---

¿CÓMO PUEDE FUNCIONAR UN SERVICIO DE BICICLETAS GRATIS EN UNA CIUDAD PERO NO EN OTRA?

En París, los *commuters* [personas que viajan cada día de su casa al trabajo] pueden usar una bicicleta gratis durante treinta minutos. Esta iniciativa, inaugurada en 2007 con apoyo publicitario y bautizada *Velib'* (algo así como bici *(velo)* gratis *(libre))*, actualmente gestiona 1.451 paradas con 20.000 bicicletas. Servicios similares los hay en Barcelona, Montreal y Washington D.C. J. C. Decaux, la empresa encargada de *Velib'*, gestiona asimismo iniciativas florecientes en Lyon y Viena. Y, sin embargo, el servicio de bicicletas Cyclocity que posee en Bruselas es un desastre. ¿Por qué las bicicletas gratuitas funcionan en París y son un fracaso en Bruselas?

Un *commuter* habitual puede gastar más dinero en Bruselas que en París.

París

€113 al año

▨ TARIFA ANUAL ■ TARIFA POR USO

Bruselas

€264 al año

▶ **¡Nada de sacarles el dinero a los ciclistas!** En París, los ciclistas obtienen un número ilimitado de trayectos de 30 minutos con sus cuotas de abono (€1, €5 o €29 al día, semana o año). El tiempo extra se paga a €1 por 60 minutos, €3 por 90 minutos, y €7 por 2 horas, etc. En Bruselas los ciclistas pagan únicamente €10 al año, pero hay una tasa por cada viaje de €0,50 por 30 minutos. Sólo a los usuarios que hacen desplazamientos largos les va mejor que en París. Sin embargo, la utilización media en una ciudad del tamaño de Bruselas es de 20 minutos. La lección: la gente prefiere pagar una tarifa plana y montar gratis que sentir la sombra del parquímetro.

▶ **Más bicicletas y más estaciones es igual a más usuarios.** Con 20.000 bicicletas en 1.451 paradas repartidas por todo París, *Velib'* da servicio a más vecinos en una diversidad de áreas en lugar de atender determinados barrios. Como resultado, muchos de sus usuarios son commuters diarios. Lo cual contrasta con Bruselas, donde sólo hay 250 bicicletas disponibles en 23 paradas concentradas en el centro de la ciudad. En cuyo caso, ¿por qué no ampliar el servicio a otras áreas de Bruselas? Clear Channel, la competencia, tiene contratos para determinadas zonas, y ello impide a Cyclocity implantar en dichas zonas sus paradas de bicicletas con apoyo publicitario.

empresas creadas en torno a la fuente abierta, tales como MySQL (50 millones de ingresos al año) y SugarCRM (15 millones) probablemente añadan algo menos de 1.000 millones de dólares.

También está el emergente mercado del videojuego *online* de uso gratuito, la mayor parte del cual utiliza el modelo *freemium*. En su mayoría son juegos *online* para jugadores múltiples, que se pueden jugar gratuitamente, pero ganan el dinero cobrando por activos digitales a los usuarios más entregados (actualizaciones, ropa, niveles nuevos, etc.). Empezaron en Corea del Sur y China (donde actualmente son negocios valorados en 1.000 millones de dólares), y ahora han llegado a Estados Unidos con juegos como RuneScape y Neopets. El «mercado de juegos ocasionales» (piense en todo lo que vaya desde juegos de cartas *online* hasta los *flash games*) se encuentra ahora en torno a los 3.000 millones de dólares. Pongamos que en total sean 4.000 millones de dólares. De manera que el mercado *freemium* total suma en torno a los **36.000 millones de dólares.**

Finalmente, está la economía del regalo. Esta última categoría es imposible de cuantificar adecuadamente, en especial porque la mayor parte de ella no tiene cifra alguna relacionada, pero voy a dar unos cuantos ejemplos que sí tienen cifras asociadas y que ofrecen una imagen a escala: el iPod de Apple, que obtiene gran parte de su valor por el hecho de tener capacidad para almacenar decenas de miles de canciones, sólo tiene sentido si usted no tiene que pagar miles de dólares por esa música almacenada. La cual, por supuesto, mucha gente no la paga puesto que la obtiene gratis de sus amigos o del comercio de archivos. Por lo tanto, ¿qué parte de los 4.000 millones de dólares anuales en venta de los iPods de Apple deben serle atribuidos a lo Gratis?

Por la misma razón, ¿qué proporción de los 65.000 millones en valor estimado de MySpace es debido a las bandas musicales gratuitas incluidas en él? ¿Qué parte de los 2.000 millones que genera el negocio de los conciertos se debe a los intercambios de archivos P2P? Y así sucesivamente. Lo Gratis crea un montón de valor en torno suyo, pero al igual que tantas otras cosas que se salen de la economía de la monotonía, resulta difícil evaluarlo. ¿Cuánto valen una tormenta o un día de sol? Ambos enriquecen la tierra, pero los beneficios son demasiado difusos para fijarlos con precisión.

De manera que, ¿cuál es el balance final? Incluyendo las dos primeras categorías (publicidad y *freemiums*), es muy fácil llegar a los 80.000 millones en ganancias anuales sólo en Estados Unidos. Hágase esto extensible a los medios tradicionales financiados por la publicidad, y se puede llegar a una cifra entre **116.000** y **150.000 millones**. Mirándolo a escala mundial se pueden triplicar fácilmente esas cifras, lo cual da globalmente como poco **300.000 millones**.

De manera que esos 300.000 millones son un cálculo aproximado, y conservadoramente definido, de la economía de lo Gratis. Ciertamente es una infravaloración, porque en absoluto tiene en cuenta la forma original de lo Gratis: la subvención cruzada (consiga una cosa «gratis» y pague por otra). Tampoco hace justicia al verdadero impacto de lo Gratis, que se percibe tanto en forma no monetaria como en dólares y céntimos. Pero ofrece una imagen a escala: por ahí hay un montón de Gratis, y se puede hacer un montón de dinero con ello.

Una última forma de calcular el tamaño del mundo de lo Gratis es examinar el trabajo invertido ahí. Por ejemplo, en 2008, Ohloh, una empresa que rastrea el negocio de la fuente abierta, daba una enorme lista de 201.453 personas trabajando en 146.970 proyectos. Lo cual es aproximadamente el tamaño de la plantilla de la General Motors y un montón de personas trabajando gratis, aunque no sea a jornada completa. ¡Imagine que estuviesen fabricando automóviles! El autor Kevin Kelly[3] ha aplicado este análisis al conjunto de Internet. Señala que Google ha calculado que la red tiene más de un billón de URLs individuales. (Resulta difícil saber qué contabilizar como página individual, porque por ejemplo las páginas Web de un catálogo puede generar una visión diferente para cada visitante con cada clic que haga. Pero Google es muy exacto al rastrear ese tipo de páginas para excluirlas del recuento final).

Digamos, en beneficio de los cálculos aproximados, que por término medio cada página (o mensajes, o cualquier otra cosa con un enlace permanente) cuesta 1 hora buscarla, componerla, diseñarla o programarla. Por lo cual Internet representa 1 billón de horas de trabajo.

Un billón a lo largo de los 15 años que llevamos construyendo la Red es el equivalente a 32 millones de personas trabajando a jornada completa durante ese periodo. Pongamos que el 40 por ciento de ese trabajo se haya hecho gratis (las páginas de Facebook y MySpace, los blogs, los incontables posts y comentarios de los grupos de discusión). Ello supone 13 millones de personas, más o menos la población en edad laboral de Canadá. ¿Cuánto costarían sus salarios si hubiera que pagarlos? A un precio de ganga de 20.000 dólares anuales, ello implicaría más de 260.000 millones de dólares al año.

En resumen, que lo Gratis es una economía a escala de un país, y no pequeño.

La economía de lo Gratis
y el mundo libre

11

Economía 000

De cómo una vieja broma con un siglo de antigüedad se convirtió en la Ley de la Economía Digital

En 1838, Antoine Cournot[1], un matemático francés residente en París, publicó *Recherches*, hoy considerado como una obra maestra de la economía (aunque no muchos pensaron igual en su época). En su libro trató de crear un modelo de cómo compiten las empresas, y llegó a la conclusión, tras un montón de cálculos, que todo estaba relacionado con la cantidad que producían. Si una empresa fabricaba platos y otra empresa deseaba abrir otra fábrica de platos, tendría buen cuidado de no fabricar demasiados por temor a inundar de platos el mercado y hundir los precios. De forma simultánea e independiente ambas empresas deberían regular su producción para mantener los precios lo más altos posible.

El libro, como ocurre a menudo incluso con los trabajos más inspirados, no tardó en ser olvidado. Los miembros de la Escuela Liberal Francesa, que en aquella época dominaban la economía francesa, no se mostraron interesados y dejaron a Cournot desalentado y amargado. (De todas formas, llegó a hacer una distinguida carrera, obtuvo premios y murió en 1877.) Pero tras su muerte, un grupo de jóvenes economistas recuperaron *Recherches* y llegaron a la conclusión de que Cournot no había sido lo suficientemente reconocido por sus contemporáneos. Y reclamaron que se reexaminasen sus modelos de competencia.

Así, en 1883, otro matemático francés, Joseph Bertrand, decidió echarle una ojeada más de cerca a *Recherches*. Y le pareció aborrecible. Tal y como lo expone el artículo de la Wikipedia sobre Cournot, «Bertrand adujo que Cournot había extraído la conclusión errónea prácticamente en todo». En verdad, Bertrand pensaba que el uso del volumen de producción como la unidad clave para la competencia era tan arbitrario que, medio en broma, rehízo los modelos de Cournot poniendo los precios, no el rendimiento, como la variable básica. Curiosamente, al hacer eso dio con un modelo que era igual de ingenioso, si no más.

La Competencia de Bertrand puede ser resumida así:

En un mercado competitivo, el precio recae en el coste marginal.

Por descontado que en aquella época no había muchos mercados realmente competitivos, al menos no como aquellos matemáticos los definían: con productos homogéneos (sin diferenciación de productos) y sin connivencia. De manera que otros economistas desestimaron a ambos como teóricos que trataban sin necesidad de encajar comportamientos humanos extremadamente complejos en rígidas ecuaciones, y durante las siguientes décadas la cuestión quedó olvidada como si fuera una disputa académica más.

Pero cuando la economía se adentró en el siglo XX y los mercados se volvieron competitivos y más cuantificables, los investigadores se volvieron hacia aquellos dos franceses enemistados. Generaciones de estudiantes graduados en economía se afanaron en imaginar qué industrias se adecuaban más a la Competencia de Cournot y cuáles a la Competencia de Bertrand. Ahorro los detalles, pero la versión corta es esta: en mercados de abundancia, donde es fácil fabricar más, Bertrand tiende a ganar; el precio recae muchas veces sobre el coste marginal.

Todo ello seguiría siendo de interés fundamentalmente académico si no fuera por el hecho de que estamos creando el mercado más competitivo que el mundo haya visto nunca, donde el coste marginal de los productos y servicios está cerca de cero. En la red, donde la información es un bien de consumo y los productos y servicios pueden ser copiados fácilmente, estamos viendo que la Competencia de Bertrand funciona de una forma que hubiese asombrado al propio Bertrand.

Si la ley es «el precio recae sobre el coste marginal», en ese caso lo gratuito no es tan sólo una opción sino el final inevitable. Es la fuerza de la gravedad económica, y sólo puedes combatirla durante un tiempo. ¡Vaya!

Pero un momento. ¿El *software* no es otro mercado con el coste marginal casi cero? ¿Y Microsoft no cobra centenares de dólares por Office y Windows? Sí, y sí. En cuyo caso, ¿cómo encaja esto en la teoría?

La respuesta reside en la parte referente al «mercado competitivo». Microsoft creó un producto que se benefició mucho de los efectos de Red: cuanta más gente usa un producto, más gente se siente obligada a hacer lo mismo. En el caso de un sistema operativo como Windows, ello es así porque el sistema operativo más popular atraerá a más técnicos de *software* a fin de crear más programas para operar con él. En el caso de Office, como usted quiere intercambiar archivos con otras personas, se inclina a usar los mismos programas que usan ellas.

Ambos ejemplos tienden a crear programas del tipo «el ganador-se-lo-lleva-todo», que es la razón por la que Microsoft creó un monopolio. Y una vez que tienes un monopolio, puedes cargar «precios de monopolio», que es como decir 300 dólares por 2 discos en una caja donde pone «Office», cuando el coste real de hacer esos discos es sólo 1 o 2 dólares.

Otra cosa respecto a la Competencia Bertrand es que se aplica fundamentalmente a productos similares. Pero si un producto es ampliamente superior para los fines del usuario, el principal determinante del precio no es el coste marginal sino la «utilidad marginal»: el valor que tiene para usted. En Internet, esto puede reflejar o bien las características del servicio, o bien lo implicado que esté usted en él.

Por ejemplo, hay por ahí numerosas redes sociales, pero si usted tiene todas sus propias conexiones sociales en Facebook, puede que esté poco dispuesto a salir de ahí, incluso si empiezan a cobrarle. Para usted su utilidad marginal es mucho más alta que la de las otras redes sociales por las que usted estaría dispuesto a pagar. Pero para los recién llegados que todavía no han creado su Web de conexiones, la utilidad marginal de la red social les puede parecer similar. Puestos a elegir entre dos redes sociales —pongamos una Facebook de pago y una MySpace gratuita—, los recién llegados tenderán a escoger la gratuita. Y esa es la razón por la que Facebook no cobra: los socios ya existentes puede que pagasen, pero empezaría a perder volumen por falta de nuevos miembros a favor de las redes competidoras gratuitas.

Los monopolios ya no son lo que eran

La segunda mitad del siglo XX estuvo llena de ejemplos «el ganador se lleva todos los mercados» y con unos márgenes de beneficios asombrosamente altos (90, 95 por ciento, e incluso más), lo que parecía demostrar lo contrario que la Competencia de Bertrand. No era tan sólo el *software* sino cualquier cosa en la que el valor del producto resida fundamentalmente en la propiedad intelectual y no en sus propiedades materiales. Las medicinas (las pastillas apenas cuestan nada, pero la investigación para inventarlas cuesta centenares de millones de dólares), los chips semiconductores (ídem) e incluso Hollywood (las películas son caras de realizar y baratas de reproducir) entran en esta categoría.

Esas industrias se benefician de algo llamado «rendimientos crecientes», que es como decir que mientras los costes fijos del producto (I+D, construcción de la fábrica, etc.,) pueden ser altos, si los costes marginales son bajos, cuanto más produzca usted, mayor será su margen de beneficio. El premio por seguir una estrategia «max» es que ella reparte los costes fijos sobre un mayor número de unidades, haciendo que el beneficio crezca con cada una.

No hay nada nuevo en todo esto. Como ha señalado el economista Paul Krugman, «Incluso Alfred Marshall[2], el economista victoriano que fue el primero en formalizar el modelo de la oferta y la demanda, describió industrias en las que la disponibilidad de mano de obra especializada, la presencia de proveedores especializados y la difusión del conocimiento rebajaba progresivamente los costes». (Su primer ejemplo fueron los fabricantes de cuberterías de Sheffield, Inglaterra, que fueron capaces de aplicar las técnicas de la Revolución Industrial a la producción en masa de cuberterías de plata.) Pero «rendimientos crecientes» se refiere tradicionalmente a incrementos de rendimientos de producción. Los mercados digitales se benefician asimismo de incrementos de rendimientos por el *consumo*, donde los productos se hacen más valiosos según se consumen más, creando un círculo virtuoso que puede provocar un dominio del mercado.

Por descontado que esto sólo funciona si se puede mantener controlada a la competencia, y la razón de que esos márgenes de beneficios fuesen tan altos es que en el siglo XX había un montón de formas de lograrlo eficazmente. Además de los monopolios estaban las patentes, los derechos de autor y protección de marca registrada, los secretos de mercado y la táctica de mano dura con los minoristas para mantener a los competidores alejados del pastel.

El problema de la mayoría de esas estrategias para acabar con la competencia es que ya no funcionan como solían. La piratería, contra el *software*, los contenidos o los productos farmacéuticos, está en aumento según se generalizan las tecnologías de duplicación (desde su ordenador personal al equipo biomédico). El mayor fabricante del mundo, China, hace que intentar la protección de patentes sea difícil. Y según se generaliza la distribución *online*, donde la superficie de exposición es infinita, es imposible mantener alejados a los competidores de los consumidores (al margen de la influencia que tenga usted en Wal-Mart). Al combinar las herramientas de producción democratizadas (ordenadores) con herramientas de distribución democratizadas (redes), Internet ha hecho posible lo que Bertrand únicamente había imaginado: un mercado realmente competitivo.

De repente, un modelo económico teórico, inventado hace años como una broma para ridiculizar a otro economista, se ha convertido en la ley de fijación de precios en Internet.

Es demasiado pronto para decir que los monopolios *online* ya no son de temer. Esos mismos efectos de red fueron los que dieron a Microsoft su posición de dominio en el campo del ordenador y en Internet, como Google ha demostrado fehacientemente. Pero lo interesante de los casi monopolios en la red es que raras veces traen consigo rendimientos de monopolio. Pese a su dominio, Google no cobra 300 dólares por sus procesadores de textos o sus hojas de cálculo sino que los regala (Google Docs/ Google Office). Incluso en las cosas por las que sí cobra, fundamentalmente espacio de publicidad, el precio lo fija una subasta, no Google.

Y lo mismo pasa con todos los números uno en las grandes categorías *online*, desde Facebook a eBay. Pese a todo su poderío, apenas tienen un pequeño poder para fijar precios. Facebook sólo puede cargar precios tirados a razón de menos de 1 dólar por 1.000 entradas, y cada vez que eBay trata de subir sus tasas de inscripción, los vendedores amenazan con marcharse, y dada la abundancia de alternativas *online,* no es una amenaza vana.

Entonces, ¿cómo ganan miles de millones? Cuestión de escala. No se trata tanto de perder dinero con cada venta y compensarlo con el volumen, sino de perder dinero con un montón de personas y recuperarlo con relativamente pocas. Lo que pasa es que esas empresas aplican la estrategia max, según la cual unos (relativamente) pocos pueden sumar millares o millones de personas. Estas son buenas noticias para los consumidores, que están consiguiendo productos y servicios baratos, ¿pero qué pasa con las empresas que no pueden aplicar la estrategia max? Después de todo, por cada Google y Facebook hay centenares de miles de empresas que nunca van más allá de los nichos de mercado.

Para ellas no hay una respuesta única. Cada mercado es diferente. Lo Gratis es una atracción constante en todos los mercados, pero hacer dinero a costa de lo Gratis, especialmente cuando no tienes millones de usuarios (y a veces incluso cuando los tienes), es una cuestión de pensamiento creativo y experimentación constante, de lo cual los ejemplos al final del presente libro son sólo una pequeña muestra.

Lo Gratis es sólo otra versión

Los principios económicos detrás de esos modelos entran mayormente en las cuatro clases de lo Gratis que ya hemos examinado. Y la economía no tiene problema con los precios cero. La teoría de precios está basada en el llamado «versionado», donde clientes diferentes pagan precios diferentes. Las cervezas durante la Happy Hour son baratas, con la esperanza de que los clientes se quedarán y seguirán bebiendo cuando sean caras.

La idea fundamental detrás del versionado tiene que ver con la venta de productos similares a clientes diferentes a precios diferentes. Cuando usted decide entre gasolina normal o súper, está experimentando el versionado, y lo mismo cuando asiste a una sesión matinal de cine a mitad de precio u obtiene un descuento para jubilados. Tal es el meollo del *freemium*: una de las versiones es gratuita, pero las restantes son de pago. O, para fastidiar a Marx, a cada uno según sus necesidades, y de cada uno según su disposición a sacar la cartera.

Otra vía para que la teoría de fijación de precios pueda invocar a lo Gratis es mediante los precios de tarifa plana («coma cuanto pueda»). Esto puede verse en ejemplos como el alquiler de DVDs por correo de Netflix. Mediante una suscripción fija mensual usted puede alquilar tantos DVDs como quiera, hasta tres cada vez. Aunque sigue pagando, no paga por cada DVD de más que consuma (incluso el envío postal es gratis). De manera que el coste percibido de mirar un vídeo, devolverlo y obtener uno nuevo es, efectivamente, cero. Lo «sientes gratuito», pese a que estés pagando una tasa mensual por el privilegio.

Este es un ejemplo de lo que los economistas llaman «precio marginal» cercano a cero, a no confundir con el coste marginal cercano a cero. El primero lo experimentan los consumidores, y el segundo los productores. Pero el mejor modelo es el que permite combinar ambos, que es lo que hace Netflix.

En su mayoría, los precios de Netflix son fijos: obtener suscriptores, mantenerlos, crear almacenes de distribución y desarrollar *software*, y comprar DVDs. El coste marginal de enviar más DVDs es muy bajo —un poco más de franqueo, un poco de trabajo (aunque está altamente automatizado), y el incremento de algunos royalties, sobre todo en comparación con el beneficio de los suscriptores por haber hecho tal elección y su comodidad. De manera que cuando Netflix alinea su interés económico (repartir los costes fijos entre más DVDs, reducir los costes marginales) con el de sus clientes (la cuota fija hace que alquilar más DVDs parezca gratis), todos salen ganando.

En cierto modo Netflix es como un gimnasio. Los costes fijos son montarlo y dotarlo de personal. Cuanto menos lo use usted, más dinero gana la empresa, puesto que puede atender a más usuarios con menos personal si la mayoría de aquellos no lo usa la mayor parte de los días. De igual forma, Netflix gana más dinero si usted no devuelve a menudo los vídeos para reponerlos. Pero la diferencia es que usted no se siente tan mal por esa falta de uso como pasa con el gimnasio. Con Netflix no hay que pagar cuotas por retraso si usted retiene un vídeo durante semanas y, comparado con la alternativa, eso cuenta como ganancia.

Se puede ver este modelo de precio marginal cercano a cero en todas partes, desde el buffet libre hasta su teléfono móvil o las ofertas para acceso a la banda ancha de Internet. En cada caso, una tarifa plana desactiva la psicología negativa del precio marginal —el tic-tac del contador o la sensación de estar siendo esquilmado céntimo a céntimo—, y hace que los usuarios se sientan más cómodos con lo que consumen. Funciona si los usuarios consumen mucho, porque normalmente se compara con el modelo de bajo coste de producción marginal, y funciona incluso mejor (al menos para el fabricante) si consumen poco. Como dice Hal Varian[3], economista jefe de Google (y pionero en la formulación de la economía de lo Gratis): «¿Quién es el cliente favorito de un gimnasio? El que paga su cuota de inscripción y no va nunca».

De modo que lo Gratis no es algo nuevo en el mundo económico. Sin embargo, muchas veces no se entiende bien. Uno de los principios más famosos que pone en cuestión es el llamado «problema del polizón» (*free rider*).

El no-problema del polizón

Russell Roberts[4], un economista de la Universidad George Mason, tiene un popular «podcast» llamado Econ Talk (y que es excelente). En una emisión de 2008 observó lo siguiente:

> Una de las cosas que me fascinan acerca de [Wikipedia] es que si les hubiesen preguntado: «¿Puede funcionar Wikipedia?» a economistas de las décadas de 1950, 1960, 1970, 1980, 1990 e incluso 2000, la mayoría de ellos diría que no. Según ellos, «no puede funcionar, sabe usted, porque obtienes muy poca gloria de ello. No hay beneficio. Todo el mundo va a querer viajar gratis. Les encantaría leer la Wikipedia si existiese, pero nadie la va a crear porque existe el problema del polizón». Pero aquellos tipos se equivocaban. No entendieron el simple placer de superar en parte el problema del polizón.

El problema del polizón es la cara oscura del buffet libre. Al igual que el «gorrón del buffet libre se demora en el comedor, los polizones son aquellos que consumen más de la parte que equitativamente les corresponde de un recurso, o arriman el hombro menos de lo que equitativamente les corresponde en los costes de producción. Pero dado que «equitativo» es totalmente subjetivo, sólo se considera un problema en economía cuando conduce al desplome de un mercado. De manera que cuando unos estudiantes glotones arrasan un buffet libre, obligando a la dirección a retirarlo, ello podría ser un ejemplo de polizones fuera de control.

Como ha observado Timothy Lee, un científico informático y becario del Cato Institute, la interpretación de este problema en el siglo XX ya no funciona por dos razones. En primer lugar, da por supuesto que el coste del recurso consumido es lo bastante alto como para preocuparse por ello, o por decirlo de otra manera, que esos costes deben ser compensados. Ello puede ser cierto para el buffet libre, pero no lo es para cosas que la gente hace gratis encantada con la esperanza de tener una audiencia, lo cual describe gran parte del contenido *online*. Ser leído es pago suficiente.

En segundo lugar, juzga muy equivocadamente el efecto de la escala Internet. Como ya hemos visto, si usted es el único padre que trabaja como voluntario en la clase, finalmente puede objetar que el resto de padres se estén aprovechando sin echar una mano. Usted puede molestarse hasta el extremo de dimitir. En ese caso, quizá entre el 10 y el 20 por ciento de padres deberían ayudar para evitar el peligro de que el sistema entero se venga abajo.

Pero en Internet, donde los números son mucho más grandes, muchas comunidades de voluntarios prosperan sólo con que contribuya el 1 por ciento de los participantes. Lejos de ser un problema, un número elevado de consumidores pasivos es la recompensa para los pocos que contribuyen (los llaman su público).

Como dice Lee: «Este público numeroso actúa como un poderoso motivador para la contribución continua en la Web. A la gente le gusta contribuir en una enciclopedia con un gran público; en realidad, el gran número de «polizones» —también conocidos como usuarios— es uno de los aspectos más atractivos de ser un editor de Wikipedia».

En otras palabras, no hace falta un título de licenciado para entender por qué lo Gratis funciona tan bien *online*. Lo único que debe usted hacer es olvidar los diez primeros capítulos (aproximadamente) de sus libros de texto sobre economía.

Lo que resta de esta última sección examinará las muchas facetas de lo dicho. Empezaremos con los esfuerzos por cuantificar mercados no monetarios tales como atención y reputación, y de vez en cuando convertirlos en dinero real. Entonces examinaremos la paradójica palabra «derroche», que estamos entrenados para evitar, pero que en cambio deberíamos aplicar más a menudo. (Una vez que las cosas escasas se vuelven abundantes, los mercados las tratan de forma diferente: explotan esa materia prima barata para crear otra cosa de más valor.) Después examinaremos China y Brasil, modernos bancos de pruebas para lo gratuito. Y a continuación un vistazo rápido a la ficción, donde la abundancia en tanto que recurso para un argumento ha obligado a los autores a considerar las consecuencias. Finalmente debatiremos las numerosas objeciones a lo Gratis, desde aquellos que cuestionan su poderío hasta los que lo temen.

12

Economías no monetarias

Si el dinero no gobierna, ¿quién lo hace?

En 1971, en los inicios de la Era de la Información, el científico social Herbert Simon[1] escribió:

> En un mundo rico en información, la abundancia de información implica la escasez de alguna otra cosa: la escasez de aquello que la información consume. Y lo que consume la información es muy obvio: la atención de sus destinatarios. Luego la abundancia de información crea pobreza de atención.

Lo que observaba Simon era la manifestación de una de las más viejas normas de la economía: «Cada abundancia crea una nueva escasez». Tendemos a valorar más aquello que no tenemos ahora mismo en abundancia. Por ejemplo, la abundancia de café gratis en el trabajo suscita la necesidad de café mucho mejor, por el que estamos dispuestos a pagar mucho. Y también por cualquier producto premium que surja de un mar de productos de consumo barato, desde un alimento artesanal a un agua mineral de diseño.

«Es muy cierto que el hombre vive sólo de pan... cuando hay escasez de pan», observó Abraham Maslow en «A Theory of Human Motivation —un revolucionario artículo de 1943—. ¿Pero qué ocurre con el deseo del hombre cuando está repleto de pan y su estómago está crónicamente lleno?»

La respuesta, expresada en su famosa «jerarquía de necesidades», fue ésta: «De inmediato surge una nueva (y más alta) necesidad, y es ésta, más que el hambre psicológica, la que domina el organismo». En la base de su jerarquía están las necesidades físicas, tales como la comida y el agua. Por encima está la seguridad. En el nivel inmediatamente superior están el amor y el sentido de pertenencia a un grupo, después la estima, y finalmente, en lo alto, la «autorrealización», con la búsqueda de significados tales como creatividad.

La misma suerte de jerarquía puede aplicarse a la información. Una vez que el hambre de conocimiento y entretenimiento auténticos queda satisfecha, nos volvemos más selectivos acerca de la clase de conocimiento y entretenimiento que buscamos, y durante el proceso aprendemos más acerca de nosotros mismos y de lo que nos motiva. En definitiva, todo esto nos hace pasar a muchos de nosotros de consumidores pasivos a productores activos, motivados por las recompensas psíquicas de la creación.

Normalmente, en el mercado del consumidor la escasez de dinero nos ayuda a navegar por entre la abundancia de productos accesibles: sólo compramos lo que podemos permitirnos (pese a la tarjeta de crédito). Así es también cómo el capitalismo «puntúa» la demanda de los consumidores y lo que éstos están dispuestos a pagar. ¿Pero qué ocurre *online*, donde más y más productos están codificados en el *software*, y por lo tanto pueden ser ofrecidos gratis? El dinero ya no es la señal más importante en el mercado. En su lugar surgen dos factores no monetarios.

Dichos factores son lo que a menudo se llama la «economía de la atención» y la «economía de la reputación». Por descontado que no hay nada nuevo acerca de los mercados de la atención y la reputación. Cada show de televisión debe competir en el primero, y cada marca debe hacerlo en el segundo. Una celebridad se crea reputación y la convierte en atención. Pero lo que tiene de única la experiencia *online* es lo apreciable que son ambas, y que de día en día se están convirtiendo en una economía real.

¿Qué es lo que define una economía? Hasta mediados del siglo XVIII, la palabra «economía» se usaba mayoritariamente en la política y el derecho. Pero Adam Smith le confirió al término su sentido moderno cuando definió la economía como el estudio de los mercados, en particular lo que para abreviar llamamos «la ciencia de elegir bajo la escasez».

Actualmente la economía estudia algo más que los mercados monetarios. Desde la década de 1970 han surgido subespecialidades tales como economías conductuales y «neuroeconomías», tratando de explicar por qué la gente elige lo que elige basándose en los incentivos que experimenta. Atención y reputación forman muchas veces parte de ellos, a pesar de que formalmente no están descritas como mercado.

Han tenido lugar algunos intentos inteligentes de usar el lenguaje de la economía para describir los mercados de atención, como por ejemplo esta ingeniosa pirueta de Georg Franck[2], un economista alemán, en 1999:

> Si la atención que presto a los demás se evalúa en proporción a la atención que yo he ganado, en ese caso se pone en marcha un sistema de contabilidad que señala algo así como los precios de cuota social de la atención individual.
>
> Es en este mercado secundario donde se desarrolla la ambición social. Y es esta Bolsa de capital de atención lo que atribuye el significado preciso a la expresión «feria de las vanidades».

Sin embargo, cuando entonces llegó el momento de cuantificar la atención, el autor sólo disponía como medida «la presencia de una persona en los medios de comunicación», signifique eso lo que signifique.

¿Pero qué ocurre si podemos cuantificar atención y reputación igual que lo hacemos con el dinero? ¿Qué ocurre si logramos formalizarlas en los mercados adecuados de tal manera que podamos explicarlas y predecirlas recurriendo a muchas de las ecuaciones que los economistas utilizan en la economía monetaria tradicional? Para hacerlo necesitamos que atención y reputación exhiban las mismas características de otras monedas tradicionales: ser cuantificables, finitas y convertibles a otras monedas.

Realmente estamos acercándonos gracias a la creación de Tim Berners-Lee en 1999: el moderno hipervínculo. Es algo muy sencillo (sólo una hilera de caracteres que empieza por «http«://»), pero lo que eso ha creado es un lenguaje formal para el intercambio de atención y reputación, y las monedas para ambas. Actualmente, cuando reenvías a alguien desde tu blog, estás otorgándole una parte de tu propia reputación. En cierto modo le estás diciendo a tu público: «Márchate. Vete a este otro lugar. Creo que te gustará, y si es así, quizá pienses más en mí por habértelo recomendado. Y si piensas más en mí, quizá regreses a mi página más a menudo».

Idealmente, esa transferencia de reputación hace más ricas a ambas partes. Las buenas recomendaciones crean confianza en los lectores, y ser recomendado también crea confianza. Y con la confianza viene el tráfico.

Actualmente disponemos de un mercado real de reputación, y es Google. ¿Qué otra moneda de reputación *online* hay que no sea el algoritmo de Google PageRank, que mide los enlaces entrantes que definen esa red de opinión que es Internet? ¿Y qué mejor medida de atención que el tráfico en Internet?

PageRank es una idea decepcionantemente sencilla con un

gran poder. En lo fundamental, deja constancia de que los enlaces entrantes son como votos, y que los enlaces entrantes procedentes de páginas Web que a su vez poseen montones de enlaces entrantes, son más valiosos que aquellos que no los tienen. Este es el tipo de cálculo que sólo un ordenador puede hacer porque necesita tener toda la estructura de la Web en la memoria y analizar cada enlace algorítmicamente. (Es interesante observar que PageRank está basado en un trabajo anterior a escala mucho menor en las publicaciones científicas. La reputación de un autor/a puede ser calculada partiendo de las veces que se es citado/a en las notas a pie de página, un proceso llamado análisis de citas. No hay economía de reputación más explícita que la académica, que lo regula todo, desde los puestos de profesor hasta las becas.)

En el lenguaje de la economía, pasamos de la economía de reputación a la economía de atención y al dinero contante utilizando esta fórmula: el valor económico de su página Web es el tráfico que su PageRank (un número entre 1 y 10) extrae de los resultados de la búsqueda en Google de un término dado, y las veces que la palabra clave evalúa dicho término. (Un PageRank más alto implica mayor tráfico, ya que usted aparecerá antes en los resultados de búsqueda.) Y puede convertir ese tráfico en la vieja moneda en efectivo de toda la vida con sólo incluir anuncios Adsense en su página y compartir los ingresos con Google.

Nos guste o no, todos vivimos actualmente en la economía de Google al menos durante una parte de nuestra vida. En una página normal, entre un cuarto y la mitad de todo el tráfico viene de los buscadores de Google. Existe una industria al completo, llamada «optimización del motor de búsqueda», para ayudar a los sitios a incrementar su visibilidad a los ojos de Google. PageRank es el patrón oro de la reputación.

Ello convierte al cofundador de Google, Larry Page (el coqueto Page en Page Rank), en el banquero central de la economía de Google. Sus colegas de Google y él controlan la oferta de dinero. De continuo retocan ligeramente el algoritmo para asegurarse de que retiene su valor. A medida que crece Internet, evitan la «inflación» de PageRank haciendo que sea más difícil ganar. Si detectan una falsificación en PageRank, en forma de un «linkspam», ajustan el algoritmo para quitarlo de la circulación. Conservan el valor de su moneda trabajando para que sus resultados de búsqueda sobrepasen a los de la competencia en su adecuación, lo cual mantendrá la cuota de mercado de Google (actualmente un dominante 70 por ciento). El trabajo de Alan Greenspan no era muy diferente.

Pero lo mismo que sucede con los banqueros importantes actualmente, controlar una moneda no es lo mismo que controlar toda la economía. Piense en Google como los Estados Unidos de Internet: sólo la mayor de muchas economías de reputación y atención. No es una economía cerrada, ya que es sólo una parte de la mayor economía de la red. Y en su derredor hay incontables economías de la reputación y la atención, cada una con su propia moneda.

Facebook y MySpace tienen «amigos». EBay tiene índices de compradores y vendedores. Twitter posee «seguidores», Slashot tiene «karma», y así sucesivamente. En cada caso la gente puede acumular capital de reputación y dirigirlo hacia la atención. Le corresponde a cada cual encontrar la forma de convertir eso en dinero, si eso es lo que él o ella desea (la mayoría no lo hace), pero la cuantificación de la reputación y la atención es actualmente un empeño global. Es un mercado en el que ahora jugamos todos, lo sepamos o no. La reputación, que antaño era intangible, ahora es cada vez más concreta.

Todas esas economías coexisten en la Red, y menguan o fluyen con las mareas de atención (incluso si deseasen controlar la atención al completo, no podrían). Pero hay una categoría creciente de economías cerradas *online* en las que los banqueros centrales poseen mucho más poder. Se trata de juegos *online*, desde

Warhammer a Lineage, que como no podía ser menos usan dos monedas: una de atención, en la que los jugadores ganan dinero virtual con sus jugadas, y otra real, que utilizan para comprar dinero virtual si no quieren invertir tiempo en ganarlo.

En cada uno de esos juegos, las empresas que hay detrás se toman en serio su papel de banqueros centrales. Si los técnicos de Warhammer no ponen atención al suministro de oro, el valor de éste caerá y el mercado de reventa se colapsará. Los diseñadores de juegos muchas veces recurren a economistas académicos para ayudarles a trazar las economías internas del juego y para evitar todos los males de las economías del mundo real, desde la falta de liquidez al fraude.

Pero, en definitiva, todos esos juegos giran en torno a la escasez última: el tiempo. El tiempo es realmente dinero, y en el

¿CÓMO PUEDE SER GRATUITA LA EDUCACIÓN UNIVERSITARIA?

 No se necesita matricularse en la UC Berkeley para ver a Richard A. Muller impartir sus populares conferencias "Physics for Future Presidents". Están en YouTube junto con las intervenciones de otro centenar de profesores de Berkeley, y que han sido vistas colectivamente más de dos millones de veces. Y no es sólo Berkeley. Stanford y el MIT también cuelgan conferencias en YouTube, y la iniciativa "OpenCourseWare" del MIT ha puesto online la práctica totalidad del programa de estudios de la universidad, desde apuntes de clase a trabajos y vídeos de demostración. Asistir a esas universidades y recibir esas clases puede costar más de $35.000 al año. ¿Por qué las están regalando?

▶ **Las clases no son educación universitaria.**
Dejando a un lado el pequeño detalle del título, que no se puede obtener vía YouTube, una educación universitaria es algo más que clases y lecturas. La matrícula da derecho a hacer preguntas, compartir ideas y solicitar ayuda de profesores como Muller. Proporciona acceso a la red de estudiantes y al intercambio de ideas, y a las relaciones que esa red ofrece. Para las universidades, los contenidos gratuitos son marketing. Los mejores estudiantes eligen su centro. Una muestra del increíble nivel de un determinado programa o profesor puede atraerlos.

▶ **Crean demanda de conocimientos.**
Hasta la fecha, una de las conferencias de Muller lleva contabilizadas 200.000 entradas. Eso son tres veces la capacidad del estadio de fútbol de la UC Berkeley. Tras convertirse en una celebridad de la Web, Muller firmó un contrato para escribir una versión en tapa dura del texto que escribió para sus clases. Publicado en el verano de 2008, *Physics for Future Presidents* fue ampliamente comentado en la prensa de masas. Meses más tarde continuaba en lo más alto de una de las listas de best sellers de Amazon. Resulta fácil ver cuánto bien le ha hecho lo Gratis al profesor Muller.

meollo de esas economías de juego hay una compensación entre ellas. Los jugadores jóvenes puede que tengan más tiempo que dinero, y pueden acumular monedas de atención con sus clics. Los jugadores mayores pueden tener más dinero que tiempo, y pueden comprar atajos. Los diseñadores de juegos tratan de alcanzar un equilibrio entre ellos de forma que los jugadores puedan competir entre sí y avanzar en ambos sentidos. Y a medida que los diseñadores hacen eso, están creando algunas de las economías no monetarias más cuantificadas que se hayan visto nunca.

La economía del regalo

En 1983 el sociólogo Lewis Hyde[3] escribió *The Gift* (El regalo), uno de los primeros libros que trataron de explicar los mecanismos de una de las más antiguas tradiciones sociales: dar cosas gratis a la gente. Se centró fundamentalmente en islas del Pacífico y otras sociedades «primitivas» que no habían adoptado economías monetarias formales. En lugar de ello, el rango se establecía mediante obsequios y rituales (sustitución del dinero mediante monedas culturales.

Muchas de esas sociedades vivían inmersas en abundantes recursos naturales —la comida crecía realmente en los árboles—, de modo que las necesidades básicas de subsistencia las proporcionaba la naturaleza. Debido a ello podían ascender por la pirámide de Maslow y centrarse en las necesidades sociales. Los regalos hacían el papel de cemento social: en el caso de algunas tribus nativas de América, el papel implícito del regalo era que llevaba consigo la reciprocidad obligatoria («devolver el regalo»). Los regalos tampoco debían retenerse sino ser regalados a otros («el regalo debe moverse siempre»). Actualmente consideramos peyorativo el término «donante indio», pero es consecuencia de lo que notó Hyde: en esas culturas era del todo imposible llegar a poseer un regalo. Era, más bien, un signo de buena voluntad, y sólo conservaba ese valor si permanecía en circulación.

Hyde se centró fundamentalmente en economías del regalo de cosas, —es decir, objetos reales intercambiados (como vemos hoy en Freecycle: véase el recuadro en página 245). Pero siempre ha existido una economía del regalo de buenas acciones mucho más amplia: las cosas que hacemos por los demás sin cobrar. Y como en las economías de la atención y la reputación, esta efímera economía del regalo se ha vuelto súbitamente explícita y mensurable al hacerse *online*.

En el negocio tradicional de los medios de comunicación, en los que trabajo, tienes que pagar a la gente para que escriba. A dólar la palabra es lo más bajo de la escala. Los escritores realmente buenos pueden ganar 3 dólares o más por palabra. Si estuviese escribiendo esta frase para un semanario de modas (y éste me adulase pagándome el máximo) podría ganar 23 dólares. Pero algo ha cambiado. En el último recuento había 12 millones de blogs en activo, gente o grupos de gente escribiendo al menos una vez a la semana, generando miles de millones de palabras a la semana. Apenas unos pocos miles de esos trabajadores reciben algún pago por ello.

Se puede ver lo mismo por doquier, desde los críticos de producto aficionados en Amazon hasta los entusiastas del cine que han hecho de IMDB [Internet Movie Database] el compendio de información sobre películas y rodajes más completo del mundo. Una parte de todo ello son los mensajes informales de los grupos de apoyo en los incontables foros de discusión, pero también incluye proyectos que han supuesto semanas o meses de trabajo, tales como guías de videojuegos creados por jugadores y catálogos de todas clases (hay por ahí montones de «completionists» que adoran ser los máximos expertos mundiales en *algo* y compartirlo con todos).

No hay nada nuevo a este respecto, la gente siempre ha creado y contribuido gratis. No llamábamos «trabajo» a lo que hacían porque no estaba pagado, pero cada vez que usted da un consejo gratuito a alguien, o se presta voluntario para alguna cosa, está haciendo algo que en otro contexto sería el trabajo de alguien. Ahora los profesionales y los aficionados están de repente en el mismo mercado de atención, y esos mundos paralelos están en competencia. Y hay muchos más aficionados que profesionales.

¿Qué motiva a los aficionados creativos si no es el dinero? Mucha gente da por supuesto que la economía del regalo se sustenta fundamentalmente en la generosidad, pero —como observó Hyde en los isleños del Pacífico—, no es todo altruismo. Adam Smith lo vio correctamente: el interés propio progresista es la fuerza más poderosa de la humanidad. La gente hace cosas gratis mayormente por razones propias: por diversión, porque tienen algo que decir, porque desean que la gente les preste atención, porque desean que sus opiniones suban de valor, y otras incontables razones personales.

En 2007, Andy Oram[4], un editor de O´Reilly Media, examinó la increíble variedad de documentación generada por los usuarios —manuales de instrucciones para *software, hardware* y juegos que van más allá de los suministrados por sus creadores—, y se preguntó qué motivaba a la gente para hacerlo. Llevó a cabo una investigación durante 1 año, y después realizó un gráfico con los resultados. La razón principal era la «comunidad», gente que se sentía parte de un colectivo y deseaba contribuir a su vitalidad. La segunda era «desarrollo personal», que remite al máximo nivel de Maslow, la autorrealización. En tercer lugar venía la «ayuda mutua», lo cual sugiere que muchos de los participantes eran lo que los sociólogos llaman «expertos», gente con conocimientos y que les encanta compartirlos. (Curiosamente, en la encuesta de Oram la reputación figuraba en un lugar relativamente bajo entre las motivaciones.)

¿CÓMO PUEDEN SER GRATUITOS MILLONES DE ARTÍCULOS DE SEGUNDA MANO?

Todo empezó con una cama. En la primavera de 2003 Deron Beal descubrió que las instituciones benéficas de su ciudad, Tucson, Arizona, no querían su colchón viejo por razones sanitarias. Para promover la reducción de desechos fundó Freecycle.org, una Web que pone en contacto a la gente con otras personas que tienen objetos y que carecen de tiempo para venderlos o llevarlos al vertedero.

Al no tener ánimo de lucro, *Freecycle* opera con un presupuesto anual modesto (140.000 dólares) y sin apenas publicidad (una barra de Google como patrocinador). Bajo el impulso de grupos Yahoo de organización espontánea, gestionados por moderadores locales voluntarios, Freecycle únicamente admite a usuarios que explican (en 200 espacios o menos) sus motivos. Para aquellos que entienden el espíritu del "dar y tomar" implícito en la iniciativa, les aguarda una plétora de cosas gratuitas: sofás de cuero, televisores, bicicletas estáticas, lo que quieras.

Es cierto que las economías del regalo infes-

tan la Red. Pero nunca ha habido una plataforma más eficaz para difundir lo que se ofrece. En cierto modo, la distribución online de coste cero ha transformado el intercambio en una industria. Han aparecido páginas Web similares: sharingisgiving.org, freecycleamerica. org, freesharing.org. Los usuarios de Craigslist también ofrecen objetos gratis. Sin embargo, ninguna otra página Web ha creado una comunidad tan activa y ferviente y que depende únicamente de lo Gratis.

Actualmente la creación de Beal mide su éxito no en dólares sino en las toneladas de objetos regalados (¡600 ton. diarias!), personas (5,9 millones repartidas entre 4.619 Grupos Yahoo) y países implicados (85). En 2008, esos 5,9 millones de miembros entregaron aproximadamente 20.000 objetos diarios, casi 8 millones en total (un promedio de al menos 1 objeto por persona). Si cada regalo hubiese alcanzado una media de, pongamos, $50 en Craigslist, el volumen de la economía de *Freecycle* rondaría los $380 millones al año.

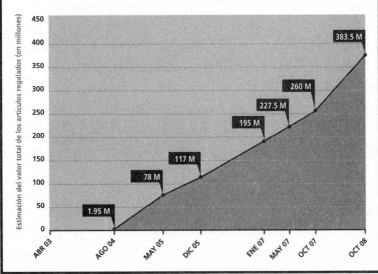

Valor potencial de la economía de *Freecycle*

¿Y de dónde saca tiempo la gente? No haciendo alguna otra cosa, o abandonando cosas que no reportan las mismas recompensas sociales y emocionales. Imagine que pudiésemos aprovechar el potencial humano que se pierde mirando la televisión. (En realidad, no hay necesidad de imaginarlo: las tendencias de los índices de audiencia sugieren que el tiempo de televisión ha llegado al máximo, y que cada vez elegimos más las pantallas que nos permiten producir «y» consumir).

En un mundo en el que el alojamiento, la comida y el resto de las necesidades de subsistencia de Maslow se satisfacen sin necesidad de trabajar en los campos de sol a sol, nos encontramos con «ciclos de sobra», o lo que los sociólogos llaman «excedente cognitivo» (energía y conocimiento no totalmente aprovechados por nuestros trabajos). Al mismo tiempo, tenemos necesidades emocionales e intelectuales que tampoco quedan totalmente satisfechas por el trabajo. Lo que nos garantiza nuestro «trabajo gratuito» en un área que respetamos es atención, expresión y un público.

En resumidas cuentas, hacer gratuitamente cosas que nos gustan da más felicidad que lo que hacemos por un salario. Todavía tenemos que comer, pero como mostró Maslow , hay vida más allá de eso. La oportunidad de contribuir de una forma que es a la vez creativa y apreciada es exactamente la clase de realización que Maslow privilegiaba por encima de las restantes aspiraciones, y lo que muchos trabajos raras veces ofrecen. No es de extrañar que Internet haya estallado, impulsada por el trabajo voluntario: hacía que la gente fuese feliz siendo más creativa, que contribuyese y tuviese influencia, y que fuese reconocida como experta en algo. El impacto de tal economía de producción no monetaria ha existido en nuestra sociedad desde hace siglos, aguardando la llegada de los sistemas sociales y las herramientas para realizarse totalmente. La red proporcionó esas herramientas, y de pronto surgió un mercado de lo gratis.

13

El derroche es bueno (en ocasiones)

La mejor forma de explotar la abundancia
es renunciar al control

D e cuando en cuando recibo un correo electrónico en el trabajo del departamento de tecnologías de la información
(TI) diciéndonos a los empleados que ha llegado el momento de
«borrar de las carpetas compartidas los archivos no necesarios»,
que es la forma que tienen allí de decir que han agotado la capacidad de almacenamiento de sus ordenadores. Puesto que somos
buenos ciudadanos corporativos, repasamos diligentemente nuestras carpetas en el servidor y rebuscamos entre los archivos para
ver si realmente los necesitamos, borrando los prescindibles. Es
posible que usted haya hecho lo mismo.

Un día, después de hacer esto durante años, empecé a pre-
guntarme qué capacidad de almacenamiento nos reservaban en
realidad los de TI a nuestra oficina. Para ofrecerle una perspectiva
de la respuesta, almacenar 1 terabyte (1.000 GB) costaba unos
130 dólares cuando lo pregunté. Hace poco, cuando compramos
para casa un portátil Dell estándar que mis hijos utilizan para sus
videojuegos, ya traía instalado un disco duro de 1 terabyte

O sea que, ¿de cuánto almacenamiento disponíamos para toda mi oficina? Resultó que no mucho: 500 GB, o sea, 0,5 terabyte. Mis hijos tenían el doble de almacenamiento que toda mi oficina.

¿Cómo era posible? La respuesta es sencilla: por alguna razón seguíamos pensando que el almacenamiento era caro, cuando de hecho se había vuelto muy barato. Tratamos lo abundante —la capacidad del disco duro— como si fuera escasa, y lo escaso —el tiempo de la gente— como si fuese caro. Nos hemos equivocado en la ecuación. (Permítaseme que me apresure a añadir que mi oficina añadió de inmediato un montón de capacidad de almacenamiento, y esos mensajes no han vuelto a llegar.)

Esto ocurre por doquier. Cuando su compañía telefónica le dice que su buzón de voz está lleno, eso es una escasez artificial: cuesta menos de 1 céntimo almacenar un centenar de mensajes de voz, y el iPod medio puede almacenar 30.000 mensajes (como se graban con menos calidad que la música, ocupan menos espacio). Al obligar a los abonados a invertir tiempo en borrar mensajes de voz, las compañías de teléfono se ahorraban un poco de dinero a costa de gastar un montón de tiempo de los abonados. Gestionaban la escasez que podían medir (almacenamiento), pero olvidaban gestionar la escasez mucho mayor de la buena fe de sus clientes. No es de extrañar que, después de las cadenas de televisión por cable, las compañías telefónicas sean las más odiadas.

Esta es una lección para que aceptemos el despilfarro. Así como Carver Mead predicaba el sermón de desechar los transistores, Alan Kay respondió prodigándolos en el Eye Candy, facilitando así el uso de los ordenadores, de manera que los innovadores actuales son los que le dan vueltas a las nuevas abundancias y buscan la manera de derrocharlas. En el buen sentido.

Pero lo gracioso acerca del despilfarro es que está relacionado con el sentido de la escasez que todos tenemos. Nuestros abuelos crecieron en una época en que las conferencias telefónicas eran un lujo caro y debían ser programadas y cortas. Incluso hoy a muchos de aquella generación les incomoda que la gente les tenga mucho rato en una conferencia; todavía escuchan en su cabeza el tic tac del contador y se apresuran a terminar. Pero nuestros hijos están creciendo en una era en la que las comunicaciones interurbanas no cuestan más que las locales en sus teléfonos móviles. Y hablan felices durante horas. Desde la perspectiva de los costes de las comunicaciones en la década de 1950, eso es terriblemente despilfarrador. Pero hoy, cuando esos costes han caído casi a cero, no lo pensamos dos veces. No nos parece un derroche. En otras palabras, la escasez de una generación es abundancia para la siguiente.

La naturaleza despilfarra vida

Nuestros cerebros parecen estar programados para resistirse al despilfarro, pero como mamíferos somos relativamente únicos en ese aspecto. Los mamíferos tienen el número de crías más bajo del reino animal, y como resultado invertimos un montón de tiempo en cuidar y proteger a cada cría para que pueda alcanzar la vida adulta. La muerte de un solo ser humano es una tragedia de la que a veces los supervivientes no se recuperan, y valoramos la vida individual por encima de todo.

Como resultado, tenemos un sentido muy desarrollado de la inmoralidad del derroche. Nos sentimos mal ante el juguete no querido o la comida no consumida. A veces hay una buena razón, pues comprendemos el gran coste social del despilfarro, pero muchas veces es sólo porque nuestros cerebros de mamíferos están programados así.

Sin embargo, el resto de la naturaleza no se comporta igual. Una hembra de atún puede llegar a soltar al menos 10 millones de huevos durante la temporada de desove. Quizás diez lleguen a la edad adulta. Muere 1 millón por cada uno que sobrevive.

La naturaleza despilfarra vida en busca de vida mejor. Muta el ADN provocando fracaso tras fracaso con la esperanza de que de cuando en cuando una nueva secuencia sobrepasará a las anteriores y así las especies evolucionarán. La naturaleza pone a prueba sus creaciones matando rápidamente a la mayoría de ellas, la batalla «roja por dientes y garras»* que determina la ventaja reproductora.

La razón de que la naturaleza sea tan derrochadora es que las estrategias indiscriminatorias son el mejor camino hacia lo que los matemáticos llaman «exploración completa del espacio potencial». Imagine un paisaje de desierto con dos albercas separadas por una cierta distancia. Si es usted una planta que crece cerca de una de ellas, puede tener una de estas dos estrategias reproductivas diferentes. Puede dejar caer semillas cerca de sus raíces, donde hay muchas probabilidades de encontrar agua. Es seguro, pero no tardará en producirse una aglomeración. O puede lanzar las semillas al aire y dejarlas que se alejen volando. Ello implica que casi todas morirán, pero es la única forma de encontrar esa segunda charca de agua en la que la vida puede expandirse hasta un segundo nicho, quizá más rico. La vía para obtener lo que los matemáticos llaman «máxima local» frente a la «máxima global» es explorar mientras tanto un montón de «mínimas» estériles. Es un derroche, pero a la larga puede dar resultados.

Cory Doctorow[1], el escritor de ciencia ficción, lo llama «pensar como la hierba llamada diente de león». Escribe:

La disposición de cada una —o incluso de la mayoría— de las semillas no es lo importante desde el punto de vista de un diente de león. Lo que importa es que cada primavera cada grieta de todos los pavimentos quede repleta de dientes

---

* Red in tooth and claw, expresión de Lord Tennyson, *In memoriam A. H. H.* (N. del T.)

de león. La planta no desea criar una sola preciosa copia de sí misma en la esperanza de que abandone el nido y se abra camino hasta el siguiente terreno óptimo para el crecimiento y allí pueda perpetuar el linaje. El diente de león sólo quiere asegurarse de que explota todas las oportunidades individuales de reproducción.

Así es como se debe aceptar el despilfarro. Las semillas son demasiado baratas para contarlas. Parece un error, incluso extraño, desperdiciar tanto, pero es la forma correcta de sacar ventaja adecuadamente de la abundancia.

Piense en el robot aspirador Roomba. Cuesta mirarlo y no sentir lástima por su estupidez mientras va de aquí para allá por la habitación resiguiendo azarosamente sus pasos y dejando evidentes zonas de polvo. Pero finalmente la alfombra queda limpia cuando ese paseo aleatorio termina cubriendo hasta el último centímetro cuadrado. Puede que le cueste una hora hacer lo que a usted le costaría cinco minutos, pero no es el tiempo de usted, es el de la máquina. Y a la máquina le sobre tiempo.

Hacer un mundo seguro para vídeos de gatos

Quizás el mejor ejemplo de una gloriosa aceptación del despilfarro sea YouTube. He escuchado muchas veces la queja de que YouTube no constituye una amenaza para la televisión porque está «lleno de estupideces». Lo cual es, imagino, verdad. El problema es que no nos pondremos de acuerdo en qué es «estupidez» porque no podemos ponernos de acuerdo en lo contrario, «calidad». Puede que usted vaya buscando vídeos divertidos de gatos y que mis seminarios favoritos de soldadura no le interesen. Yo mientras tanto deseo ver vídeos divertidos de vuelos acrobáticos, y las clases de cocina que a usted le gustan no me interesan en absoluto. Y los vídeos de nuestra encantadora familia nos resultan divertidos a nosotros y absolutamente aburridos al resto. La estupidez está en el ojo del espectador.

Incluso los vídeos más populares de YouTube puede que no alcancen la definición estándar de calidad de producción de Hollywood; esos vídeos son de baja resolución y están deficientemente iluminados, la calidad de sonido es horrible y carecen de trama. Pero nada de ello cuenta porque lo más importante es la «pertinencia». Siempre elegiremos un vídeo de «baja calidad» sobre algo que de verdad nos interesa antes que uno de «alta calidad» sobre algo que no nos interesa.

Unos cuantos fines de semana atrás mis hijos tuvieron ocasión de elegir en qué iban a emplear las dos horas de «tiempo de pantalla» a las que tienen derecho los sábados y domingos. Les sugerí que era el momento adecuado para *La guerra de las galaxias* y les di a elegir. Podían ver cualquiera de las seis películas en un magnífico DVD con una gran pantalla en alta definición, sonido envolvente y palomitas. O podían mirar en YouTube las animaciones *stop motion* de Lego sobre escenas de *La Guerra de las galaxias* realizadas por niños de 9 años. No hubo discusión: eligieron el ordenador.

De ello se deduce que a mis hijos, y a muchos como ellos, en realidad no les interesa *La Guerra de las galaxias* tal y como la hizo Georg Lucas. Les interesa más lo que hacen niños sin que importen las cámaras que tiemblan o los dedos en el encuadre. Cuando yo era pequeño, había numerosos productos inteligentemente diseñados para hacer llegar a los niños la franquicia de *La Guerra de las galaxias*, desde regalos hasta las tarteras para el almuerzo, pero que yo sepa nadie pensó en animaciones *stop motion* de Lego creadas por niños.

La demanda de esas creaciones ha debido de estar ahí siempre, pero eran invisibles porque a ningún *marketer* se le ocurrió ofrecerlas. Pero una vez que dispusimos de YouTube y no necesitamos el permiso de un *marketer* para hacer las cosas, de pronto surgió un mercado invisible. Colectivamente encontramos una categoría que a los creadores de mercados les había pasado desapercibida. (Hay docenas de mercados amateur como éste de *La guerra de las galaxias,* desde los *fan fiction* a la Legión 501 para adultos que se fabrican sus propios y asombrosos atuendos de «storm trooper» y luego se reúnen para hacer recreaciones.)

Todos esos vídeos aleatorios en YouTube no son sino semillas de dientes de león en busca de suelo fértil donde aterrizar. En cierto modo, «despilfarramos vídeos» en busca de un vídeo mejor, explorando el espacio potencial de lo que puede ser una imagen en movimiento. YouTube es un vasto experimento colectivo para inventar el futuro de la televisión, un invento al mismo tiempo irreflexivo y pródigo para colgar cosas en Internet. Antes o después, mediante YouTube u otros como él, cada vídeo posible de realizar será realizado, y cada realizador que pueda llegar a ser un realizador lo será. Y lo hará explorando cada nicho posible. Si reduces los costes de la exploración de un espacio, puedes ser menos selectivo en cómo lo haces.

Nadie decide si un vídeo es lo bastante bueno como para justificar el escaso espacio de Internet que ocupa porque no hay escasez de espacio en Internet. La distribución es lo suficientemente cercana a cero para hacer un redondeo. Actualmente cuesta unos 25 céntimos hacer llegar una hora de vídeo a una persona. El año próximo costará 15 céntimos. Y un año después será menos de 1 céntimo. Esa es la razón por la cual los creadores de YouTube decidieron ofrecerlo *gratis y libre.** El resultado es un caos y funciona contra todos los instintos del profesional de televisión, pero eso es lo que requiere y exige la abundancia. Si YouTube no lo hubiese hecho, cualquier otro habría ocupado su lugar.

Lo que se deduce de todo esto es la diferencia entre la forma de

---

* En castellano en el original. (N. del T.)

pensar la abundancia y la escasez. Si controlas recursos escasos (pongamos que la programación *prime-time* de emisión), tienes que ser selectivo. Hay costes reales asociados con esas porciones de tiempo de emisión, y la penalización por no llegar a decenas de millones de telespectadores se calcula en números rojos y carreras arruinadas. No es de extrañar que los directivos de las cadenas recurran a comedias y celebridades: son una apuesta segura en un juego muy caro.

Pero si dispones de recursos abundantes puedes permitirte asumir riesgos dado que el precio por el fracaso es muy bajo. No despiden a nadie cuando el vídeo que usted ha colgado en YouTube sólo lo ve su mamá.

Pese al éxito, YouTube todavía no ha conseguido aportar dinero a Google. La empresa no ha sabido cómo aunar los anuncios en vídeo con los contenidos de una forma similar a lo que ha hecho con los textos de anuncios y los textos de contenidos en la Red. Google no sabe en realidad de qué va el vídeo que usted cuelga en la Red, e incluso si lo supiera, probablemente no tendría el anuncio en vídeo adecuado para él. Por otra parte, a los anunciantes les incomoda claramente que sus marcas sean colocadas junto a unos contenidos generados por los usuarios y que pueden resultar ofensivos.

Las cadenas de televisión vieron una oportunidad en esa carencia y crearon un servicio de vídeo competidor, Hulu. Éste ofrece fundamentalmente vídeo comercial, en su mayoría extraído de la televisión, pero es tan cómodo y accesible como YouTube. Puesto que su contenido posee una calidad reconocida, y que muchas veces es lo mismo que ya están pasando en la televisión, los anunciantes insertan felices sus anuncios a emitir antes, después, o incluso como una interrupción del programa. Es gratis, por descontado, pero a diferencia de YouTube, usted paga con su tiempo y su irritación, exactamente igual que en la TV comercial. Pero si lo que usted quiere es *30 Rock*, y lo quiere ahora mismo, en su navegador, ésa es la única vía legal de conseguirlo.

Gestionar la escasez

El modelo YouTube es totalmente gratuito: es gratis mirar, y gratis colgar tu propio vídeo, libre de interrupciones. Pero no genera dinero. Hulu sólo es gratis para mirar, y se paga a la antigua, viendo anuncios que pueden interesarle o no. Y, sin embargo, genera grandes ganancias. Las dos distribuidoras de vídeo ilustran la tensión entre modelos diferentes de lo Gratis. Aunque los usuarios puede que lo prefieran gratis al cien por cien, una pequeña escasez artificial es la mejor forma de hacer dinero.

Puedo ver esto todos los días en tanto que editor de una revista, en la que vivo en ambos mundos. En papel impreso opero bajo la normas de la escasez, dado que cada página es cara y dispongo de un número limitado de ellas. Puesto que aceptar una propuesta de artículo es tan caro, desde las docenas de personas que se verán implicadas hasta las imprentas que un día imprimirán las palabras en una página, mi trabajo consiste en decir no a casi todo. Ya sea rechazando explícitamente propuestas, o lo más habitual, poniendo el listón tan alto que la mayor parte de las propuestas empiezan por no llegar hasta mi. Dado que soy responsable de asignar recursos costosos, me amparo en una jerarquía tradicional de gestión de arriba abajo, con una cadena de aprobaciones hasta que algo llega a imprimirse.

Nuestras páginas no son sólo caras, también son inalterables. Una vez que se ponen en marcha las rotativas, nuestras equivocaciones y errores de juicio quedan para la eternidad (o al menos hasta que sean recicladas). Cuando tomo una decisión en el proceso de producción, nos comprometemos con una vía de la que resulta caro desviarse. Si llega algo mejor, o mi decisión no resulta tan acertada como lo parecía unas semanas atrás, a veces debemos seguir adelante de todas formas y sacar el mejor partido de ello. En este caso nos vemos obligados a centrarnos en los costes económicos ignorando los potencialmente mayores costes de oportunidad de todas las vías no adoptadas debido a nuestro modelo de edición basado en la escasez.

Sin embargo, las páginas *online* son infinitas e infinitamente cambiables. Es una economía de la abundancia que invita a un planteamiento de gestión totalmente diferente. En nuestra página Web tenemos docenas de *bloggers*, muchos de ellos aficionados y que escriben lo que quieren, sin editarlo. En rincones de la página invitamos a los lectores a contribuir con sus propios contenidos. Nuestra respuesta por defecto a propuestas de artículos puede ser afirmativa, o más exactamente: «¿Y por qué me lo preguntas?» El coste de una mala historia es que mayormente no será leída, no que vaya a desplazar a otra potencialmente más interesante. Los éxitos suben a lo más alto, mientras que los fracasos caen al fondo. Todo el mundo puede salir y competir por la atención, ganando o perdiendo según sus méritos, y no es la apuesta de un gerente acerca de lo que la gente quiere.

En la realidad, la gestión de esos dos mundos por supuesto que no es blanco o negro. Pese a que dispongamos de páginas ilimitadas en Internet, todavía tenemos una reputación que mantener y una marca que preservar, de modo que no es del todo

	Escasez	Abundancia
Normas	"Todo está prohibido a menos que esté permitido"	"Todo esta permitido a menos que esté prohibido"
Modelo social	Paternalismo ("sabemos lo que es mejor")	Igualitarismo ("tú sabes lo que es mejor")
Plan de beneficios	Modelo de negocio	Ya lo pensaremos
Proceso de decisión	De arriba abajo	De abajo arriba
Estilo de gestión	Mando y control	Fuera de control

gratis. Es una estructura híbrida en la que costes y control tienden a moverse en paralelo; cuanto más bajos los costes, menos control debemos ejercer. Estándares tales como fidelidad e imparcialidad se aplican a todos sin excepción, pero en el papel impreso debemos intentar con grandes dispendios que todo esté correcto antes de publicarlo, mientras que en Internet podemos corregir sobre la marcha. Puesto que competimos en el mercado de la escasez y en el de la abundancia, una estructura de gestión única no sirve para ambos: debemos dedicarnos simultáneamente al control y al caos.

¿Suena esquizofrénico? Es tan sólo la naturaleza del mundo híbrido en el que nos adentramos, en el que escasez y abundancia existen una junto a la otra. Nos desenvolvemos bien con el concepto de escasez: es el modelo organizativo del siglo XX. Ahora debemos hacerlo igual de bien con el concepto de abundancia. He aquí unos cuantos ejemplos de cómo funciona eso:

14

El mundo gratis

China y Brasil son las fronteras de lo Gratis.
¿Qué podemos aprender de ellos?

Me encuentro en un gran salón de banquetes de Guang-zhou, China, sentado en la primera fila de un show espectacular. Ya han pasado los acróbatas, la exhibición de kung fu, las bailarinas y el número humorístico. Ahora le toca a la auténtica estrella, Jolin Tsai, la sensación de Taiwan. La audiencia aplaude según va cantando algunas de sus canciones más conocidas, con su vestido largo brillando bajo los focos contra el fondo de su propio rostro ampliado al tamaño del salón mediante una enorme pantalla de vídeo.

Sin embargo, no es un concierto. Es una reunión de ventas con empleados y socios de *China Mobile*. Hemos tenido un día de disertaciones sobre el negocio de las telecomunicaciones, y la costumbre es terminar con un elegante show. Es probable que Tsai haya cobrado por su actuación más de lo que gane con las ventas de cedés durante un año.

China es un país en el que ha ganado la piratería. Años de tibias campañas bajo presión diplomática de Occidente no han tenido efecto aparente en los vendedores callejeros o en las incontables webs que albergan MP3 para descargar. Todos los años hay algunas redadas ceremoniales contra la piratería, y ocasionalmente algunas de las principales páginas Web deben pagar multas, pero nada de todo ello ha impedido al consumidor medio de música en China encontrar gratis prácticamente lo que quería.

De manera que en lugar de luchar contra la piratería, una nueva hornada de músicos chinos la está aprovechando. La piratería es una forma de marketing a coste cero que lleva sus trabajos a la audiencia más extensa posible. Ello maximiza su fama (al menos durante la breve duración de la fama de cualquier estrella china), y a ellos les corresponde encontrar la forma de convertir esa fama en dinero.

Xiang Xiang es una estrella china del pop de 21 años de edad y famosa sobre todo por su descarada «Song of Pig» [Canción del cerdo]. De su último álbum se hicieron casi 4 millones de copias. El problema es que prácticamente todas ellas eran versiones piratas. O mejor dicho, es el problema de su sello discográfico. A ella le va bien. En lo que a la artista concierne, son 4 millones de fans que no hubiese tenido si se hubieran visto obligados a pagar el precio total del álbum, y a ella le gusta la respuesta y la adulación. También le gusta el dinero que obtiene por las actuaciones personales y el prestar su imagen a productos, todo ello posible gracias a la fama lograda por la piratería. Y luego están las giras de conciertos, que la llevarán este verano a 14 ciudades. Los piratas son sus mejores vendedores.

Se calcula que la piratería representa el 95 por ciento de la música que se consume en China, lo cual ha obligado a las compañías discográficas a reconsiderar al completo la clase de mercado en que se encuentran. Puesto que no pueden ganar dinero vendiendo música en discos de plástico, hacen otra clase de ofertas. Les piden a sus artistas que graben singles para la radio en lugar de álbumes para los consumidores. Hacen las veces de agentes personales de los cantantes, y obtienen un porcentaje de las tarifas de éstos por hacer anuncios y spots de radio. E incluso los conciertos los pagan anunciantes contactados por los sellos discográficos, los cuales incluyen en el escenario a tantos de sus artistas como pueden para maximizar sus cargos a los patrocinadores. El mayor problema es que los cantantes se quejan de lo interminable de esas giras, que les proporcionan su único ingreso, pero que castigan sus cuerdas vocales.

«China será un modelo para la industria mundial de la música», predice Shen Lihui, responsable de Modern Sky, uno de los sellos chinos más innovadores. Los cedés de la empresa raras veces dan dinero porque los más populares son rápidamente pirateados. Pero la casa tiene otras formas de ganar dinero mediante la producción de vídeos y, cada vez más, páginas Web. Lleva también un festival de música de tres días que atrae a aficionados de todo el país. Las ventas de entradas son una parte de sus ingresos, pero el dinero de verdad viene de las grande corporaciones que lo patrocinan: Motorola, Levi´s, Diesel y otras.

Esto no quiere decir que no se pueda vender música en China: puedes, siempre y cuando las canciones duren menos de 20 segundos. El negocio de los tonos de llamada y los *ringback* es amplio: China Mobile, el máximo suministrador, informó que los ingresos por música en 2007 superaron los 1.000 millones de dólares. La mayor parte le correspondió a China Mobile, por supuesto, pero no deja de ser dinero real.

Ed Peto[1], un británico radicado en Pekín, está buscando otra forma de hacer negocio con la música. Su empresa, MicroMu, contrata a artistas «indie» [independientes] emergentes y busca marcas para que patrocinen toda la operación por una determinada cantidad mensual. Esta forma de trabajar puede sonarle extraña a un sello discográfico occidental, pero es muy razonable para un comercializador de productos en China, que en esta ecuación se convierte en el cliente que paga.

MicroMu graba artistas tan barato como puede, ya sea en directo frente a un público durante un show patrocinado, en un estudio barato o en una sala de ensayo. Se filma todo lo relativo a estas sesiones y se realizan una serie de contenidos de vídeo con todo ello. Cada grabación se distribuye a través de un «blog post» en la página Web de MicroMu, junto con enlaces para bajar gratis MP3, álbumes completos para descargar, créditos, material gráfico, etc. La empresa presenta acontecimientos en directo, incluidas giras por las universidades.

Las marcas de vaqueros y bebidas patrocinan a MicroMu pero no a los artistas individuales (para evitar que se mancille su credibilidad como independientes). El porcentaje del dinero del patrocinio se divide entre los artistas de acuerdo con el número de descargas que reciben en la Web.

«En el momento en que pones un precio para acceder a la música en China, pierdes el 99 por ciento de la audiencia —dice Peto—. La música es un lujo para la clase media en China, un gasto superfluo. Este modelo va en contra de ello. Utilizamos únicamente la música gratis y los medios para decir "todo el mundo es bienvenido", y establecer así un diálogo, crear una comunidad y convertirnos en la base del movimiento musical en China. Para hacerlo, sin embargo, tenemos que ser toda clase de cosas: sello discográfico, comunidad *online*, productores de conciertos en directo, vendedores de *merchandising* y una compañía productora de televisión.»

Tal y como va en China, así puede ir en el resto del mundo. En 2008, las ventas de discos descendieron cerca de un 15 por ciento en Estados Unidos, y todavía no se ve el fondo. Puede llegar el día en que muchos sellos se rindan sin más y sigan el modelo chino, dejando que la música sea gratis y una forma de marketing para el talento; el dinero lo ganarán por vías no tradicionales tales como la promoción de productos y el patrocinio. Ya hay algunos vislumbres de esto: el acuerdo que tiene Madonna con Live Nation se basa en un reparto de todos los ingresos, incluidos los de las giras y el *merchandising*. Y agencias de búsqueda de talentos tales como CAA e ICM están pensando en convertirse en sellos musicales para evitarse intermediarios. En un mundo en el que la definición de la industria de la música cambia de un día para otro, lo que permanece es que la música crea fama. Hay problemas peores que el reto de transformar la fama en fortuna.

El canal de la economía ilegal

La piratería en China no se limita a las películas, el *software* y la música. Basta bajarse del tren en Shenzhen para ser bombardeado de inmediato con relojes Rolex falsos, perfumes Chanel, bolsos Gucci e incontables sucedáneos de juguetes y objetos. Al igual que los cedés en las esquinas, todo eso no es gratis, por descontado, pero sí muy barato; lo único es que los auténticos creadores de todo ello no ven ni un céntimo por tales ventas. Los derechos de propiedad intelectual son gratis; sólo pagas los átomos del objeto. Pero como ocurre con la música, las raíces y las consecuencias de esa piratería son más sutiles de lo que parece.

La piratería es extensiva a prácticamente todas las industrias de China, una combinación del estado de desarrollo del país, sus sistemas legales y la actitud confucionista hacia la propiedad intelectual que hace que copiar el trabajo de otros sea al mismo tiempo una muestra de respeto y una parte esencial de la educación. (A veces resulta difícil explicar a los estudiantes chinos en Estados Unidos qué es lo que tiene de malo plagiar, pues copiar al maestro está en el centro de la enseñanza china.) Actualmente existe en China una industria para clonar objetos de diseño de la noche a la mañana: el *software* permite a las fábricas tomar fotografías en la Web de las modelos durante un desfile de modas y producir simulaciones de ropa de diseño en un par de meses, adelantándose muchas veces a los originales en las tiendas.

En la prensa occidental, la piratería china se ve como un crimen. Y, sin embargo, dentro de China los bienes pirateados son sólo un producto más a otro precio, una forma de versionado impuesta por el mercado. La decisión de comprar un bolso Louis Vuitton pirateado no tiene que ver con la moral sino con la calidad, el estatus social y la mitigación de riesgo. Si la gente tiene el dinero, seguirá comprando el artículo auténtico porque, por lo general, es de mejor calidad. Pero la mayoría sólo se puede permitir las versiones pirateadas.

Igual que las Web de descargas Cantopop crean fama al tiempo que desplazan las ventas, los piratas no sólo están haciendo dinero a costa de los diseños de algún otro. Un bolso Gucci falsificado continúa poniendo Gucci y está en todas partes. Lo cual tiene diversas consecuencias: una negativa combinación de «efecto reemplazo» (las versiones pirateadas desvían una demanda que las versiones auténticas podrían haber satisfecho) y un positivo «efecto estímulo» (las versiones pirata crean un conocimiento de marca que puede ser satisfecho en otro lugar).

En 2007, el China Market Research Group[2] hizo una encuesta entre consumidores, sobre todo mujeres jóvenes de ciudades grandes, y descubrió una actitud ante la piratería esencialmente pragmática. Esos consumidores entendían la diferencia entre artículos pirateados y originales, y preferían los originales si podían permitírselos. A veces podían comprar un original y completar su conjunto con falsificaciones.

Uno de los investigadores, Shaun Rein, asegura que algunas jóvenes que ganaban 400 dólares al mes decían estar dispuestas a ahorrar tres meses de salario para comprarse un bolso Gucci de 1.000 dólares o unos zapatos Bally. Una de las encuestadas, de 33 años, dijo: «Ahora mismo no puedo permitirme comprar unos Prada o Coach auténticos, de manera que compro falsificaciones. Confío que en el futuro podré comprarme los auténticos, pero de momento prefiero conformarme con aparentar».

Conformarse con aparentar no siempre significa comprar falsificaciones convincentes. Se ha creado de paso un mercado para falsificar *pruebas* de que el producto *no es* falso. (Esto es nuevo para usted.) Puedes comprar etiquetas de precios astronómicos para coserlas a tu ropa de bajo costo (no es infrecuente ver gente luciendo gafas de sol con la costosa etiqueta todavía pegada), e incluso hay un mercado secundario de recibos falsos. Los productos son una cosa, pero el estatus que los acompaña es mucho más importante.

Una mujer de 27 años que trabajaba para una multinacional, admitió que compraba falsificaciones, pero añadió: «Si llevas mucha ropa falsa o tienes un montón de bolsos de imitación, tus amigos lo sabrán, de manera que no engañas a nadie. Es mejor llevar los originales».

Esto pone de manifiesto la diferencia entre las cosas físicas y las digitales. Los productos digitales pirateados son tan buenos como los originales. Pero, por lo general, los productos físicos pirateados no lo son. Tras años de escándalos relativos a copias chinas de comida para niños y animales de compañía con ingredientes inferiores, y a veces incluso venenosos, los consumidores chinos son muy conscientes de los riesgos asociados con la compra en la economía ilegal.

Las muchedumbres de consumidores chinos que viajan a Hong Kong para comprar artículos de lujo certificados testimonia el efecto ubicuo de la piratería de productos de diseño en el continente: los consumidores son muy conscientes de las marcas de lujo occidentales, a las que identifican con estilo y calidad, y están encantados de comprar lo auténtico cuando pueden. Y cada vez pueden más.

La piratería no destruyó el mercado: lo preparó para una emergente marea de consumidores de clase media. La renta per cápita se ha más que doblado en China en los últimos 10 años, pasando de 663 dólares en 1996 a 1.537 en 2007, y da pocas muestras de ralentización. Actualmente hay unos 250.000 millonarios en China, y el número crece de día en día. Hoy en día, China (incluyendo Hong Kong) es el tercer mercado mundial de artículos legítimos. Desde un punto de vista económico, la piratería ha estimulado una demanda mayor que la que ha satisfecho.

La idea de que las copias no autorizadas pueden de hecho ayudar a las originales, especialmente en el negocio de la moda, no es nueva. En economía se llama la «paradoja de la piratería», un término acuñado por los profesores de derecho Karl Raustiala[3] y Christopher Sprigman.

La paradoja surge del dilema básico que sustenta la economía de la moda: a los consumidores tienen que gustarles los diseños de este año, pero también deben quedar rápidamente insatisfechos con ellos para que compren los diseños del año siguiente. A diferencia de la tecnología, por ejemplo, las empresas de ropa no pueden argumentar que los diseños del año siguiente son funcionalmente mejores, sólo parecen diferentes. De manera que necesitan alguna otra razón para conseguir que los consumidores pierdan su encaprichamiento con los modelos de este año. La solución: una copia masiva que convierta un diseño exclusivo en un artículo de mercado masificado. La mística del diseñador queda destruida por la ubicuidad barata, y los consumidores con criterio deben empezar la búsqueda de algo exclusivo y nuevo.

Eso es lo que Raustiala y Sprigman llaman «obsolescencia inducida». La copia permite a la moda pasar rápidamente desde los primitivos adeptos a las masas, obligando a esos adeptos a elegir algo nuevo. En China, los primitivos adeptos son los ricos emergentes y la clase media, mientras que las masas son los mil millones de personas que, con suerte, pueden poner un pie en el mercado del lujo con una buena falsificación. Los dos productos —los auténticos y los falsos— difieren en que van dirigidos a dos segmentos diferentes del mercado. Los unos alimentan a los otros. Y no sólo en China.

El poder de los vendedores callejeros brasileños

En una concurrida esquina de São Paulo, Brasil, los vendedores callejeros vocean los últimos cedés «technobrega», entre los que hay uno de una banda *hot* llamada Banda Calypso. *Brega* carece de traducción directa, pero más o menos significa «barata», «hortera», y es la música que llega desde el depauperado estado norteño de Pará, con un desordenado sonido de fiesta derivado de la música tradicional brasileña de percusión techno. Como los cedés de la mayoría de vendedores callejeros, no son ofertas oficiales de un gran sello discográfico. Pero tampoco son ilícitos.

Esos cedés están realizados por estudios locales de grabación que suelen estar regentados por DJ locales. Éstos, a su vez, consiguen los «masters» [matrices] de la propia banda, junto con la portada. Los DJ trabajan de acuerdo con los promotores de fiestas locales, vendedores callejeros y estaciones de radio para promocionar un inminente show. A veces los DJ locales son una combinación de todo lo anterior y producen, venden y promocionan los cedés para el espectáculo que ellos mismos están organizando.

A la Banda Calypso no le importa no sacar dinero de todo ello, porque la venta de cedés no es su principal fuente de ingresos. La banda en realidad está en el negocio de las actuaciones, y es un buen negocio. Moviéndose de una ciudad a otra precedidos por una oleada de cedés superbaratos, Calypso puede dar centenares de conciertos al año. La banda ofrece normalmente dos o tres actuaciones cada fin de semana, viajando por todo el país en microbús o en barco.

Pero no todo son viajes fluviales o por carretera. Hermano Vianna[4], un antropólogo y estudioso de la música brasileña, cuenta una anécdota de Calypso para ilustrar su éxito. Mientras ensayaban un número para su actuación musical en la Globo TV, Vianna les ofreció un avión propiedad de Globo para llevar y traer a la banda a/de una remota esquina del país. ¿La respuesta de Calypso? «No es necesario, tenemos nuestro propio avión.»

En cierto sentido, los vendedores callejeros se han convertido en el equipo avanzadilla de cada visita de Calypso a una ciudad. Hacen dinero de los cedés de música, por los que sólo cobran 0,75 dólares, y a cambio los exhiben de manera prominente. Nadie piensa que esos cedés tan baratos sea piratería. Es tan sólo marketing que utiliza la economía callejera para generar un dominio callejero. Como resultado, cuando la Banda Calypso llega a la ciudad, todo el mundo está al tanto. La banda reúne enormes multitudes para sus eventos musicales, en los que no sólo cobra por las entradas sino también por la comida y la bebida. La banda graba asimismo el espectáculo y lo reproduce en CD y DVD in situ para vendérselos por 2 dólares a los espectadores, de manera que éstos pueden volver a ver el concierto que acaban de presenciar.

Se han vendido más de 10 millones de cedés de Banda Calypso, la mayoría no por la banda misma. Y no son los únicos. La industria de la technobrega incluye actualmente centenares de bandas y miles de espectáculos cada año. Un estudio de Ronaldo Lemos[5] y sus colegas en el Centro para la Tecnología y la Sociedad en la fundación Getulio Vargas, de Río de Janeiro, encontró que entre los espectáculos y la música esta industria genera alrededor de 20 millones de dólares al año.

El 90 por ciento de las bandas carece de contrato de grabación y de sello. No los necesitan. Dejar que otros obtengan su música gratis crea una industria mayor de lo que se lograría cobrando. Eso es algo que Brasil entiende mejor que la mayoría: su ministro de cultura en 2008, la estrella del pop Gilberto Gil, ha distribuido su música bajo Creative Commons, una creativa licencia gratis (incluyendo 1 CD que nosotros distribuimos gratis con *Wired*).

Al igual que en China, la tendencia hacia lo gratuito en Brasil va más allá de la música. En respuesta a la alarmante tasa de infecciones por sida en Brasil en 1996, el Gobierno del entonces presidente Fernando Henrique Cardoso garantizó la distribución de un nuevo cóctel de retrovirus a todos los seropositivos del país. Cinco años más tarde, con la tasa de sida en descenso, está claro que el plan había sido acertado, pero —debido a lo que costaban las patentadas medicinas del cóctel—, decididamente insostenible.

Por lo cual el ministro de sanidad brasileño se dirigió a los propietarios de las patentes, el gigante farmacéutico estadounidense Merck y la firma suiza Roche, y les pidió un descuento global. Cuando las empresas se negaron, el ministro subió la apuesta. Bajo la legislación brasileña, les informó, en casos de emergencia él tenía poder para dar licencia a los laboratorios locales para producir medicinas patentadas sin pagar royalties, y tenía intención de usarla en caso de necesidad. Las empresas capitularon y los precios bajaron más del 50 por ciento. Actualmente Brasil posee una de las industrias de genéricos más grandes del mundo. No gratis, pero sí libres de royalties, un enfoque de los derechos de la propiedad intelectual que la industria comparte con los DJ de la technobrega.

Además está la fuente abierta, de la que Brasil es el líder mundial. Fue el primero en el mundo en construir la red ATM basada en Linux. La primera directiva del instituto federal para la tecnología de la información fue promover la adopción de *software* gratuito a través del Gobierno y, en último término, de la nación. Los ministerios y las escuelas están abriendo sus oficinas a los sistemas de fuente abierta. Y dentro de los programas de «inclusión digital» del Gobierno —dirigido a que tenga acceso al ordenador el 80 por ciento de la población que carece de él—, la norma es Linux.

«Cada licencia para un Office plus de Windows en Brasil —un país en el que 22 millones de personas pasan hambre— significa que debemos exportar 60 sacos de soja»: es lo que Marcelo D´Elia Branco, coordinador del proyecto Software Gratis, contó al escritor Julian Dibbell[6]. Desde ese punto de vista, el *software* gratis no sólo es bueno para los consumidores, sino también para la nación.

15

Imaginar la abundancia

Experimentos mentales sobre las sociedades
«post-escasez». Desde la ciencia ficción a la religión

Todos los escritores de ciencia ficción conocen esta ley no escrita: sólo puedes romper las leyes de la física una o dos veces en cada narración. Después, lo que imperan son las leyes del mundo real. Así que se puede viajar en el tiempo, inventar Matrix o llevarnos a Marte. Pero aparte de eso somos gente normal. Lo divertido de la narración reside en ver cómo responde la humanidad a esa gran dislocación.

La ciencia ficción es lo que el escritor Clive Thompson[1] llama «el último bastión de la escritura filosófica». Es una especie de simulación, dice Thompson, en la que cambiamos algunas de las reglas básicas, y a partir de ello conocemos más acerca de nosotros mismos. «¿Cómo podríamos amar el cambio si fuésemos a vivir 500 años? Si usted pudiera viajar en el tiempo para revocar decisiones, ¿lo haría? ¿Qué ocurriría si pudiese usted enfrentarse a, hablar con o matar a Dios?»

Una estratagema a la que recurren los autores de vez en cuando es la invención de una máquina que hace abundantes las cosas escasas. Son los reproductores de materia de *Star Trek* (cualquier material valioso que se pueda desear está al alcance de un botón) y el robot extraterrestre de *WALL-E* (donde las personas se convierten en corpulentas masas mientras pasan los días tumbadas haciendo el gandul con bebidas siempre a mano).

En los círculos de la ciencia ficción (o para los más periféricos techno-utópicos) a esto se lo llama «economía post-escasez». En este contexto, muchas de esas novelas no son simples historias, son experimentos mentales del tamaño de un libro sobre las consecuencias de cosas caras que se vuelven casi gratuitas.

Piense en «The Machine Stops», el relato de E.M. Forster[2] de 1909. Es uno de los primeros ejemplos de la post-escasez y presenta un mundo en el que la humanidad se ha recogido bajo tierra y vive en celdas individuales, separada de toda interacción física. Una Máquina colosal como un inmenso dios mecánico, proporciona todo lo necesario para la vida, comida, diversión y protección frente al tóxico mundo de la superficie. De hecho, la gente del cuento llega finalmente a adorar a la máquina. ¿Y por qué no? Dentro de las habitaciones todas las necesidades humanas quedan satisfechas:

> Había botones e interruptores por doquier: botones para pedir música, comida o ropa. Había un botón para el baño de agua caliente, y al presionarlo salía del suelo una bañera de mármol rosa, o una imitación, llena hasta el borde de un líquido cálido y desodorizado. Había un botón para el baño frío. Estaba el botón que aportaba literatura. Y, por descontado, estaban los botones mediante los cuales [Vashti, el personaje principal] se comunicaba con sus amigos.

> Vashsti carecía de otra ocupación o cometido que dar clases a sus amigos mediante sus aparatos de videocomunicación instantánea. (A los padres de hoy con hijos veinteañeros y adolescentes seguro que les suena familiar.)

Ahí está: un cuadro de la abundancia. ¿Y cómo funciona eso? No muy bien. Porque la Máquina mediatiza todas las interacciones personales, la gente pierde su capacidad de comunicación cara a cara y en realidad la aterroriza encontrarse con alguien. Los habitantes de la Máquina deciden que toda información debe ser ofrecida de tercera, cuarta e incluso décima mano para evitar cualquier experiencia directa. Desgraciadamente, ese evitar la interacción implica el final de toda creatividad colaboradora y el progreso se detiene. La humanidad pierde su propósito definido, poniendo en manos de la Máquina incluso lo que es creación, desde el arte a la escritura.

Cuando finalmente la Máquina empieza a venirse abajo, nadie sabe cómo arreglarla. De manera que cuando la Máquina se desmorona, los habitantes de la Tierra mueren en masa, aplastados vivos en las colmenas subterráneas. Al final, sin embargo, uno de los personajes confiesa con su último aliento que ha descubierto una sociedad de exiliados que viven todavía en la superficie de la Tierra, libres de la cárcel de abundancia. ¡Vaya!

Otra ciencia ficción de principios del siglo XX adoptó un tono igual de sombrío. Los trastornos de la Revolución Industrial todavía estaban ahí, y el doloroso cambio social traído por la mecanización, la urbanización y la globalización resultaba inquietante. La abundancia creada por la máquina se veía accesible sólo para unos pocos privilegiados: los industriales, beneficiarios de las factorías en las que otros trabajaban.

En el film de Fritz Lang, *Metrópolis*, la sociedad está dividida en dos grupos: uno de planificadores y pensadores que viven en el lujo en la superficie terrestre, y otro de trabajadores, que viven y trabajan duramente bajo tierra para mantener la máquina que sostiene la riqueza. La película trata de la revuelta de los trabajadores, pero el punto principal está claro. La abundancia tiene un coste: escasez general.

Las guerras mundiales pusieron una nota de tristeza a la mayor parte de las utopías de la ciencia ficción, pero el nacimiento de la

Era del Espacio las trajo de vuelta, aunque esta vez sin un lado tan oscuro. Como en las historias de más arriba, la novela *The City and the Stars* (1956; *La ciudad y las estrellas*), de Arthur C. Clarke[3], empieza con una tecnociudad herméticamente sellada y en la que las máquinas suministran todo lo necesario y nadie muere nunca. Los ciudadanos entretienen sus días con discusiones filosóficas, haciendo arte y tomando parte de cualquier aventura de realidad virtual. Tras unos miles de años, regresan a la Sala de la Creación para que les digitalicen de nuevo sus conciencias. Clarke lo presenta como idílico, pero le falta un poco de sentido; el personaje central decide aventurarse en el desierto exterior para ver si hay algo más, y finalmente da con un mundo que se parece más al nuestro y en el que los ciclos normales de nacimiento y muerte le dan un sentido.

La llegada de la era digital e Internet le dio a la ciencia ficción una fuente de abundancia más plausible: los ordenadores. Conéctese con Metaverse y podrá ser quien desee; la escasez era sencillamente una construcción de la realidad virtual, y si usted era un *hacker* eficaz, podía tener cualquier cosa. Los escritores contemporáneos tomaron una postura más positiva frente a la abundancia porque ellos la estaban experimentando ya: Internet trajo el fin de la escasez de información.

Por descontado que las tramas exigen tensión, por lo que no todo va bien en esas utopías sobre la abundancia. En *Down and Out in the Magic Kingdom* [trad. castellana: *Tocando fondo*, Edhasa], de Cory Doctorow[4], una tecnología no bien descrita y controlada por la Bitchum Society «había vuelto obsoleta la profesión médica: ¿para qué molestarse con la cirugía cuando puedes crear un clon, hacer una copia y actualizar el nuevo cuerpo? Algunas personas se cambiaban de cuerpo sólo para librarse de un constipado». El resultado, sin embargo, es que la gente se vuelve apática y aburrida. Un personaje explica: «Los yonkis no echan de menos la sobriedad porque no recuerdan lo fuerte que era todo, y cómo el dolor hacía que el gozo fuese más dulce. Nosotros no podemos recordar cómo era lo de trabajar para ganarnos el sustento; temer que no hubiese suficiente, que pudiésemos caer enfermos o ser atropellados por un autobús».

Lo que se vuelve escaso en el mundo de Doctorow es la reputación, o «whuffie». Esta sirve como moneda digital, algo que se le puede dar a la gente a cambio de buenas acciones, y que puede ser requisado por mal comportamiento. Unas pantallas en la cabeza ponen de manifiesto el «whuffie» de todo el mundo y sirve como medida del estatus. Cuando todas las necesidades físicas quedan satisfechas, el bien más importante pasa a ser capital social.

En *The Diamond Age, or A Young Lady Illustrated Primer* [*La era del diamante: manual ilustrado para jovencitas*, Edic. B], de Neal Stephenson[5], la abundancia procede de «creadores de materia« nanotecnológicos que pueden hacer cualquier cosa, desde colchones a comida. El único trabajo que resta es diseñar nuevos objetos para que los hagan los creadores, y no se necesita mucha gente para realizar eso. Dos mil millones de trabajadores están parados. El libro sigue los esfuerzos de uno de ellos por inventar una forma de educarlos (y de ahí lo de "manual ilustrado"). Esto evoca un tema similar en los escritores contemporáneos de la primera Revolución Industrial: cuando las máquinas hacen todo el trabajo, ¿qué nos motiva?

En alguno de estos libros el fin de la escasez de trabajo libera la mente, pone fin a las guerras por los recursos y crea una civilización de seres espirituales y filosóficos. En otros, el fin de la escasez nos vuelve perezosos, decadentes, estúpidos y malos. No hay que pasarse mucho tiempo delante de un ordenador para encontrar ejemplos de ambos seres.

La otra vida

Quizá no haya ejemplo más grande que la religión para los extremos producidos por la abundancia y la escasez.

El cielo es el mayor conjunto de imágenes de la abundancia: ángeles que flotan sobre nubes algodonosas, tocando el arpa y más allá de las necesidades físicas. Quienes mueren en gracia se vuelven incorruptibles, gloriosos y perfectos. Cualquier defecto físico que haya desarrollado el cuerpo queda borrado. Los textos islámicos son más explícitos sobre los detalles: los residentes tendrán todos la misma edad (32 años los hombres) y la misma estatura. Vestirán costosas vestiduras, brazaletes y perfumes y, reclinados en divanes con incrustaciones de oro y piedras preciosas, disfrutarán de exquisitos banquetes servidos en vajillas de incalculable valor por jóvenes inmortales. Los manjares mencionados incluyen bebidas suaves que no conducen a la borrachera ni provocan altercados.

George Orwell satirizó esta visión del paraíso de la abundancia. En *Animal Farm* [*Rebelión en la granja*, Destino], al ganado se le dice que al final de sus miserables vidas irán a un lugar donde «serán domingo los siete días de la semana, el trébol florecerá todo el año, y los terrones de azúcar y los pasteles de linaza crecerán en los setos».

Pero no necesitamos muchas caricaturas del *New Yorker* para poner de manifiesto que si nos tomamos demasiado en serio el mito de la abundancia celestial, podremos imaginarnos rápidamente lo mucho que nos aburriríamos allí. Vestiduras, arpas, cada día igual al anterior, bahhh. No es de extrañar que la abundancia en las novelas conduzca rápidamente a la falta total de objetivo y al adiposo abotargamiento del film *WALL-E*. ¿Es inevitable que el fin de la escasez también signifique el final de la disciplina y la diligencia?

En busca de respuesta merece la pena echar una ojeada a una analogía histórica, las civilizaciones de Atenas y Esparta. Apoyadas en una numerosa población de esclavos, las dos ciudades clásicas vivieron en mundos funcionalmente abundantes. Los esclavos satisfacían todas las necesidades corporales, en cierto modo como la Máquina de la Bitchun Society. Si tenías la suerte de nacer en la clase social adecuada, no necesitabas trabajar para vivir.

Ninguna de las dos sociedades se perdió o se estancó por falta de motivación. Los atenienses se hicieron artistas y filósofos, tratando de encontrar sentido en la abstracción, mientras que los espartanos fundaron su vida en el poderío militar y la fuerza. Más que privar de propósito a la vida, la abundancia material creó una escasez de sentido. Los atenienses ascendieron en la Pirámide de Maslow y exploraron la ciencia y la creatividad. ¿Y el ansia de los espartanos por las batallas? Creo que Maslow también lo hubiese definido como una forma de autorrealización.

La lección de la ficción es que de hecho no podemos imaginar adecuadamente la plenitud. Nuestros cerebros están conectados con la escasez; nos centramos en aquello que no tenemos suficiente, desde el tiempo al dinero. Eso es lo que nos impulsa. Si encontramos lo que andábamos buscando, tendemos rápidamente a desvalorizarlo y a encontrar una nueva escasez que perseguir. Nos motiva aquello de lo que carecemos, no lo que tenemos.

Esta es la razón por la que, si les hablas a los lectores menores de treinta años de la generosidad económica de Internet, donde los costes marginales son casi cero, suelen pensar: «¡Bah!» En el viejo paradigma, los bienes digitales demasiado baratos para ser medidos tenían la consideración de un casi inimaginable cuerno de la abundancia. Pero en el nuevo paradigma apenas merece la pena hacer un recuento. La abundancia es siempre la luz en la *próxima* cumbre, nunca en la que estamos. Económicamente, la abundancia fomenta la innovación y el crecimiento. Pero, psicológicamente, lo único que entendemos es la escasez.

Terminaré con un ejemplo del arranque de la Era Industrial en Shropshire, Inglaterra. En 1770, las principales acererías habían desarrollado una técnica para fundir grandes piezas de hierro. Para demostrar las ventajas de este nuevo y duradero material de construcción, los propietarios de la acerería encargaron a los ingenieros la construcción de un puente enteramente de hierro. El Iron Bridge[6], que salva el río Severn, continúa siendo actualmente una atracción turística, y es notable no sólo por la ambición de sus constructores y la maravilla que inspiró, sino también porque está construido según las normas de la construcción de madera.

Cada elemento de la estructura fue fundido por separado, y el ensamblado se hizo según los usos para la madera, tales como la ensambladura de caja y espiga, y las ensambladuras en cola de milano (o cola de pato). Se usaron tornillos para sujetar el entramado de vigas a la corona del arco. Miles de piezas de metal se fijaron unas a otras exactamente igual que si hubiesen sido extraídos de un bosque de metal. Como resultado, el puente resultó altamente sobredimensionado, y al cabo de unos pocos años la mampostería empezó a resquebrajarse bajo el peso de 380 toneladas de hierro.

Pasaron varias décadas antes de que la gente cayese en la cuenta de que el hierro se podía trabajar de forma diferente. Las limitaciones de la madera en longitud y debilidad radial no eran las limitaciones del hierro. Los puentes de hierro pueden tener arcos mucho más abiertos. Los siguientes puentes de la misma longitud que el Iron Bridge pesaron mucho menos de la mitad, como mucho. La gente no siempre reconoce la abundancia cuando la ve por primera vez

16

«Recibes por lo que pagas»

Y otras dudas acerca de la gratuidad

A finales de 2007, Andrew Rosenthal[1], editor de la página de editoriales del *New York Times*, fue entrevistado por la revista *Radar* acerca de, entre otras cosas, la decisión del *Times* de la gratuidad de todos sus contenidos online mediante la supresión de Times Select, la restricción de acceso que previamente había sido apoyada por sus columnistas.

Dijo lo siguiente:

Pienso que la industria periodística juntó las manos y dio un salto al vacío sin razón aparente cuando decidimos anunciar al mundo que lo que hacemos carece de valor. Y deberíamos haber cobrado por nuestras páginas Web desde el primer día. Las suscripciones han formado parte de todo esto desde siempre.

Tienes que pagar el papel. Debes pagar los píxeles. Cuestan dinero. Y creo que fue un gran error. No puedo dar marcha atrás. Pero si miras en Internet, lo único gratuito es lo que nosotros hacemos: información. Todo lo demás cuesta dinero. Los tonos de llamada cuestan 1 dólar. Pagas por el acceso a Internet. Pagas por tu *e-mail*. Todo el mundo dice que el correo es gratis. No lo es. En primer lugar, estás pagando al proveedor de servicios de Internet. Y si estás usando algo como *Google mail*, te estás convirtiendo en un canal de publicidad para una corporación gigantesca. No hay nada gratis en Internet. Es una tontería.

Dejando de lado alguno de los problemas más obvios en la lógica de Rosenthal (si tiene un problema por ser un canal de publicidad para una corporación gigantesca, se ha equivocado de empresa donde trabajar), toca algunos temas importantes. Le cito íntegramente porque imagino que un montón de cabezas se movieron afirmativamente nada más leer eso (y pueden que hayan vuelto a asentir al leerlo de nuevo aquí). Hace asimismo algunas suposiciones que escucho todos los días: «no precio significa no valor», «debes pagar por los píxels», no hay nada gratuito en Internet «porque pagas al proveedor de servicios de Internet», «lo único gratis en Internet es la información», etcétera, etcétera.

Hay una pizca de verdad en todo ello, pero esta forma de pensar es sencillamente falsa, profundamente falsa. Y, sin embargo, no pasa un día sin que oiga estas u otras dudas sobre lo Gratis, que también están mal concebidas (aparte de la etiqueta de «freetard», o partidario de lo gratuito, que me sigue pareciendo divertida aunque sé que no debería). He aquí las 14 objeciones más frecuentemente escuchadas acerca de la economía basada en lo Gratis, con un ejemplo de cada una y mi respuesta:

1.- Nadie regala nada.

La gente con una sólida formación[2] económica sabe que en realidad nada es «gratis»: vas a pagar de una forma u otra por aquello que te lleves.

Terry Hancock, queja en el
Free Software Magazine

La frase que encabeza este párrafo se conoce en inglés como TANSTAFL[3] [*There Ain't No Such Thing As A Free Lunch,* literalmente: No hay tal cosa como un almuerzo gratis, no hay nada gratis] en el mundo de la economía, y la popularizó Milton Friedman, el Premio Nobel y antiguo profesor de economía en la Universidad de Chicago. Se limita a constatar que nadie puede obtener nada a cambio de nada. Incluso si algo parece gratuito, una revisión a fondo de los costes pondrá de manifiesto que al final siempre hay un precio a pagar, ya sea una persona o una sociedad en su conjunto. Costes ocultos o diseminados no equivalen a no coste.

¿Eso es siempre cierto? En realidad, hay dos cuestiones, una económica y otra práctica: intelectualmente pensamos que alguien tiene que estar pagando en algún lugar, ¿no es cierto? Y en último término voy a ser yo, ¿verdad?

La respuesta breve a la primera cuestión es sí. Finalmente todos los costes deben ser pagados. Lo que está cambiando, sin embargo, es que esos costes están pasando de lo mayormente «escondido» (el pequeño asunto de la cerveza que debes comprar para poder almorzar gratis) a lo «distribuido» (alguien está pagando, pero probablemente no sea usted; en realidad, los costes pueden estar tan distribuidos que individualmente no los sentimos como tales).

Los economistas consideran esta norma en el contexto de «mercados cerrados», por ejemplo la cuenta de resultados del restaurante que está sirviendo el almuerzo. Si usted no paga ese almuerzo, lo hará su acompañante. Y si ésta no lo hace, será el dueño del restaurante. Y si no paga el dueño del restaurante, lo hará el proveedor de alimentos. Y así sucesivamente. De una u otra forma, los libros deben cuadrar.

Pero el mundo está lleno de mercados que no son cerrados y que tienden a filtrarse en otros mercados de su alrededor, y que nosotros podemos estar evaluando o no. Ya hemos considerado la interacción entre los mercados monetarios y los no monetarios. El almuerzo puede que le haya salido gratis en el mercado monetario, pero usted lo ha pagado con tiempo y presencia en los mercados de la reputación y la atención. Estos son «otros costes», y son la manera que tienen los economistas de tratar las cosas que no encajan con los modelos básicos. Uno de ellos son los «costes de oportunidad» (el valor de lo que hubiese hecho usted con su tiempo de no haber asistido al almuerzo).

Si pudiéramos llevar el recuento de todos los mercados, monetarios o no monetarios, y extraer las adecuadas tasas de conversión, no cabría duda de que Friedman tenía razón. Pero no podemos. E incluso si pudiéramos calcular los costes ecológicos distribuidos del soplo de aire que usted acaba de inspirar, por ejemplo, no nos apartaría de la realidad práctica de que le sale gratis desde cualquier punto de vista que lo considere.

La economía, al menos en su forma ideal, obedece a las leyes de la conservación: lo que entra debe salir. Si usted imprime más dinero, por ejemplo, la teoría monetaria estándar dice que está devaluando las existencias de dinero en una cantidad equivalente.

En realidad, la economía es llamada la «ciencia deprimente» por una buena razón: como otros estudios sobre el comportamiento humano, es un poco confusa. Lo que no puede ser medido directamente en los sistemas económicos es desviado hacia una categoría llamada «efectos externos» (por ejemplo, cuando usted compra un par de zapatos, no le cargan el impacto ambiental provocado por el carbono liberado durante su manufactura; eso se llama «efecto externo negativo», que será discutido en profundidad más adelante). Una gran parte de los costes de un almuerzo gratis caen en la categoría de los efectos externos, que técnicamente están ahí pero de forma inmaterial para usted.

Para demostrarlo, vamos a seguirle la pista al dinero que paga usted por leer una entrada en Wikipedia. La Fundación Wikipedia, que paga los servidores y la banda ancha que efectúa la enciclopedia, es una institución sin ánimo de lucro sostenida por donantes, tanto corporativos como individuales. Dando por hecho que usted no es uno de esos donantes individuales (y sólo una mínima fracción de los usuarios de Wikipedia lo son), quizá sea cliente de uno de los donantes corporativos de Wikipedia, como por ejemplo Sun Microsystems. En ese caso puede estar usted pagando una ínfima fracción de céntimo de más a los servidores de Sun para permitir a ésta obtener un margen de beneficio suficiente como para hacer una donación benéfica. ¿Qué no es un cliente de Sun? Bueno, también Google financia Wikipedia. Quizás algún día pagó usted a Google un anuncio que fue una millonésima de céntimo más caro de lo que hubiera sido si Google no hiciese la donación. ¿Qué no es usted anunciante? En ese caso, quizá compró un día un producto de uno de los anunciantes de Google, y ese producto fuera una millonésima de céntimo más caro debido a esta cadena de acontecimientos.

En este punto estamos hablando de fracciones de céntimo que son como un átomo en esa moneda. En otras palabras, que aunque usted probablemente pueda argüir que en definitiva está pagando por entrar en Wikipedia, eso es sólo cierto en la medida en que el aleteo de una mariposa en China pueda influir en el tiempo que hará aquí la semana próxima. Técnicamente puede haber una conexión, pero es demasiado pequeña para medirla, y por lo tanto no nos preocupa.

Revisemos ahora el comentario de Rosenthal de que, como el papel, «hay que pagar por los píxeles». Bien, técnicamente eso es cierto, pero como editor de una publicación que imprime papel y mueve píxeles, sé que las diferencias son mucho mayores que las similitudes. Pagamos dólares por imprimir, encuadernar y enviarle a usted una revista por correo (y en ello no está incluido ningún coste para la producción del contenido), pero sólo pagamos unos microcéntimos para mostrársela en nuestra página Web. Por eso podemos considerarla gratis, pues contando usuario por usuario, el resultado es demasiado barato para contabilizarlo.

En conjunto, nuestro servidor y nuestra banda ancha pueden sumar unos cuantos miles de dólares mensuales. Pero eso es para llegar a decenas de millones de lectores. Comparado con el valor de esos lectores estamos encantados de considerar los píxeles gratuitos. Concedamos, entonces, a los criticones esta razón semántica: lo gratis no es realmente gratis. Pero en muchos casos podría serlo. Eso es lo que más importa al determinar cómo manejamos nuestras vidas y negocios.

2. Lo Gratis siempre tiene costes ocultos/ Lo Gratis es un truco.

> Lo Gratis ya no es lo que era[4], especialmente en Internet, cuya auténtica historia y tecnología están basadas en la noción de que la información y prácticamente todo lo demás online quiere ser gratis. Lo que regala Internet cada vez viene con un precio más alto, en forma de averías del ordenador, frustración y pérdida de seguridad y privacidad, por no mencionar la amenaza de costosas demandas contra quienes descargan música a gran escala.
>
> John Schwartz, *New York Times*

Esto no es tanto una falacia como un estereotipo. Sí, es cierto que lo Gratis llega a veces con servidumbres. Los anuncios te inundan la pantalla. Los límites vienen impuestos. Tratan de venderte diferentes productos o te ves enredado en algo que no es en absoluto gratis. Primero nos ponen un cebo y luego nos atrapan.

Pero todo eso describe lo Gratis en el siglo XX mucho mejor que lo Gratis en el siglo XXI. Por lo general, el sentido común es una buena guía: si algo parece demasiado bueno para ser cierto, probablemente lo sea, especialmente en el mundo de los átomos. Los costes marginales de una pizca de perfume en unos grandes almacenes son lo bastante bajos como para creer que es realmente gratis. Por el contrario, tiene usted razón al pensar que en unas vacaciones gratis acabará pagando de una forma u otra.

Sin embargo, en lo Gratis del siglo XXI, que se basa en la

economía de los bits digitales, no hay necesidad de costes ocultos. Puede que estén ahí, como Schwartz gusta de recordarnos, aunque se refiere más al hecho de que los productos gratuitos llegan sin garantías, que es el coste de no tener firmada la garantía cuando las cosas van mal. Lo Gratis puede ser tan bueno como lo de pago o mejor: sin trucos, trampas ni condiciones (piense en el *software* de fuente abierta).

Ha llegado el momento de dejar de tratar los bits como átomos y de dar por hecho que todavía imperan las mismas limitaciones. El engaño ya no es una parte esencial del modelo.

3. Internet no es gratis de verdad porque pagas el acceso.

> *Perdone, pero, ¿desde cuándo ha sido gratis Internet?[5] Gratis como la libertad de expresión sí, pero no gratis como la cerveza. Todos debemos pagar a un proveedor de servicios para acceder a la Red, de manera que estamos pagando por lo que hay en ella.*
>
> Comentario en un post de Laurie Langham

Es una confusión habitual considerar que los 30 o 40 dólares que gastamos mensualmente en nuestro acceso a Internet subvencionan toda la Red. En realidad, ayudan a pagar la infraestructura de transmisión, pero no tienen nada que ver con lo que viaja por ella. De la misma forma que los minutos de teléfono móvil no dicen nada acerca del valor de lo dicho en esos minutos, usted paga por los bits que le son suministrados y no por el valor de lo que hay en esos bits. Esta es la diferencia entre «contenido» y «lo transmitido», dos mercados diferentes. Lo transmitido no es gratis, pero el contenido muchas veces lo es. La cuota mensual que paga al proveedor de servicios cubre el envío de ese contenido, pero la creación de éste está controlada por un modelo económico totalmente diferente.

Es fácil comprender por qué se confunde la gente, pues hay algunos mercados en los que lo transmitido también subvenciona el contenido. En la televisión por cable, por ejemplo, la cadena local paga una tasa de licencia por gran parte del material de vídeo que envía por sus líneas, y dicha tasa sale de la cuota que usted paga mensualmente. Pero Internet no trabaja así: su proveedor de servicios de Internet no controla ni paga los bits que transmite. (Desde el punto de vista legal, es una «empresa de telecomunicaciones», como una compañía de teléfonos.)

Hablando según el sentido común, este error proviene asimismo de medir el valor de una cosa mediante unidades erróneas. Por su contenido mineral, mi hijo pequeño vale unos 5 dólares a precio normal de mercado, pero no lo pienso vender. Para mí es más valioso por la forma en que esos minerales se han unido, por todos los demás átomos, el estado de energía y el resto de cosas de las que está hecho un niño. Confundir el coste de transmitir megabits con el coste de producirlos, o con lo que valen para el receptor, es una consecuencia de no comprender dónde reside en realidad el valor. Que no se encuentra en la Red. Donde transformamos los bits dándoles un sentido es en los extremos, la producción y el consumo.

4. Lo Gratis está basado en la publicidad (y hay un límite para eso).

> En el mundo «gratis» actual[6], en la mayoría de categorías de negocios online, es intrínsecamente imposible iniciar un pequeño negocio autosuficiente y desarrollarlo. Ello es así porque en el universo digital la única fuente de ingresos real, la publicidad, no puede sostener un negocio digital pequeño. Si los negocios estuviesen basados en la idea de que la gente pague por los servicios, en ese caso las empresas pequeñas podrían subsistir a pequeña escala y desarrollarse. Pero es muy arduo cobrar cuando tu competencia es gratis.
>
> Hank Williams, en *Silicon Alley Observer*

Una de las mayores falacias acerca de lo Gratis en Internet es que sólo se refiere a la publicidad. Aunque es cierto que los modelos basados en la publicidad dominaron la primera época de la Red, actualmente el *freemium* -el modelo según el cual unos pocos pagan directamente y sostienen a los muchos que no pagan nada— está creciendo rápidamente y rivaliza con aquéllos (como ya hemos visto en el capítulo 1). Los videojuegos *online*, por ejemplo, eligen principalmente la estrategia *freemium*, como lo hace el sector en rápido desarrollo del *software* basado en la Web (y llamado «*software* como un servicio»). Williams tiene razón en que la mayoría de empresas de Internet son pequeñas y que es difícil sostener con publicidad una empresa pequeña. Pero no es cierto que ése sea el único modelo de negocio disponible para las empresas *online*. Cada vez son más las empresas como 37signals, de Chicago, que se vale de muestras y pruebas para comercializar un *software* que es pagado a la manera tradicional: pago directo de consumidores.

¿Suena a economía muy anticuada? Quizás, pero en el mercado adecuado puede funcionar. David Heinemeier Hansson, uno de los fundadores de 37signals, dice que el secreto de la empresa es no tener como objetivo a consumidores de tipo general (es difícil hacerles abrir las carteras) o las grandes empresas (un espacio atestado y un proceso de compra lento). En su lugar, la empresa se centra en las «*Fortune* 5 Million»: pequeñas empresas [que facturan 5 millones de dólares], con necesidades específicas y que están mal atendidas. La clase de producto que vende 37signals es "Gestión de proyectos para equipos de 20 personas"; las empresas frustradas por el gigantesco *software* de una sola pieza y bueno para todo, o las alternativas de fuente abierta, tan difíciles de usar, están encantadas de pagar unos centenares de dólares al año por la versión 37signals.

No tiene más que mirar a App Store de iPhone (todos los programas que se puede usted bajar a su teléfono desde iTunes) para ver centenares de pequeñas empresas (muchas de ellas simples programadoras) que consiguen unos pulcros ingresos a base de vender *software* en un mercado en el que otros lo regalan. No se necesita publicidad; es una venta directa, ya sea con pago por adelantado, o mediante la versión anticipada de una forma básica gratuita. Lo mismo vale para miles de empresas que distribuyen *online* programas utilitarios con un objetivo limitado, y que tienden a poder ser probados gratuitamente. Esto no es nuevo —el mercado del *shareware* funciona desde hace varios decenios—, pero a medida que ese *software* pasa a estar basado en la red se hace cada vez más sencillo.

La siguiente objeción a la afirmación de que lo Gratis *online* se basa por completo en la publicidad es que ello implica que lo Gratis tiene que ser limitado: está claro que la tarta de la publicidad sólo puede ser grande hasta cierto punto. Aunque eso puede ser cierto, no está claro dónde caen los límites y qué tamaño puede alcanzar la publicidad *online*. Google ha demostrado que los anuncios *online* pueden ser lo suficientemente diferentes —cuantificables, dirigidos, pagados sólo según las visitas— como para atraer a una clase de anunciantes totalmente diferentes: empresas de tamaño pequeño o medio que compran claves para cobrar unos céntimos por click. Google no sólo se está llevando la parte del león de la tarta publicitaria sino que la está haciendo más grande.

5. Lo Gratis implica más anuncios, y éstos implican menos privacidad.

> He preguntado a mucha gente[7] que conozco y que vive y muere por Facebook cuánto pagarían por entrar, y todos dijeron que cero. O sea que Facebook se ha convertido en un esclavo de la publicidad y saca todo el dinero que puede con la información de sus usuarios. No es irreal pensar que si la gente pagase por más servicios aparte de su información personal, no sería compartida tan libremente.
>
> Paul Ellis, pseudosavant.com

Esta es una preocupación acerca de la publicidad en general que se oye habitualmente. La gente da muchas veces por supuesto que cualquier página Web con anuncios tiene que estar rastreando el comportamiento del usuario y vendiendo esa información a los anunciantes. Este argumento alimenta el supuesto de que si hay tanta cantidad de lo Gratis sustentada por la publicidad, lo Gratis tiene que ser una fuerza corrosiva que expande el marketing del chivatazo allí donde va.

De hecho, el hipotético ejemplo de Facebook es todavía más la excepción que la norma. La mayor parte de los sitios Web sostenidos por publicidad tienen políticas de privacidad que les prohíbe pasar a los anunciantes información acerca de sus usuarios (y la mayor parte de los anunciantes no sabría qué hacer con esa información si la consiguiese).

Ellis razona que pagar directamente por los servicios en lugar de que los anunciantes lo hagan por ti significa que los sitios Web estarán más inclinados a proteger la privacidad, es decir, que trabajarán para usted y no para los anunciantes. Esto puede que sea cierto, pero no es necesariamente así.

El mundo de la comunicación lleva muchos años buscando cómo equilibrar los intereses de consumidores y anunciantes, desde directrices a «murallas chinas», para separar las funciones editorial y publicitaria. No es un problema nuevo, y hemos visto que es posible tener independencia editorial incluso cuando los anunciantes aprietan las tuercas.

Es importante observar, sin embargo, que la privacidad es un blanco móvil. En Europa, un vasto sistema de leyes protege la información personal, pero en Estados Unidos es más una cuestión de los códigos individuales de cada empresa y de la presión de los consumidores. Pero las expectativas de privacidad que teníamos hace veinte años no las refleja la generación que está surgiendo *online* actualmente. Si te has pasado «colgando» fotografías de tu última francachela con los amigotes y has descrito los avatares de tu último asunto amoroso, ¿qué tiene de malo si un comercial te manda unos descuentos para ropa basados en las preferencias que tú mismo has enumerado?

6. Sin coste = sin valor.

Me entristece que la gente crea que la música debe ser gratuita[8], y que el trabajo que hacemos carece de valor. Cuando la música pasa a ser gratuita porque un grupo de amigos copian los cedés, no es ése el concepto de trabajo que conlleva la creación de un álbum.

Sheryl Crow, entrevistada en el *New York Times Magazine*

¿Se ve la falacia? La única vía para medir el valor es el dinero. La Red está construida fundamentalmente sobre dos unidades no monetarias: atención (tráfico) y reputación (enlaces), que se benefician ampliamente de la gratuidad de los contenidos y servicios. Y es una cuestión muy sencilla convertir cualquiera de esas dos monedas en dinero líquido, como pone en claro una ojeada al balance de Google. O piense en los congresos de tecnología, espectáculo y diseño (TED en sus siglas inglesas), que cobran miles de dólares por cada entrada mientras retransmiten simultáneamente *online* las intervenciones. Por descontado que Crow se beneficia ampliamente de sus fans que convierten a MP3 sus álbumes y los copian para otros amigos. El regalo de un CD es una recomendación de alguien de confianza. Hay comerciales que estarían dispuestos a matar por facilitar un boca a boca tan auténtico y rápido.

Cuando la gente copia un CD (o más probablemente, en la actualidad, comparte electrónicamente música vía iTunes o intercambia archivos) no está diciendo que Crow no haya invertido trabajo en el álbum. Esencialmente dice que no invirtió trabajo para esa forma particular de distribución, la creación de una copia digital. Y, ciertamente, ella no lo hizo. Para ella, el coste marginal de esa transferencia es cero, y el entendimiento innato que la generación del intercambio de archivos tiene de la economía digital ayuda a llegar a la conclusión de que el pago para ella por esa transferencia también debe ser cero.

Finalmente, Crow habrá de hacer su dinero mediante conciertos, el *merchandising*, la cesión de derechos para anuncios o bandas sonoras, y sí, también con la venta de su música a la gente que todavía prefiere los cedés o comprar la música *online*. Pero la celebridad y credibilidad que obtiene de quienes intercambian archivos de su música que se han descargado, o quienes intercambian cedés porque prefieren tener una copia, serán una ayuda, pues al final el intercambio se traduce para ella en moneda de reputación. Es imposible cuantificar qué cantidad se convertirá en dinero líquido a través de esos medios, pero no es cero. ¿Es más que las ganancias directas que ella obtendría si esa gente le pagase su música? Nunca lo sabremos.

Al final de este libro hago una lista de una cincuentena de modelos de negocios creados a partir de lo Gratis, pero hay centenares más. Todos se basan en la noción de que el asunto de lo Gratis debe tener un valor, y que la manera que tenemos de medirlo es mediante lo que hace la gente. Y no hay mayor test de lo que valoran las personas que aquello que eligen para pasar el tiempo (aunque nos estamos volviendo más ricos, no logramos tener más horas al día). A Crow la está escuchando la generación más frenética de la historia, con las máximas opciones y las mayores ofertas que compiten por su tiempo. Hay peores problemas que lograr atención.

7. Lo Gratis socava la innovación.

> *En las economías del mundo[9], se cree más que nunca en la propiedad intelectual. Actualmente en el mundo hay menos comunistas de los que hubo. Pero hay una especie de nuevos comunistas que pretenden librarse por diversas vías del incentivo para los músicos, los realizadores cinematográficos y los creadores de software.*
>
> Bill Gates, entrevistado en 2005

El argumento de que lo Gratis ataca los derechos de propiedad intelectual tales como las patentes y los copyrights hace de puente entre lo *libre* y lo *gratis*.* La idea es esta: la gente no inventará

---

* En castellano en el original en todo este apartado. *(N. del T.)*

cosas si no va a ser recompensada por ello. Las patentes y los copyrights son la forma de asegurarnos de que los creadores son pagados. Entonces, ¿qué sentido tienen las patentes y los copyrights si el mercado espera que el precio sea cero?

En realidad, la historia de la propiedad intelectual reconoce plenamente el poder de lo gratuito. Está basada en la larga tradición del mundo científico, donde los investigadores crean libremente a partir de trabajos publicados por aquellos que vinieron antes que ellos. En la misma línea, los creadores del sistema de patentes (encabezados por Thomas Jefferson) trataron de estimular el intercambio de información, pero cayeron en la cuenta de que la única forma en que la gente confiaba en ser pagada por sus inventos era mantenerlos en secreto. De modo que los Padres Fundadores encontraron otra manera de proteger a los inventores: el periodo de 17 años de patente. A cambio de la publicación abierta (*libre*) de un invento, el inventor puede cargar un canon de licencia (no *gratis*) para cualquiera que lo use en el plazo protegido por la patente. Pero a partir de la expiración del plazo, la propiedad intelectual quedará libre (*gratis*).

Luego ya hay un lugar para lo Gratis en las patentes: surte efecto a los 17 años. (El copyright también está llamado a desaparecer, pero el Congreso de Estados Unidos se dedica a prolongarlo.) Por descontado que una creciente sociedad de creadores no desea esperar tanto tiempo. Están optando por rechazar esos derechos y dar a conocer sus ideas (ya sean palabras, cuadros, música o códigos) bajo licencias tales como Creative Commons, u otras licencias de *software* de fuente abierta. Creen que lo auténticamente Gratis —tanto *gratis* como *libre*— estimula las innovaciones al facilitar el que otros mezclen, arreglen y, en cierto modo, creen a partir del trabajo de otros.

En cuanto a hacer dinero, lo ganan indirectamente, ya sea vendiendo servicios en torno a los artículos gratuitos (por ejemplo apoyos para Linux), o buscando formas de cómo convertir en dinero líquido la moneda de la reputación que se han ganado cuando otros han creado a partir de su trabajo (con el crédito debido), en la forma de mejores puesto de trabajo, actuaciones en directo pagadas y cosas así.

8. Océanos agotados, retretes públicos asquerosos y calentamiento global son el coste real de lo Gratis.

El aparcamiento gratuito[10] ha contribuido a la dependencia del coche, a la rápida dispersión urbana, al uso extravagante de la energía y a una multitud de problemas más. Los planificadores disponen aparcamientos gratuitos para aliviar la congestión, pero acaban distorsionando las opciones de transporte, degradando el diseño urbano, dañando la economía y degradando el entorno. El aparcamiento gratuito omnipresente ayuda a explicar por qué las ciudades se han extendido a una escala más apta para el coche que para el hombre, y por qué los automóviles estadounidenses consumen la octava parte de la producción mundial de petróleo.

Donald Shoup, *El alto coste del aparcamiento gratuito*

Ninguna discusión sobre lo gratuito puede escapar de «La tragedia de los terrenos comunales». Si no tenemos que pagar por las cosas, tendemos a consumirlas en exceso. La clásica tragedia del ejemplo de los pastos comunes (que el biólogo Garret Hardin utilizó en su artículo de 1968) habla del pasto de las ovejas en los terrenos comunales de una aldea. Dado que los propietarios de las ovejas no deben pagar por la tierra, no se sienten incentivados para preservarla. Y de hecho es incluso peor: al saber que otros son igualmente capaces de arruinar el recurso, pueden optar por obtener una parte mayor del beneficio arruinándolo antes, poniendo a pastar más ovejas y durante más tiempo, hasta que el pasto se seca rápidamente.

Esta es la consecuencia de lo que los economistas llaman «efectos externos negativos descompensados». Cuando las cosas son realmente escasas (limitadas) pero las valoramos como si fuesen abundantes (esencialmente ilimitadas), pueden ocurrir cosas malas.

Tomemos el calentamiento global. Ahora sabemos que el coste de poner toneladas de carbono en la atmósfera es que las temperaturas subirán provocando toda clase de funestas consecuencias. Pero habíamos valorado el lanzamiento de carbono a la atmósfera como si no hubiese consecuencias, que es como decir que no le dimos ningún valor. Podías lanzar a la atmósfera tanto carbono como deseases, y en consecuencia lanzamos tanto como pudimos. En otras palabras, el coste medioambiental del carbono era «externo» a nuestro sistema económico y, según resultó, negativo. Los esfuerzos actuales por imponer tasas, restricciones y otros límites al carbono son intentos de compensar esos costes haciéndolos «internos» a nuestro sistema económico.

Se puede ver este problema por doquier. Hemos pescado con exceso en los océanos porque, o no existen las limitaciones, o no se aplican y los pescadores consideran que el pescado es «gratis». A escala personal, si entra usted en un desagradable lavabo público, puede que huela efectos externos descompensados. El lavabo es de uso gratuito, y el coste de limpiarlo lo paga quien sea, de manera que la gente tiende a tratarlo con menos cuidado del que pondría en su propio retrete, donde los costes se sienten directamente. Y así lo demás, desde la contaminación a la deforestación. Lo gratuito puede conducir a la insaciabilidad y arruinarles a todos la fiesta.

Pero advierta que los costes medioambientales de lo Gratis recaen principalmente en el mundo de los átomos. Como ya hemos visto, es difícil hacer átomos realmente gratuitos, y la razón de que no advirtamos esos costes medioambientales es que hemos valorado el mercado erróneamente. Las bolsas de plástico sólo son gratuitas porque no les cargamos *directamente* los costes de quitarlas de los árboles. Pero hemos empezado a medir y tomar en cuenta cada vez más los efectos externos negativos (convirtiéndolos en efectos negativos internos puesto que ahora forman parte explícitamente del sistema económico cerrado). Y como tales, estamos empezando a ver recargos en los supermercados por el uso de bolsas no reciclables (lo cual, efectivamente, es lo mismo que cargar por las bolsas de plástico), o la prohibición directa de las bolsas.

En el universo de los bits, los costes medioambientales están lejos de ser un problema. El uso excesivo del ordenador, el almacenamiento y la banda ancha se reducen básicamente a la electricidad, y el mercado es cada vez más preciso en la evaluación de los costes medioambientales de ésta. Restricciones al carbono, legislación a favor de las energías renovables y los límites a las emisiones nacionales han aconsejado a empresas tales como Google, Microsoft o Yahoo! situar sus centros de datos cerca de fuentes de energía hidroeléctrica libres de carbono. Finalmente serán colocadas cerca de fuentes de electricidad solar-térmica, eólica y geotérmica. La simple economía —una regulación que haga que la electricidad que ha generado carbono sea más cara que la electricidad producida por fuentes renovables— logrará que el uso excesivo de bits no tenga las mismas consecuencias medioambientales que malgastar átomos.

Pero también lo Gratis digital puede tener costes no contabilizados. Pensemos en la tarifa plana para el acceso a Internet, en la que el sobreuso es gratuito. (Este es el modelo estándar para el módem por cable o la conexión ADSL.) Algunas personas cambian sus costumbres al disponer de esa capacidad gratuita e intercambia enormes archivos con *software* P2P como el de BitTorrent. Esa minoría termina usando la mayor parte de la capacidad de la Red, y como resultado el acceso de todos a Internet es más lento.

Por esa razón quienes proporcionan servicios de Internet (ISP), como por ejemplo las compañías de cable, ponen restricciones a los usuarios individuales que utilizan demasiada capacidad, o cobran más a la gente que transfiere más datos. Por lo general es una restricción muy elevada que no nos afecta a la mayoría de nosotros, y los ISP se cuidan de que sea así. Pero dado que la mayoría de nosotros podemos elegir a nuestros proveedores, pocos ISP desean ganarse la reputación de ser «el lento».

9. Lo Gratis estimula la piratería.

Eres comunista, ¿verdad, Mike?[11] Puedo asegurarte que no eres capitalista. A los creadores de contenidos deberían pagarles por los contenidos que venden. Admito aquí y ahora que me bajo contenidos y que voy a continuar robando contenidos allí donde pueda. Pero no trato de racionalizar mi inmoralidad con una retórica acerca de «la economía cuando hay escasez».

«Xenohacker», en respuesta a Mike Masnick en Techdirt
(la ortografía original ha sido grandemente mejorada)

No, es justo lo contrario. La gratuidad no estimula la piratería. La piratería estimula la gratuidad. La piratería ocurre cuando el mercado cae en la cuenta de que el coste marginal de la reproducción y distribución de un producto es significativamente menor que el precio solicitado. Dicho en otras palabras, lo único que impulsa hacia arriba los precios es la ley de protección de la propiedad intelectual. Si transgredes la ley, el precio puede caer, a veces hasta el cero. Esto es cierto para las maletas Louis Vuitton falsificadas (en las que el precio es bajo, pero no cero) y para los MP3 (que se comercian sin cargo).

De modo que la piratería es como la ley de la gravedad. Si sostienes algo lejos del suelo, antes o después la gravedad ganará y el objeto caerá al suelo. Para los productos digitales vale lo mismo: los esquemas de protección del *copyright*, codificados dentro de la ley o del *software*, están sencillamente manteniendo alto un precio contra la ley de la gravedad. Antes o después caerá, ya sea porque cede el propietario o porque lo derriban los piratas.

Con esto no se trata de tolerar o estimular la piratería, sólo decir que es más parecida a una fuerza natural que a un comportamiento social que puede ser entrenado o erradicado por ley. El incentivo económico por piratear bienes digitales —coste cero e idéntica recompensa— es tan grande que puede darse por hecho que cualquier cosa de valor en forma digital será finalmente pirateada y luego distribuida gratuitamente. A veces eso se queda dentro de una subcultura en la sombra (piratería de *software* de empresa), y a veces se convierte en corriente principal (música y películas). Pero es casi imposible detenerla. La economía apenas deja lugar para la moralidad por la misma razón que la evolución carece de sentimientos respecto a la extinción (describe lo que ocurre, no lo que *debería* ocurrir).

10. Lo Gratis está educando a una generación

Tan sólo unas pocas décadas atrás[12] la gente apenas tenía expectativas y trabajaba duro para ganarse la vida. No conocía la gratuidad y nunca la esperó. Hoy ocurre lo contrario, y lo Gratis es lo que se espera en Internet. La nueva generación, la que espera algo a cambio de nada, ¿trabajará tan duramente para mantener los elevados estándares de vida que nosotros creamos?

Alex Iskold, *ReadWriteWeb*

Esto ha venido preocupando desde la Revolución Industrial; cambie «gratis» por «vapor» y podrá imaginar la preocupación victoriana acerca de los músculos y las mentes flojas. Es cierto que cada generación da por supuestas determinadas cosas que sus padres valoraban, pero eso no implica que esa generación *todo* lo valore menos. En lugar de ello, valora *cosas diferentes*. En cierto modo nos las hemos arreglado para dejar de levantarnos al alba para ordeñar las vacas sin perder nuestro deseo general de trabajar.

Es cierto que los que crecen actualmente en un hogar con banda ancha es probable que supongan que todo lo digital debiera ser gratis (probablemente porque casi todo lo es). Podemos llamarlos Generación Gratis.

Este grupo —la mayoría de los que tienen menos de 20 años

en el mundo desarrollado— espera asimismo que la información sea infinita e inmediata. (Son también conocidos como Generación Google.) Son progresivamente reacios a pagar por los contenidos y otros entretenimientos porque tienen muchas alternativas gratuitas. Es una generación a la que no se le ocurriría robar en las tiendas, pero que no se lo piensa dos veces para bajarse música de las páginas de intercambio. Comprenden intuitivamente la economía de los átomos frente a la de los bits, y saben que la primera tiene costes reales que deben ser pagados, pero que normalmente la segunda no. Desde esta perspectiva el robo en tiendas es una trasgresión, pero el intercambio de archivos es un delito sin víctimas.

Insisten en lo *Gratis* no sólo en precio sino también en ausencia de restricciones: se resisten a las barreras del registro, los esquemas de control del *copyright* y al contenido que no pueden controlar. La pregunta no es: «¿Cuánto cuesta esto?», sino: «¿Por qué debo pagarlo?». Y no es arrogancia o una cuestión de derecho, es experiencia. Han crecido en el mundo de lo Gratis.

Cuando explico la tesis de este libro —que hacer dinero en torno a lo Gratis es el futuro de este negocio—, la respuesta de esa generación es: «¿Y qué?» Les parece evidente. Es la diferencia entre los nacidos en la era digital y el resto de nosotros. En cierto modo entienden lo de los costes marginales casi cero desde el nacimiento (aunque quizás no con estas palabras).

Pero la Generación Gratis no da por supuesto que las cosas de los átomos deban funcionar como los bits. No esperan conseguir gratis la ropa o los apartamentos; en realidad, están pagando más que nunca por ambas cosas. Pero confíe en los chicos: pueden distinguir lo físico de lo virtual, y acomodan su comportamiento de forma diferente en cada campo. Lo Gratis en Internet tiene tan pocas probabilidades de crear expectativas de gratuidad fuera de ella como de que la gente debiera parecerse a los personajes de *World of Warcraft*.

11. No se puede competir con lo gratuito.

No hay ningún modelo de negocio[13] salido de la mano del hombre que pueda competir con lo gratuito. Si tengo un Pizza Hut y vendo pizzas a un dólar cincuenta y alguien pone un Pizza Hut cerca del mío y las regala, ¿quién cree que se quedará con el negocio?

Jack Valenti, *Motion Picture Association of America*

El capítulo 14 está dedicado a esto, centrado especialmente en cómo aprendió Microsoft a competir con el *software* de fuente abierta. Pero la respuesta breve es que resulta fácil competir con lo Gratis: se trata sencillamente de ofrecer algo mejor, o al menos distinto, de la versión gratuita. Hay una razón para que los oficinistas pasen del café gratis en la cocina y vayan a pagar 4 dólares en Starbucks por un *venti latte*: el café de Starbucks sabe mejor. También hay una porción de psicología de consumidor: el pequeño placer, el ritual de regalarnos con algo un poco lujoso. Es fácil conseguir café gratis, pero lo que ofrece Starbucks es algo mejor.

La situación raras veces es como Valenti la plantea: un *Pizza Hut* gratuito que abre cerca de uno ya instalado. En lugar de ello es mucho más probable que sea *Domino's* quien se ponga cerca de un *Pizza Hut* y ofrezca pizza gratis si en ésta la entrega tarda más de 30 minutos. Hay muchos servicios diferentes, y la gratuidad es sólo uno de los muchos factores que pueden decidir entre ellos.

La manera de competir con lo gratis es ir más allá de la abundancia hasta encontrar la siguiente escasez. Si el *software* es gratis, venda ayuda. Si las llamadas telefónicas son gratuitas, venda trabajo a distancia y gente preparada que pueda ser contactada mediante esas llamadas gratuitas (en pocas palabras, el modelo de externalización de la India). Si sus capacidades se están convirtiendo en un producto que puede ser explotado por *software* (agencias de viaje, agentes de cambio y corredores de fincas), ascienda a un nivel superior hacia problemas más complicados y que todavía requieran el toque humano. En ese caso no sólo podrá competir con lo gratuito, sino que la gente que necesite esas soluciones a medida es muchas veces la más dispuesta a pagar bien por ellas.

12. Regalé mi mercancía y no gané mucho dinero.

¿Qué pueden hacer un escritor o un músico[14] si no logran ganar dinero con su arte? Muy fácil, dice el lector de Slashdott [/. Sitio Web orientado a la tecnología]: que ganen su dinero tocando en directo (si es que eres uno de esos músicos que actúan en conciertos), o que vendan camisetas y "merchandising", u ofreciendo algún otro tipo de servicio con «valor añadido». Muchos de estos argumentos me suenan a simple avaricia disfrazada de idealismo altamente pretencioso acerca de cómo «la información quiere ser libre».

Steven Poole, autor de Trigger Happy

Hace diez años, Steven Poole escribió un libro magnífico acerca de la cultura de los videojuegos, pero, lamentablemente, hace poco ha realizado un experimento con lo Gratis poco estimulante. En 2007, y después de que su libro ya no se vendiera en la mayoría de librerías, lo colgó en su blog. También añadió un *tip jar* para que la gente pudiese mandarle dinero si lo deseaba. Muy pocos lo hicieron, apenas uno por cada 1.750. De lo cual dedujo que regalar libros había sido una pifia.

Es realmente cierto que su experimento fue un fracaso, pero ello dice más acerca de esa experiencia que acerca de lo gratuito. Poner un «bote de propinas» cerca de unos productos gratis es lo que Mike Masnick, de Techdirt, llama «el error de regalar y pedir». Más que un modelo fracasado de negocio Gratis, no es en absoluto un modelo de negocio.

¿Cuál es un modelo mejor? Bien, para empezar, regalar un libro más cerca de su fecha de publicación y no años más tarde. Pongamos el caso de Paulo Coelho[15]. Las ventas totales de sus libros sumaron más de 100 millones de ejemplares en 2007, lo cual achacó en parte al eco que consiguió cuando colgó su libro más popular, *El alquimista,* y docenas de traducciones de sus otros libros que él bajó a un blog para su redistribución desde servicios gratuitos de intercambio P2P como BitTorrent.

Al principio, su editor, HarperCollins, estuvo en contra de la idea de que el autor se autopiratease su propio libro. De modo que Coelho lanzó un blog falso, Pirate Coelho, escrito aparentemente por un fan que «liberaba» las obras. Atrajo la atención, e incluso sus libros antiguos regresaron a la lista de *best sellers* del *New York Times*. Cuando su siguiente libro, *La bruja de Portobello*, se publicó a principios de 2008, lo hizo de nuevo, y también se convirtió en un *best seller*.

Lo cual atrajo a su vez la atención de HarperCollins. La editorial decidió ofrecer mensualmente un nuevo libro de Coelho en su propia página Web (aunque sólo durante un mes cada uno y en un formato que no permitía imprimirlos).

«Pienso que cuando un lector[16] tiene la posibilidad de leer unos cuantos capítulos, él o ella siempre pueden decidir comprar el libro después (dijo Coelho en una entrevista). El fin último de un escritor es ser leído. El dinero viene después.»

Incluso autores mucho menos conocidos pueden utilizar lo Gratis con eficacia. Matt Mason, que escribió *The Pirate Dilemma* [El dilema del pirata] recurrió a un modelo para libro electrónico ponga-usted-mismo-el-precio (con el cero como una opción). Una vez superado el proceso de control, el precio por defecto en PayPal es de 5 dólares. De las casi 8.000 personas que se bajaron el libro, en torno a un 6 por ciento pagó por término medio 4,20 dólares. Ello supone un par de miles de dólares en ganancias directas, pero el autor estima que la atención que obtuvo así le supuso unos 50.000 dólares en honorarios de conferencias.

Comparado con estos ejemplos, un archivo digital *tip jar* junto al PDF gratuito de un libro de hace siete años es una broma (¡lo lamento, Poole!). Desde mi punto de vista, resulta extraño que Poole no estuviese encantado de haber encontrado 32.000 nuevos lectores para un libro al final de su vida. Si, a estas alturas, no puede recuperar ese aumento de lectores en algún tipo de canal indirecto de ingresos, ya sean conferencias, clases, nuevos escritos, asesorías o sólo un aumento de tráfico en su blog, entonces es que no es tan listo como cree.

Lo Gratis no es una panacea. Regalar lo que usted haga no le va a hacer rico sólo por ello. Tiene usted que pensar creativamente acerca de cómo convertir en dinero líquido la reputación y la atención que obtiene de lo Gratis. Cada persona y cada proyecto requerirán una respuesta diferente a ese reto, y en ocasiones no funcionará en absoluto. Pasa lo mismo con las restantes cosas de la vida: el único misterio es por qué la gente acusa a lo gratuito de su propia pobreza de imaginación, y de su intolerancia ante un posible fracaso.

13. Lo Gratis sólo es bueno si otro lo paga.

> *No deseamos perder el tiempo con un producto o un servicio si no vale nada. Queremos cosas de valor, y no queremos malgastar un montón de tiempo tratando de determinar si lo que se nos ofrece es algo que vamos a usar o consumir. ¿La forma más fácil de tomar una determinación? Ver si alguien más lo está usando y pagando por ello.*

> Mark Cuban[17], empresario de tecnología multimillonario
> y propietario de los Dallas Mavericks

Cuban tiene razón: muchas veces aplicamos un relativo sentido del valor a cosas gratuitas dependiendo de cuál consideramos que es su precio de mercado. Así como una venta «con el 50 por ciento de descuento» puede inducirle a comprar algo que realmente no quiere porque no puede resistirse al ahorro, conseguir algo gratis cuando otros lo están pagando puede hacer que esa cosa parezca más atractiva (gafas con cristales teñidos gratuitas).

Pero esto es más la excepción que la regla por dos razones. La primera, el ascendente modelo *freemium* satisface perfectamente el reto de Cuban sin que en realidad se acomode a su construcción específica. En el caso de *freemium*, alguien está pagando, pero está pagando por una versión mejorada del producto que usted consigue gratis. Ello demuestra que incluso si la versión gratuita no ha pasado la prueba del billetero, su prima sí lo ha hecho y usted puede confiar en su linaje. Por ejemplo, usted puede considerar que Google Earth tiene una calidad profesional porque está emparentado con el muy caro Google Earth Pro, aparte de algunas funciones que se le han retirado. (En buena ley, Cuban reconoce que el *freemium* satisface su criterio, pero debido a que él exagera su tesis, parece que mucha gente esté de acuerdo con él, aunque yo continuaré encontrándole fallos.)

La segunda razón por la que la opinión de Cuban no va muy allá es debido a que hay muchos ejemplos contrarios. Nadie tiene por menos a Facebook porque sea gratuito ni languidece por tener un navegador que la gente está pagando. Cuando algo valía dinero y ahora es gratis, usted debería sospechar: un club antiguamente a la última y que ahora deja entrar gratis a todo el mundo. Pero si algo ha sido siempre gratis y no se espera que deje de serlo, no hay pruebas de que la gente lo vaya a menospreciar. Las páginas Web son evaluadas por sus méritos, y los visitantes actuales han aprendido que una página de pago tiene más probabilidades de ser una estafa que una gratuita, dado que puede robar algo más que sólo tiempo.

14. Lo Gratis ahuyenta a los profesionales a favor de los aficionados, con perjuicio de la calidad.

> *No es coincidencia[18] que, así como se ha producido el ascenso del Huffington Post que anima a la gente a que les ofrezca gratis los contenidos, se estén produciendo pérdidas de puestos de trabajo y la muerte del periodismo profesional.*
>
> Andrew Keen, autor de *The Cult of the Amateur*

Es cierto: lo Gratuito tiende a nivelar el campo de juego entre profesionales y aficionados. A medida que un mayor número de personas crea contenidos por razones no monetarias, crece la competencia para aquellas que lo hacen por dinero. (En tanto que persona que da trabajo a centenares de periodistas profesionales, pienso todo el tiempo en el relativo papel de aficionados y profesionales.) Todo esto implica que la edición ya no es el privilegio privado de los bienes de pago. Y tampoco significa que no te puedan pagar si publicas algo.

En lugar de ello, los periodistas profesionales que están viendo desaparecer sus puestos de trabajo suelen ser aquellos cuyos jefes no supieron encontrar un nuevo papel en un mundo con abundante información. En gran parte esto apunta a los periódicos, que son una industria que probablemente vaya a tener que reinventarse tan radicalmente como los sellos musicales. Los del nivel superior (*The New York Times*, *The Wall Street Journal*, etc.) probablemente sufran un bajón, mientras que los del nivel inferior serán diezmados.

Pero de ese baño de sangre surgirá un nuevo papel para los periodistas profesionales. Habrá más, no menos, porque el talento para hacer periodismo va más allá de los acreditados ámbitos de los medios de comunicación tradicionales. Pero ganarán menos, y para muchos de ellos no va a ser en absoluto un trabajo a jornada completa. El periodismo como profesión va a tener que compartir la palestra con el periodismo como vocación. Mientras tanto, otros podrán utilizar sus conocimientos para enseñar y organizar a los aficionados para que realicen un mejor trabajo en sus propias comunidades, convirtiéndose en un editor/orientador más que en un escritor. En ese caso, rentabilizar lo Gratis —pagar a gente para lograr que *otra* gente escriba por compensaciones no monetarias— puede que no sea el enemigo de los periodistas profesionales. En lugar de ello, puede que sea su salvación.

Coda

Lo Gratis en una época de crisis económica

Tras el hundimiento del mercado bursátil en 2001, los modelos de negocio de la economía punto.com quedaron al descubierto. Qué ingenuos fuimos al creer que «monetizar tráfico» era una buena base para un negocio. ¿En qué pensábamos los inversores cuando atiborramos nuestra cartera con acciones de empresas que vendían *online* comida para animales de compañía? «Amazon. Bomb» nos amargó los titulares. Agachamos avergonzados la cabeza por haber abrazado una fantasiosa «Nueva economía».

Unos años más tarde, cuando se recobró el mercado y miramos hacia atrás, comprobamos con asombro que era prácticamente imposible apreciar el efecto del crash en el crecimiento de Internet. Había continuado extendiéndose, exactamente como antes, con apenas un bache mientras los mercados públicos se hundían. La «revolución digital» no había sido un espejismo, o peor aún, un engaño. El número de gente que se conectaba *online* había subido al mismo ritmo en todas partes, lo mismo que el tráfico, y también cualquier otra vía de medir el impacto.

No había sido una burbuja tecnológica sino una burbuja de Wall Street. Cada bit de la red seguía siendo tan importante como incluso el más optimista de los pronósticos lo había predicho; lo único es que llegar allí fue un poco más costoso de lo que los valores del mercado habían dado por hecho.

Actualmente los mercados se han hundido de nuevo. ¿Va a ser lo Gratis como el tráfico y el crecimiento en Internet, o será más bien como la comida *online* para animales de compañía?

Desde la perspectiva del consumidor, lo gratuito es más atractivo en una economía en depresión. Después de todo, si no tienes dinero, cero dólares es un buen precio. Es de esperar un desplazamiento hacia el *software* de fuente abierta (que es gratis) y, para acelerar, herramientas de productividad basadas en la Web como Google Docs (también gratuita). Actualmente los ordenadores más baratos y más *cool* son los «netbooks», que se venden por apenas 250 dólares y funcionan con las versiones gratuitas de Linux o las versiones antiguas de Windows XP, que son más baratas que los últimos sistemas operativos de Microsoft. El público que los compra no instala Office ni paga a Microsoft centenares de dólares por ese privilegio. En lugar de ello usa equivalentes *online*, tal y como implica el nombre de netbook, y éstos suelen ser gratuitos.

Esos mismos consumidores están ahorrando dinero y jugando videojuegos *online* gratuitos, escuchando música gratuita en Pandora, dándose de baja en el cable básico y mirando vídeos gratuitos en Hulu, o reduciendo a cero sus cuentas de llamadas internacionales con Skype. Es el paraíso del consumidor: la red se ha convertido en la mayor tienda de la historia, y todo tiene un descuento del cien por cien.

¿Qué ocurre con esas empresas que tratan de crear un negocio en Internet? En los viejos tiempos (esto valdría hasta septiembre de 2008) el modelo era muy simple: 1) tener una gran idea; 2) reunir el dinero suficiente para sacarla al mercado, idealmente gratis para alcanzar un mercado lo más grande posible; 3) si se demostraba popular, reunir más dinero para darle más dimensión; y 4) repetir hasta ser comprado por una empresa mayor.

Actualmente los pasos (2) y (4) ya no están disponibles. De manera que los que se inician en la red están haciendo lo impensable: salir con un modelo de negocio que le haga ganar dinero de verdad mientras todavía son jóvenes.

Por descontado que nada de todo esto es nuevo en el mundo de los negocios. Pero no deja de ser un shock en el mundo de Internet, donde «atención» y «reputación» son las monedas con mayor demanda, y con la expectativa de que una cantidad suficiente de cualquiera de las dos se convierta algún día, y de alguna manera, en dinero real.

El modelo de negocio estándar en Internet para una empresa que en realidad carece de modelo de negocio es la publicidad. Un servicio popular tendrá un montón de usuarios, y unos pocos anuncios marginales pagarán las facturas. Dos problemas han emergido con ese modelo: el precio de los anuncios *online* y las tasas por "click" para acceder al anunciante. Facebook es un servicio asombrosamente popular, pero es también una plataforma de publicidad asombrosamente ineficaz. Incluso si logra usted imaginar qué clase de anuncio será el adecuado para poner junto a las fotos de la fiesta de una muchacha, lo más probable es que ni ella ni sus amigos vayan a entrar en él. No es de extrañar que las aplicaciones de Facebook ganen menos de 1 dólar por cada 1.000 visitas (en comparación con los 20 dólares de las grandes empresas en las páginas de la Red).

Google ha creado un motor económicamente envidiable a costa de sus buscadores de anuncios de texto, pero las páginas en las que aparecen raras veces se sienten igual de resplandecientes. Pasar anuncios Adsense de Google en el margen de su blog, con independencia de lo popular que sea, no le servirá ni para pagarse el salario mínimo por el tiempo que usted invierte en escribirlo. En un buen mes puede que le cubra los gastos de *hosting*. Lo digo por experiencia.

¿Y qué ocurre con el truco más viejo del manual: cargar dinero real a la gente por los bienes y servicios? Ahí es donde florecerá una auténtica innovación en una economía deprimida. Ahora es el momento para que los emprendedores innoven, no sólo con nuevos productos sino con nuevos modelos de negocio.

Piense en Tapulous, el creador de *Tap Tap Revenge*, un popular programa de juego musical para iPhone. Como en *Guitar Hero* o *Rock Band*, las notas fluyen pantalla abajo y hay que golpearlas a su ritmo. Millones de personas han probado la versión gratuita, y una considerable fracción de ellas estaban dispuestas y deseosas de pagar cuando Tapulous les ofreció una versión de pago construida en torno a bandas tales como *Weenzer* y *Nine Inch Nails*, junto con canciones de anuncios. (*The Wall Street Journal* está buscando una estrategia para combinar contenidos gratuitos y de pago en su página Web.)

En el extremo opuesto del espectro de negocios está Microsoft, que actualmente debe competir con los procesadores de textos gratuitos y las hojas de cálculo de competidores *online* tales como Google. Lejos de quejarse por la competencia desleal (lo que sería irónico), Microsoft creó versiones Web de su *software* de empresa y se las ofreció gratis a empresas pequeñas o recientes. Si su empresa tiene menos de tres años y no llega al millón de dólares de ingresos, puede utilizar el *software* gratuito de Microsoft bajo el programa BizSpark. Cuando esas empresas crezcan, Microsoft apuesta a que seguirán usando su *software* como clientes de pago. Mientras tanto, los costes del programa son casi cero.

Pero extraer de lo Gratis un modelo de negocio no siempre es fácil, especialmente cuando sus clientes lo esperan sin cargas. Piense en Twitter, el fantásticamente popular (y gratuito, por descontado) servicio de mensajes de 140 caracteres con el cual la gente pone a todo el mundo al día de lo que está haciendo, una especie de fragmento de haiku cada vez. Después de adueñarse del mundo, o al menos de la facción más *geeky* del mismo, ahora Twitter está tratando de hacer el dinero suficiente para pagar sus facturas de ancho de banda. El año pasado contrató a un gurú financiero para tratar de encontrar un modelo de negocio, y ha anunciado que dará a conocer su estrategia a principios de 2009. Las especulaciones acerca de cómo será van desde cobrar a las empresas para que sus «mensajes Twitter» les sean recomendados a los usuarios (lo cual es un poco como el tráfico de amigos de Burger King en Facebook) hasta certificar identidades para evitar suplantaciones. El responsable de ingresos se ha quedado sin trabajo.

Mientras tanto, YouTube continúa peleando por equiparar su popularidad a sus ingresos, y Facebook está vendiendo a céntimos anuncios de productos una vez que su intento de cobrar por la molesta publicidad provocase una reacción negativa. Y Digg, la página de intercambios de noticias, pese a sus millones de usuarios, sigue sin ganar un céntimo. Un año atrás eso apenas importaba: el modelo de negocios era «trabajar para un éxito lucrativo, preferiblemente en dinero contante». Pero ahora las puertas del éxito están cerradas y el *cash flow* es el rey.

¿Quiere esto decir que lo Gratis se va a retraer en una economía deprimida? Probablemente no. El principal argumento psicológico y económico sigue siendo tan bueno como siempre: el coste de cualquier producto digital cae un 50 por ciento cada año, lo cual hace que la fijación del precio sea una carrera hacia el fondo, y «lo Gratis» ejerce tanto poder sobre la psique del consumidor como siempre. Pero ello no quiere decir que lo Gratis no sea suficiente. Tiene asimismo que ser equiparado con lo de Pago. Así como las maquinillas gratis King Gillette sólo tenían sentido emparejadas con las caras cuchillas, los empresarios de Internet no sólo tienen que inventar productos que la gente desee sino también aquellos por los que vaya a pagar. Lo Gratis puede ser el mejor precio, pero no puede ser el único.

Reglas de lo Gratis

Los diez principios para pensar en la abundancia

1. Si es digital, antes o después será gratis.

En un mercado competitivo, los precios caen hasta el coste marginal. Internet es el mercado más competitivo que el mundo haya visto nunca, y el coste marginal de las tecnologías que lo sustentan —procesamiento, envío de datos y almacenamiento— cada año se acerca más al coste cero. Lo gratuito no es sólo una opción sino algo inevitable. Los bits quieren ser libres.

2. Los átomos también querrían ser gratuitos, pero no son tan agresivos al respecto.

Fuera del mundo digital, los costes marginales raras veces caen hasta cero. Pero lo gratuito es tan atractivo psicológicamente que los vendedores siempre habrán de encontrar formas de invocarlo redefiniendo sus negocios para hacer que algunos artículos sean gratis al tiempo que venden otros. Esto no es auténticamente gratis —usted pagará probablemente antes o después—, pero es igual de fascinante. Hoy, extendiendo creativamente la definición de su industria, empresas como las líneas aéreas o las automovilísticas han encontrado formas de hacer que su producto principal sea gratuito a base de vender otra cosa.

3. Lo Gratis no se puede detener.

En el mundo digital puedes tratar de neutralizar a lo Gratis mediante leyes y bloqueos, pero finalmente la fuerza de la gravedad económica ganará. Eso significa que si lo único que impide a su producto ser gratuito es un código secreto, o una amenaza espeluznante, puede estar usted seguro de que hay alguien por ahí que lo va a derrotar. Rescate lo gratuito de los piratas y venda versiones actualizadas.

4. Se puede ganar dinero con lo Gratis.

La gente pagará por ahorrar tiempo. La gente pagará por reducir el riesgo. La gente pagará por las cosas que le gustan. La gente pagará por estatus. La gente pagará si usted se lo proporciona (una vez engatusada). Hay incontables vías de hacer dinero a costa de lo Gratis (hay una lista de 50 en el Apéndice). Lo Gratis abre puertas y llega a clientes nuevos. Y eso no significa que usted no pueda cobrarles a algunos de ellos.

5. Redefina su mercado.

Los competidores de Ryanair estaban en el negocio de la venta de asientos. Ryanair, en cambio, decidió meterse en el negocio del *viajar*. La diferencia: hay docenas de vías para ganar dinero con los viajes, desde el alquiler de coches a las subvenciones por parte de destinos hambrientos de turistas. Ryanair puso sus asientos baratos, casi gratis, para hacer más dinero *en torno* a ellos.

6. Rebajar.

Si el coste de algo está rozando el cero, lo Gratis sólo es cuestión de cuándo, no de si llegará. ¿Por qué no hacerlo el primero, antes de que alguien más lo haga? El primero en lo Gratis atrae la atención, y siempre hay formas de convertir eso en dinero. ¿Qué tiene usted hoy para ofrecer gratis?

7. Antes o después usted competirá con lo gratuito.

Ya sea a través de las subvenciones cruzadas o del *software*, alguien en su negocio va a encontrar la forma de ofrecer gratis aquello por lo que usted cobra. Puede que no sea exactamente la misma cosa, pero un descuento de precio del cien por cien puede que importe más. Su opción: iguale ese precio y venda algo más, o asegúrese de que la diferencia en calidad es superior a la diferencia de precio.

8. Acepte el derroche.

Si algo se está poniendo demasiado barato para contabilizarlo, deje de contabilizarlo. Desde tarifas planas a no cobrar tarifas, las empresas más innovadoras son aquellas que se aperciben de en qué dirección van los precios y toman la delantera. «Su buzón de voz está lleno» es el estertor de muerte de una industria aferrada al modelo de la escasez en un mundo de capacidad abundante.

9. Lo Gratis da más valor a otras cosas.

Cada abundancia crea una escasez. Hace cien años la oferta del ocio era escasa y había montones de tiempo; hoy es al contrario. Cuando un producto o servicio pasa a ser gratis, el valor se traslada al estrato superior. Vaya allí.

10. Gestione la abundancia, no la escasez.

Allí donde los recursos son escasos, también son caros: hay que tener cuidado de cómo se manejan. De ahí la gestión tradicional de arriba abajo, que se basa en el control para evitar errores costosos. Pero cuando los recursos son baratos, no hay que gestionarlos de la misma forma. Según se van digitalizando las funciones de los negocios, éstas también pueden hacerse más independientes sin riesgo de hundir la casa matriz. La cultura de la empresa puede cambiar del «No la pifies» al «Falla rápido».

Tácticas *freemium*

Encontrar un modelo *freemium* que le vaya bien

Hay incontables variaciones del modelo *freemium*, pero por poner un ejemplo de cómo elegir uno piense en una empresa de software que ofrece su producto como un servicio online. Inicialmente cargaba a sus usuarios entre 99 y miles de dólares al mes por el software. Pero deseaba pasarse a lo Gratis para llegar a más clientes. He aquí cuatro modelos a considerar:

1. **Tiempo limitado** (Treinta días gratis, y luego a pagar. Este es el modelo Salesforce.)
   - Lo mejor: fácil de hacer y escaso riesgo de fracasar.
   - Lo peor: muchos clientes potenciales no querrán comprometerse lo suficiente como para realizar un verdadero test del *software*, porque saben que si no pagan, no sacarán ningún beneficio al cabo de 30 días.

2. **Oferta limitada** (La versión básica gratis y la más sofisticada de pago. Es el modelo que usa Automattic con el servidor WorldPress.)
   - Lo mejor: es la mejor manera de maximizar el alcance. Cuando los clientes se pasan al pago, lo hacen por la razón adecuada (entienden el valor de lo que pagan), y probablemente sean más fieles y menos sensibles al precio.
   - Lo peor: es necesario crear dos versiones del producto. Si usted pone demasiadas posibilidades en la versión gratuita, poca gente se pasará a la otra. Si no pone las suficientes,

poca gente la utilizará lo bastante como para hacer el cambio.

3. **Plazas limitadas** (Puede ser usado por cierto número de personas gratuitamente, pero la mayoría lo pagan. Es el modelo Intuit QuickBooks.)
   - Lo mejor: es fácil de implementar y fácil de entender.
   - Lo peor: puede cargarse el segmento bajo del mercado.

4. **Cliente tipo limitado** (Las empresas pequeñas y jóvenes lo obtienen gratis; las empresas más grandes y veteranas, pagan. Es el modelo utilizado por Microsoft.)
   - Lo mejor: se cobra a las empresas de acuerdo con su posibilidad de pagar. Captan desde el principio las empresas de crecimiento rápido,
   - Lo peor: complicado y con un proceso de verificación difícil de controlar.

Finalmente, la empresa de *software* eligió el modelo de tiempo limitado porque era la más sencilla de implementar. Pero el consejero delegado todavía sigue considerando los otros modelos. El problema con las pruebas gratuitas es que desactivan la total participación durante el periodo de prueba: ¿para qué invertir un montón de tiempo en aprender a usar algo cuando existe la posibilidad de que llegada la hora de pagar, usted piense que no vale la pena? Para empezar, ¿por qué empezar a usarlo?

Los modelos *freemium* por tiempo limitado puede que tengan tasas para pasar a la versión de pago relativamente superiores a las de quienes continúan usando el producto durante el tiempo de prueba, pero puede que estén limitando el número total de participantes. Hacer un esfuerzo por crear una versión que ofrezca una experiencia más útil para el usuario, pero sin el riesgo de quedar desconectado cuando se cumple el plazo, puede incrementar el alcance global del producto. Incluso si es un porcentaje menor el que pasa de una versión a otra, ese porcentaje menor puede resultar ser un número mucho más amplio.

¿Cuál es porcentaje adecuado de conversión?

En el capítulo 2 describía el *freemium* como lo opuesto a la tradicional muestra gratuita: en lugar de regalar el 1 por ciento de su producto para vender el 99 por ciento, usted regala el 99 por ciento de su producto para vender un 1 por ciento. La razón de que esto tenga sentido es que para los productos digitales, donde el coste marginal es casi cero, ese coste del 99 por ciento es muy pequeño y le permite alcanzar un mercado muy amplio. Luego ese 1 por ciento que usted convierte es el 1 por ciento de un número muy alto.

Pero todo esto es una división de porcentajes hipotética, sólo para hacer una aclaración. En el mundo real, ¿cuál es el equilibro adecuado? La respuesta varía de un mercado a otro, pero algunos de los mejores datos están en el mundo de los videojuegos.

En los juegos *online* gratuitos, las empresas tratan de estructurar sus costes de forma que puedan obtener beneficios incluso si sólo paga entre el 5 y el 10 por ciento de los clientes. Cualquier cifra por encima de eso es ganancia. Razón por la cual son tan impresionantes las cifras de Nabeel Hyatt, un bloger[1] que informa sobre la industria:

- **Club Penguin**: el 25 por ciento de los jugadores mensuales paga $5 al mes
- **Habbo**: el 10 por ciento de los jugadores mensuales paga $10,30 al mes
- **RuneScape**: el 16,6 por ciento de los jugadores mensuales paga $5 al mes
- **Puzzle Pirates**: el 22 por ciento de los jugadores mensuales paga $7,95 al mes

Como señala el blog, no hay mucha diferencia con el 2 por ciento del mercado de juegos ocasionales, que pueden descargarse previo pago, o con el 3 al 5 por ciento que consiguen un montón de *start-ups* en Internet con pruebas gratuitas. Se calcula que el número de usuarios de Flickr que se pasan al Flickr Pro de pago oscila entre el 5 y el 10 por ciento. Y los programas de *software* de evaluación muchas veces logran menos del 0,5 por ciento de usuarios que paguen.

Pero otras empresas son capaces de hacerlo mucho mejor. Intuit, por ejemplo, ofrece gratuitamente el Turbo Tax Online básico para los impuestos federales, pero cobra por las versiones de cada estado. Representantes de la empresa me dicen que el 70 por ciento de los usuarios opta por pagar esa versión. Es un caso especial —prácticamente todo el mundo tiene que pagar tanto los impuestos federales como los de cada estado—, pero es la prueba de que en el modelo *freemium* se pueden obtener altos índices de conversión.

Para la típica empresa Web 2.0 que planea usar *freemium* como su modelo de ingresos, mi consejo sería que estableciese el punto cero en el 5 por ciento, pero que equilibrase la mezcla de lo gratuito y los servicios de pago con la esperanza de llegar a un 10 por ciento. Por encima de eso puede usted estar ofreciendo demasiado poco en su versión gratuita, y por lo tanto no maximizando el alcance que posibilita lo gratuito. Y por debajo de eso, el coste de las descargas gratis empieza a ser significativo, dificultando el ganar dinero.

¿Cuánto vale un consumidor que no paga?

Resulta que no todos los consumidores que no pagan son iguales, y que su valor para usted depende de cuándo lleguen. En las primeras etapas de una empresa o producto, cuando están tratando de arrancar, lo Gratis es el mejor marketing.

Aumenta la posibilidad de que nuevos clientes prueben el producto, e incrementa el alcance potencial de éste. Pero con el tiempo, a medida que el producto o la empresa están más asentados y se hacen más conocidos, hay menos riesgo en probarlo y lo Gratis se hace menos esencial.

Esto fue cuantificado por Sunil Gupta* y Carl Mela, dos profesores de la Harvard Business School que analizaron una empresa de subastas *online* a la que llamaron auctions.com (presumiblemente, era en realidad eBay).[2] Los vendedores pagaban por el servicio, pero los compradores podían usarlo gratuitamente. La cuestión era saber cuánto valían esos compradores que no pagaban.

La respuesta fue: valían más cuando empezó la empresa que cuando ésta tenía ya unos años. Específicamente, el valor de por vida del comprador que no pagaba y que empezó a usar el servicio de subastas en su primer año era de 2.500 dólares. A medida que esos primeros usuarios, atraídos por el servicio gratuito, trajeron otros clientes, la masa crítica de compradores atrajo a una masa crítica de vendedores.

Ocho años más tarde, con la empresa de subastas bien asentada, el valor de por vida de un nuevo cliente era mucho menor: 213 dólares. Podían gastar tanto como gastaban al principio los primeros usuarios, pero su valor no se multiplicó por el flujo de usuarios que llegó con ellos. La empresa de subastas mantuvo en cero el precio de participación para los compradores porque también sus costes eran muy cercanos al cero. Pero otra empresa con costes más altos puede que se hubiese cambiado a un modelo de pago una vez puesta en marcha. Conocer cómo cambia con el tiempo el valor de un consumidor puede ayudarle a comprender cuál es el momento adecuado para lo Gratis y cuándo ya no es necesario.

---

*Sunil Gupta y Carl F. Mela, «What is a Customer Worth?», Harvard Business Review 86, n⁰ 11, noviembre 2008.

Cincuenta modelos de negocios creados sobre lo Gratis

Actualmente hay en acción incontables ejemplos de negocios Gratis. He aquí cincuenta ejemplos organizados según el tipo de modelo de Gratis en que mejor encajan.

GRATIS 1: Subsidios cruzados directos

- Regale servicios, venda productos (soporte técnico Apple Store Genius Bar)
- Regale productos, venda servicios (obsequios cuando se abre una cuenta de banco)
- Regale *software*, venda *hardware* (ofertas de IBM y Linux de HP)
- Regale *hardware*, venda *software* (el modelo de consola de videojuego, donde máquinas como la Xbox360 se venden muy por debajo de su precio)
- Regale teléfonos móviles, venda minutos de llamada (numerosas compañías)
- Regale llamadas, venda teléfonos móviles (muchas de las mismas compañías, con llamadas nocturnas gratis y planes para el fin de semana)
- Regale el espectáculo, venda las bebidas (los clubs de *striptease*)
- Regale las bebidas, venda el espectáculo (casinos)
- Gratis con la compra («líderes con pérdidas» de los minoristas)

- Compre uno, llévese otro gratis (supermercados)
- Regalo en el interior (cajas de cereales)
- Portes gratis para compras superiores a $25 (Amazon)
- Muestras gratuitas (de todo, desde cajas de regalo para madres primerizas a las degustaciones de los supermercados)
- Pruebas gratuitas (suscripciones a revistas)
- Aparcamiento gratuito (centros comerciales)
- Condimentos gratis (restaurantes)

GRATIS 2: Mercados trilaterales o «bilaterales» (una clase de cliente subvenciona a otra)

- Regale contenidos, venda accesos al público (medios apoyados en la publicidad)
- Regale tarjetas de crédito sin cuota, cobre a los comerciantes una cuota por transacción
- Regale artículos científicos, cobre a los autores por publicarlos (Public Library of Science)
- Regale lectores de documentos, venda escritores de documentos (Adobe)
- Obsequie a las mujeres con admisión libre, cobre a los hombres (bares)
- Deje entrar gratis a los niños, cobre a los adultos (museos)
- Regale listados, venda búsquedas (Match.com)
- Venda listados, regale búsquedas (Craiglist New York Housing)
- Regale servicios de viajes, consiga una rebaja en el alquiler de coches y reservas de hoteles (Travelocity)
- Cobre a los vendedores por colocar existencias en un comercio, no a la gente por comprar allí («tarifas por espacio preferente» en los supermercados)
- Regale listados de viviendas, venda hipotecas (Zillow)

- Regale contenidos, venda información acerca de los consumidores (Practice Fusion)
- Regale contenidos, gane dinero poniendo en contacto a la gente con los minoristas (Amazon Associates)
- Regale contenidos, venda cosas (Slashdot/ThinkGeek)
- Regale contenidos, cobre a los anunciantes para ser incluidos en aquellos (colocación de producto)
- Regale listados de empleos o pisos, cobre a la gente por verse incluida en las listas (LinkedIn)
- Regale datos y contenidos a los consumidores, cobre a las empresas para acceder a aquellos mediante una API (ofertas eBay con firmas analíticas de altos vuelos como Terapak) (eBay)
- Regale planos limitados de casas «verdes», cobre a los constructores y contratistas por figurar en los listados como «verdes» (FreeGreen.com)

GRATIS 3: *Freemium* (algunos clientes subvencionan a los demás)

- Regale información básica, venda información con más contenido en un formato fácil de usar (BoxOfficeMojo)
- Regale información general sobre gestión, venda consejos personalizados de gestión (McKinsey y The McKinsey Journal)
- Regale el *software* para impuestos federales, venda los de cada estado (Turbo Pax)
- Regale MP3 de baja calidad, venda cajas de álbumes de gran calidad (Radiohead)
- Regale contenidos de Web, venda contenidos impresos (cualquier cosa, desde revistas a libros)
- Cobre a los clientes por comprar en tiendas con precios más bajos; los compradores ocasionales subvencionan a los clientes (cadenas para socios tipo Costco)

- Regale videojuegos *online*, cobre por suscripciones para jugar más (Club Penguin)
- Regale directorios de empresas, cobre a las empresas por «reivindicar» y mejorar sus propios listados (Brownbook)
- Regale *software* de demostración, cobre por la versión completa (la mayoría de videojuegos permiten jugar gratis los primeros niveles para que vea si le gustan)
- Regale llamadas de ordenador a ordenador, cobre por llamadas de ordenador a teléfono (Skype)
- Regale servicios de intercambio de foros, cobre por espacio adicional de almacenamiento (Flickr)
- Regale *software* básico, venda otras aplicaciones (Apple Quick-Time)
- Regale servicios financiados por publicidad, venda recursos para eliminar la publicidad (Ning)
- Regale «snippets», venda libros (editores que utilizan Google Book Search)
- Regale turismo virtual, venda terrenos virtuales (Second Life)
- Regale juegos musicales, venda pistas de música (Tap Tap Revolution)

Agradecimientos

Durante el año y medio que pasé escribiendo este libro, tuvimos un niño (el quinto), tuve que luchar contra un trastorno desconocido que finalmente fue diagnosticado como la enfermedad de Lyme, y luego, un año más tarde, descartado como enfermedad de Lyme (lo que te deja tan hecho polvo como dicen), volé más de 400.000 km para dar conferencias, seguí dirigiendo *Wired* y, estúpidamente, puse en marcha otro proyecto de empresa. Esto, más que mucho, es demasiado. Que todo ello haya sido posible es sólo gracias a mi esposa Anne, quien además de ejercer con toda eficacia de madre sin pareja durante más de un año, lo hizo con gracia singular y firmeza y sin quejas.

Anne no sólo cargó con el reto de una gran familia y un esposo viajero sino que, cuando yo estaba en casa, era la principal impulsora del libro. Era ella quien me echaba de casa los sábados por la mañana para que me fuera a escribir a un café, quien leía páginas hasta muy tarde en la noche, y quien se levantaba con el niño por las mañanas para dejarme dormir después de haber estado tecleando hasta las tantas. Que este libro haya resultado fácil y divertido de hacer se debe enteramente a que ella hizo que así fuera al cargar con tanto y tan generosamente. De toda la suerte que he tenido en mi vida, nada se puede comparar con la de haber encontrado a Anne.

La otra gran deuda de gratitud le corresponde a mi equipo de *Wired*, que se las arregló con toda brillantez mientras yo me convertía en una presencia cada vez más distante, y que enviaba frases incoherentes mediante iPhones, y frases apenas audibles en un Speakerphone. El hecho de que ese año ganásemos otro premio se debe por completo a Bob Cohn, Thomas Goetz, Scott Dadich y Jake Young, que son el mejor equipo con el que nunca haya tenido ocasión de trabajar.

El libro mismo fue también una colaboración, y me considero increíblemente afortunado por haber tenido no uno sino dos de los mejores editores [responsables de la edición] del mundo. Will Schwalbe, en Estados Unidos, y Nigel Wilkockson, en Gran Bretaña, no sólo pusieron en su sitio las palabras. Se rompieron la cabeza juntos durante llamadas de 1 hora de duración, y me dieron la clase de sabios consejos y ánimos que sólo un sincero defensor de un proyecto puede ofrecer. Fueron al mismo tiempo entrenadores y «animadores», suponiendo que esto no sea una forma horrible de mezclar las metáforas deportivas. En cualquier caso, ellos hicieron que este libro fuese mucho mejor, y no hay mejor elogio para un editor que éste.

También tuve la suerte de contar una vez más con Steven Leckart como asistente. En mi último libro comentamos juntos los capítulos, los grabamos, y nos servimos de las transcripciones como material en bruto que podía utilizar como punto de partida. Esta vez, quizá porque era mi segundo libro y tenía una idea mejor de cómo hacerlo, o quizá porque tenía en mi cabeza la forma del libro, pasamos la mayor parte del tiempo hilando fino en la organización. Steven también investigó y perfiló casi todos los recuadros. Conté asimismo con la ayuda de Ben Schwartz, que aparecía en mi *Long Tail* como un chico de 15 años y que ahora es un estudiante universitario con voracidad para la ciencia ficción. Se leyó una montaña de libros de ciencia ficción, y resumió para mí todo lo que dicen sobre la abundancia («economías postescasez»), con una madurez analítica impropia de su edad.

Gracias también a Scott Dadich, director creativo de *Wired*, que diseñó tanto la edición de bolsillo de *The Long Tail* y la audaz versión de *Gratis* para la cubierta de la revista, y a Carl DeTorres, que diseñó los gráficos y recuadros con gracia y estilo, exactamente como lo hizo para *The Long Tail.*

Mi agente, John Brockman, fue la clase de incansable paladín que uno espera de un agente. Los equipos de venta y publicidad de Hyperion y Random House UK se enfrentaron al reto de *Gratis* con propuestas innovadoras, modelos económicos creativos y un entusiasmo ilimitado, todo lo cual impresiona más si se tiene en cuenta que la industria editorial observa lo Gratis con temor y sospecha. Y mi propio equipo publicitario de *Wired*, dirigido por Alexandra Constantinople y Maya Draison, que encontró innumerables maneras de propalarlo, desde entrevistas a reuniones.

Desde un punto de vista intelectual, tengo una deuda impagable con dos personas: Kevin Kelly, cuyo libro, *New Rules for the New Economy,* puso las bases para muchas de mis reflexiones en *Gratis,* y Mike Masnick, de Techdirt, cuya investigación diaria, información y predicación de lo Gratis informaron e inspiraron este libro. George Gilder, que hizo una investigación pionera sobre los semiconductores y el significado más profundo de la Ley de Moore, continúa ejerciendo una gran influencia en mi forma de pensar. Y Hal Varian, jefe de economía de Google, mediante la generosidad con su tiempo y sus clarividentes escritos, me ha enseñado más que todos mis profesores de la facultad.

Finalmente, mi gratitud para los centenares de personas que me han escrito y han comentado mis libros con ejemplos de lo gratis, sus propias historias acerca de cómo lo han usado, y sus pensamientos acerca de los modelos económicos relacionados con ello. Me han inspirado, me han hecho ser honesto y, en definitiva, han influido en cada línea de este libro. Los últimos diez años han sido un experimento colectivo para trazar un diagrama del futuro de un precio radical, y quienes merecen mi agradecimiento definitivo son los incontables pioneros cuyas lecciones he intentado reflejar aquí.

Notas

Prólogo

1. Monty Python YouTube channel: http://www.youtube.com/user/montypython?blend=1&ob=4

Capítulo 1

1. Historia de Jell-O: entrevistas con Lynne Belluscio, conservadora de la Jell-O Gallery en Le Roy, NY
2. Información adicional sobre la historia de Jell-O en :http://www.jellogallery.org/jellohistory.html
3. Historia de Gillette: *Cutting Edge: Gillette's Journey to Global Leadership*, Gordon McKibben, Harvard Business School Press (2000) y *King C. Gillette: The Man and His Wonderful Shaving Device*, Russell B. Jr. Adams, 1978
4. *Microcosm: The Quantum Revolution In Economics And Technology*, George Gilder, Free Press, 1990

Capitulo 2

1. Etimología de «free»: http://www.etymonline.com/index.php?term=free
2. *Predictably Irrational, Revised and Expanded Edition: The Hidden Forces That Shape Our Decisions*, Dan Ariely, Harper Collins, 2008
3. «Reversible business models», Derek Sivers: http://sivers.org/reversible

Capítulo 3

1. Fuente: *Zero: The Biography of a Dangerous Idea*, Charles Seife, Viking Adult, 2000
2. Usura: entrada de Wikipedia: http://en.wikipedia.org/wiki/Usury
3. Descripción de Kropotkin: entrada de Wikipedia sobre anarquismo y comunismo: http://en.wikipedia.org/wiki/Anarchist_communism
4. Información sobre el almuerzo gratuito extraída principalmente de la excelente entrada de Wikipedia sobre el tema: http://en.wikipedia.org/wiki/Free_lunch
5. Datos biográficos sobre Benjamin Babbitt de su entrada en Wikipedia: http://en.wikipedia.org/wiki/Benjamin_T._Babbitt
6. Historia de ASCAP versus BMI: Encyclopedia.com's American Decades: ASCAP vs BMI: http://www.encyclopedia.com/doc/1G2-3468301604.html
7. Proceso de Haber-Bosch: entrada de Wikipedia: http://en.wikipedia.org/wiki/Fritz_Haber
8. Producción de amoniaco: New World Encyclopedia: http://www.newworldencyclopedia.org/entry/Fertilizer#cite_note-9
9. Datos sobre la economía del maíz: *The Omnivore's Dilemma: A Natural History of Four Meals*, Michael Pollan, Penguin Press, 2006
10. Datos de «Limits to Growth»: entrada de Wikipedia sobre el libro: http://en.wikipedia.org/wiki/The_Limits_to_Growth
11. La información sobre la apuesta Ehrlich-Simon está extraída de un artículo de *Wired*. «The Doomslayer», por Ed Regis, Febrero 1997: http://www.wired.com/wired/archive/5.02/ffsimon.html, citada en la entrada de Wikipedia sobre la apuesta: http://en.wikipedia.org/wiki/Simon-Ehrlich_wager
12. Analogía histórica de la sal como moneda virtual: Petr Beckmann, «Too Cheap to Meter: Anatomy of a Lie»: http://www.fortfreedom.org/p06.htm
13. Fuente de la historia del plástico: *Gone Tomorrow: The Hidden Life of Garbage*, Heather Rogers, New Press, 2006

14. «Ley de conservación de beneficios atractivos»: analizada en *The Innovator's Solution: Creating and Sustaining Sucessful Growth*, Clayton Christensen, Harvard Business School Press, 2003, citado por Tim O'Reilly en el siguiente artículo: http://radar.oreilly.com/2008/10/web-20-and-cloud-computing.html

15. «Hace veinte años...» de *Unleashing the Ideavirus*, Seth Godin, Hyperion, 2001

Capítulo 4

1. Entrevista del *Village Voice*, citada en *The New York Magazine*: http://nymag.com/nymetro/news/media/features/149 87/index3.html

2. «Costes de transacción mental», Nick Szabo: http://szabo.best.vwh.net/micropayments.html

3. Micropagos: Clay Shirky: http://www.shirky.com/writings/fame_vs_fortune.html

4. «brecha del céntimo»: Josh Kopelman, First Round Capital: http://redeye.firstround.com/2007/03/the_first_penny.html

5. «La demanda que obtienes...», Kartik Hosanagar, citada en Knowledge@Wharton: http://knowledge.wharton.upenn.edu/article.cfm?articleid=2169

6. Fuente de la experiencia de Amazon con gastos de envío gratis en Francia: *Predictably Irrational* (ibid)

7. «A Penny Closer» blog: http://apennycloser.com/

8. «...estás trabajando por debajo del salario mínimo.», Steve Jobs, citado en una entrevista de la CNN: http://www.cnn.com/2003/TECH/industry/04/29/jobs.interview/

9. DIYDrones: http://diydrones.com/

10. Presentación de Phillip Torrrone y Limor Fried sobre modelos de negocios de hardware de fuente abierta : http://www.slideshare.net/adafruit/open-source-hardware-overview; Torrone cita un correo electrónico al autor.

11. Informe de Kevin Kelly sobre encuesta sobre juegos de Cliff

Harris : http://www.kk.org/thetechnium/archives/2008/08/ why_people_pira.php

Capítulo 5

1. Biografía de Lewis Strauss de PBS's American Experience: http:// www.pbs.org/wgbh/amex/bomb/peopleevents/pandeA- MEX70.html
2. Datos adicionales sobre Strauss: The Canadian Nuclear Society: http://www.cns-snc.ca/media/toocheap/toocheap.html
3. La historia del transistor 1211 de Fairchild está extraída de *New Rules from the New Economy: 10 Radical Strategies for a Connected World*, Kevin Kelly, Viking Penguin, 1998 http://www.kk.org/ newrules/newrules-4.html
4. Disminuye el costo de de los componentes de los coches, J. Bradford DeLong, «Old Rules for the New Economy»: http:// econ161.berkeley.edu/comments/for_hudson.html
5. Fuente: entrada de Wikipedia sobre la «Curva del aprendizaje»: http://en.wikipedia.org/wiki/Learning_curve
6. Gilder, *Microcosm* (ibid)

Capítulo 6

1. *Hackers: Heroes of the Computer Revolution*, Steven Levy, Anchor Press/Doubleday, 1984
2. Entrada de Wikipedia sobre Tech Model Railroad Club: http:// en.wikipedia.org/wiki/Tech_Model_Railroad_Club, que se basa en Levy (ibid)
3. Informe sobre convención hacker, Fred Turner, Stanford University: «How Digital Technology Found Utopian Ideology: Lessons From the First Hackers' Conference»: http://www.stanford. edu/~fturner/Turner%20Hackers%20Conference%20Chapter.pdf
4. Fuente sobre Claude Shannon y la teoría de la información: David Weinberger, «Existing Information», en su boletín informativo JOHO: http://www.hyperorg.com/backissues/joho-oct18-08. html

5. Resto del capítulo: entrevista con Stewart Brand

Capítulo 7

1. Carta abierta de Gates a los practicante de *hobbies* : http://www.blinkenlights.com/classiccmp/gateswhine.html
2. «Aunque se venden cada año 3 millones de ordenadores...»: *LA Times*, Abril 9, 2006: http://articles.latimes.com/2006/apr/09/business/fi-micropiracy9
3. «Halloween Document»: http://catb.org/esr/halloween/halloween1.html
4. Cita de Ed Muth: http://catb.org/~esr/halloween/halloween4.html
5. «Cinco mitos sobre Linux» , ya no está en la página de Microsoft's pero puede encontrarse aquí: http://www.biznix.org/whylinux/microsoft1.htm
6. «Tenemos que estar preparados para responder... rápidamente»: http://catb.org/~esr/halloween/halloween8.html
7. Entrevista con Peter Houston
8. Entrevista con Bill Hilf
9. Entrevistas con Dan Rosensweig, Brad Garlinghouse y Dave Nakayama

Capítulo 8

1. Entrevista con Eric Schmidt
2. «Google quiere que la información sea gratis...», Nicholas Carr: http://www.roughtype.com/archives/2008/09/google_at_10.php
3. «Crear un negocio de cero miles de millones», Fred Wilson: http://www.avc.com/a_vc/2006/03/the_zero_billio.html
4. «Mi primera empresa...», Josh Kopelman: «Shrink a Market! » http://redeye.firstround.com/2006/04/shrink_a_market.html
5. «Pensemos en Robin Hood... », Sarah Lacy, *Business Week*, Julio 18, 2008: http://www.businessweek.com/technology/content/jul2008/tc20080717_362776.htm

6. Lista Forbes 400: http://www.forbes.com/2008/09/16/forbes-400-billionaires-lists-400list08_cx_mn_0917richamericans_land. html

Capítulo 9

1. La información de esta sección está extraída de «Selling Radio», Susan Smulyan, Smithsonian 1996.
2. Razones de Jonathan Handel para la devaluación del contenido: «Is Content Worthless?»: http://www.huffingtonpost.com/jonathan-handel/is-content-worthless_b_96195.html
3. «La publicidad en los medios tradicionales...», Scott Karp, Publishing 2.0: http://publishing2.com/2007/07/26/online-publishers-need-to-stop-selling-space/
4. «...la mayoría de las Web de aplicaciones serán monetizadas...», Fred Wilson, http://www.avc.com/a_vc/2008/01/why-you-can-som.html
5. Entrevista con Alex Garden, antiguo director de Nexon North America
6. Estadísticas de Radiohead: de las notas de prensa de la banda, disponibles en sitios como éste: http://www.hiponline.com/music/news/radiohead-release-sales-numbers-for-in-rainbows/
7. «La industria de la música está creciendo...», Edgar Bronfman, citado por Reuters: http://www.reuters.com/article/technology-media-telco-SP/idUSN1334918220070613
8. Cita de Derek Webb: en correo electrónico personal del artista
9. Entrevista de 50 Cent: Afterdawn.com: http://www.afterdawn.com/news/archive/12112.cfm
10 «el enemigo del autor...», Tim O'Reilly: http://tim.oreilly.com/pub/a/p2p/2002/12/11/piracy.html

Capítulo 10

1. Jason Kottke Facebook/Burger King calculus: http://kottke.org/09/01/facebooks-valuation-in-whoppers
2. Pueden consultarse las fuentes para el cálculo del tamaño de la

economía de lo Gratis en mi blog original : http://www.longtail.
com/the_long_tail/2008/07/how-big-is-the.html

3. Análisis de Kevin Kelly sobre el cálculo del tamaño del mundo de lo
Gratis: http://www.kk.org/thetechnium/archives/2008/08/a_
trillion_hour.php

Capítulo 11

1. Algunos datos biográficos sobre Cournot y su disputa con Bertrand proceden de la entrada sobre Cournot en Wikipedia: http://
en.wikipedia.org/wiki/Antoine_Augustin_Cournot

2. Comentario de Paul Krugman sobre Alfred Marshall, en «Enter-
tainment Values»: http://www.pkarchive.org/new/values.html

3. «¿Quién es el cliente favorito de un gimnasio...?» Hal Varian, entrevista con el autor

4. «Una de las cosas que me fascinan...», Russell Roberts, citado por
Timothy Lee: http://www.freedom-to-tinker.com/blog/tblee/
trouble-free-riding?page=1

Capítulo 12

1. Cita de Herbert Simon localizada en diferentes sitios, incluída
la entrada de Wikipedia sobre Attention Economy: http://
en.wikipedia.org/wiki/Attention_economy

2. Cita de Georg Franck: http://www.t0.or.at/franck/gfeconom.
htm

3. *The Gift: Creativity and the Artist in the Modern World*, Lewis
Hyde, Vintage (2007 edition)

4. Investigación de Andy Oram: http://www.onlamp.com/pub/a/
onlamp/2006/07/06/rethinking-community-documentation.
html

Capítulo 13

1. Cory Doctrow, «Pensar como la hierba diente de león. »: http://
www.locusmag.com/Features/2008/05/cory-doctorow-think-
like-dandelion.html

Capítulo 14

1. Entrevista con Ed Peto

2. Estudio del China Market Research Group: artículo del coautor, Shaun Rein in ZDNet Asia: http://www.zdnetasia.com/news/software/0,39044164,62023662,00.htm

3. Raustiala, Kal y Sprigman, Christopher Jon: «The Piracy Paradox: Innovation and Intellectual Property in Fashion Design». *Virginia Law Review*, Vol. 92, p. 1687, 2006 http://papers.ssrn.com/sol3/papers.cfm?abstract_id=878401

4. Anécdota de Hermano Vianna en «Brazils's Two Music Industries», Sam HowardSpink, OpenDemocracy: http://www.opendemocracy.net/media-Music/brazil_music_3880.jsp

5. Estudio de Ronaldo Lemos: http://icommons.org/download_banco/from-legal-commons-to-social-commons-brazil-and-the-cultural-industry-1

6. «Cada licencia...», en «We Pledge Alegience to the Penguin», Julian Dibbell, *Wired*, Noviembre2004: http://www.wired.com/wired/archive/12.11/linux.html?pg=2

Capítulo 15

1. «...el último bastión de la escritura filosófica», columna de Clive Thompson: *Wired*, Febrero 2008: http://www.wired.com/techbiz/people/magazine/16-02/st_thompson

2. «The Machine Stops», E.M Forster, Oxford and Cambridge Review, 1909

3. *The City and the Stars*, Arthur C Clarke, Harcourt, 1956

4. *Down and Out in the Magic Kingdom*, Cory Doctorow, Tor, 2003

5. *The Diamond Age or, A Young Lady's Illustrated Primer*, Neal Stephenson, Spetra, 1995

6. Iron Bridge: http://en.wikipedia.org/wiki/The_Iron_Bridge

Capítulo 16

1. La entrevista de Andrew Rosenthal ya no está disponible en Ra-

dar Online. Los pasajes citados pueden encontrarse en: http://
www.huffingtonpost.com/2007/11/07/andrew-rosenthal-
understa_n_71586.html

2. «La gente con una sólida formación...»: http://www.freesoft-
waremagazine.com/community_posts/open_source_almost_al-
ways_free

3. Descripción de TANSTASFL: http://en.wikipedia.org/wiki/
TANSTAAFL

4. «Lo gratis ya no es lo que era...», John Schwartz, *New York Times*:
http://www.nytimes.com/2003/11/23/businessyourmoney/23
free.html

5. «Perdone, pero, ¿Desde cuándo ha sido gratis Internet?» El comentario aparece en: http://www.freesoftwaremagazine.com/
columns/save_the_internet_before_it_s_too_late

6. «En el mundo "gratis" actual...», Hank Williams (originalmente
publicado en Silicon Alley Observer): http://whydoesevery-
thingsuck.com/2008/04/free-is-killing-us-blame-vcs.html

7. «He preguntado a mucha gente...», Paul Ellis, pseuduosavant.
com: http://pseudosavant.com/blog/2008/08/06/the-prob-
lem-of-free-why-charging-for-xbox-live-is-good/

8. «Me entristece que la gente crea que la música debe ser gratuita...», Sheryl Crow citada en *The New York Times*, Enero
27, 2008: http://www.nytimes.com/2008/01/27/magazine
/27wwln-Q4-t.html

9. «En las economías del mundo...», entrevista a Bill Gates en
2005: http://news.cnet.com/Gates-taking-a-seat-in-your-den/
2008-1041_3-5514121.html?part=rss&tag=5514121&subj=ne
ws.1041.5

10. «El aparcamiento gratuito ha contribuido...» *The High Cost of
Free Parking*, Donald Shoup, Chicago: Planners Press, 2005

11. «Eres comunista, ¿verdad?», Xenohacker, comentario 17: http://
www.techdirt.com/articles/20061115/020157.shtml

12. «Tan sólo unas pocas décadas atrás...», Alex Iskold, originalmente publicado en Read Write Web, ahora está disponible en:

http://alexiskold.wordpress.com/2008/01/16/freeconomics-the-danger-of-free/

13. «No hay ningún modelo de negocio...», Jack Valenti, citado en PC World, 2003: http://www.pcworld.com/article/110698/three_minutes_with_jack_valenti.html

14. «¿Qué pueden hacer un escritor o un músico...?», Steven Poole: http://stevenpoole.net/blog/free-your-mind/

15. Información sobre el experimento del libro gratuito de Paulo Coelho extraída de su discurso sobre el tema : http://en.sevenload.com/videos/bIjFXZD-DLD08-Day1-Creating-universes

16. «Pienso que cuando un lector...», Paulo Coelho, entrevistado por TorrentFreak: http://torrentfreak.com/best-selling-author-turns-piracy-into-profit-080512/

17. «No deseamos perder el tiempo...», Mark Cuban, cita disponible en: http://vator.tv/news/show/2008-07-12-free-is-good

18. «No es coincidencia que como se ha producido el ascenso...», Andrew Keen, citado por journalism.co.uk: http://www.journalism.co.uk/2/articles/531521.php

Tácticas *Freemium*

1. Comentario de Nabeel Hyatt en: http://nabeel.typepad.com/brinking/2008/09/theres-been-som.html

2. Análisis de subastas online de Gupta y Mela en: http://www.long-tail.com/the_long_tail/2008/11/whats-a-free-cu.html

Índice analítico y onomástico